Bu Fan Cuowu de Xuesheng bu shi hao Xuesheng
Ba Cuowu Bianwei Chenggong Jiaoyu de Guaidian

不犯错误的学生不是好学生

把错误变为成功教育的拐点

程莉霞 ◎ 主编

江苏凤凰教育出版社
Phoenix Education Publishing, Ltd

图书在版编目（CIP）数据

不犯错误的学生不是好学生：把错误变为成功教育的拐点/程莉霞主编. —南京：江苏凤凰教育出版社，2018.3
ISBN 978-7-5499-7182-4

Ⅰ.①不… Ⅱ.①程… Ⅲ.①中小学生－教学研究 Ⅳ.①G632.0

中国版本图书馆 CIP 数据核字（2018）第 059523 号

书　　名	不犯错误的学生不是好学生——把错误变为成功教育的拐点
主　　编	程莉霞
责任编辑	雷利军　任占弟
出版发行	江苏凤凰教育出版社（南京市湖南路 1 号 A 楼　邮编 210009）
苏教网址	http://www.1088.com.cn
照　　排	润星之源文化有限公司
印　　刷	三河市九洲财鑫印刷有限公司
厂　　址	河北省三河市灵山大口
开　　本	787 毫米×1092 毫米　1/16
印　　张	15.5
字　　数	262 千字
版　　次	2019 年 1 月第 1 版　2019 年 1 月第 1 次印刷
书　　号	ISBN 978-7-5499-7182-4
定　　价	35.00 元
网店地址	http://jsfhjycbs.tmall.com
邮购电话	025-85406265,85400774　短信　02585420909
E - mail	jsep@vip.163.com
盗版举报	025-83658579

苏教版图书若有印装错误可向承印厂调换
提供盗版线索者给予重奖

目 录

有暴力行为的学生的成长拐点——多管齐下，标本兼治 ………… (1)

  (一) 走进内心，深度把脉 ……………………………………… (1)

  (二) 从根源入手，遏制暴力行为 …………………………… (3)

  (三) 以普法为基础，耐心细致地层层突破 ………………… (6)

  (四) 转化有暴力行为的学生的策略 ………………………… (12)

爱离家出走的学生的成长拐点——爱，爱，还是爱 …………… (16)

  (一) 走进内心，深度把脉 ……………………………………… (16)

  (二) 用更多的关爱让学生融入班集体 ……………………… (18)

  (三) 转化爱离家出走的学生的策略 ………………………… (21)

早恋学生的成长拐点——以人为本，理解、尊重学生 ………… (27)

  (一) 走进内心，深度把脉 ……………………………………… (27)

  (二) 以责任感托起学生的美好未来 ………………………… (30)

  (三) 转化早恋学生的策略 …………………………………… (34)

有网瘾的学生的成长拐点——找准切入点，扬长避短 ………… (38)

  (一) 走进内心，深度把脉 ……………………………………… (38)

  (二) 扬长避短，让网络发挥积极作用 ……………………… (41)

  (三) 转化有网瘾的学生的策略 ……………………………… (45)

有偷窃行为的学生的成长拐点——及时干预，晓以利害 ……… (49)

  (一) 走进内心，深度把脉 ……………………………………… (49)

  (二) 给学生留尊严，用爱使其走出阴霾 …………………… (51)

（三）用"心"教育，积极引导 …………………………………（54）
　　（四）转化有偷窃行为的学生的策略 …………………………（57）

厌学学生的成长拐点——创新教育教学方法，让学生爱学、乐学……（60）
　　（一）走进内心，深度把脉 ……………………………………（60）
　　（二）帮学生找到快乐学习的支点 ……………………………（62）
　　（三）转化厌学学生的策略 ……………………………………（68）

爱逃学的学生的成长拐点——有的放矢，对症下药 ……………（72）
　　（一）走进内心，深度把脉 ……………………………………（72）
　　（二）以爱育爱，转化因依赖而逃学的学生 …………………（74）
　　（三）用"兴趣"留住逃学的脚步 ……………………………（77）
　　（四）转化爱逃学的学生的策略 ………………………………（81）

爱说谎的学生的成长拐点
　　——营造诚实守信环境，让学生学做诚实人 …………………（85）
　　（一）走进内心，深度把脉 ……………………………………（85）
　　（二）开展诚信活动，让爱说谎的学生找回自我 ……………（88）
　　（三）转化爱说谎的学生的策略 ………………………………（95）

爱说脏话的学生的成长拐点——以班规约束，以榜样激励 ……（99）
　　（一）走进内心，深度把脉 ……………………………………（99）
　　（二）"脏话小品"触动学生"文明"思考 …………………（101）
　　（三）让学生在情境中自我触动、自我矫正 ………………（105）
　　（四）转化爱说脏话的学生的策略 …………………………（107）

考试作弊学生的成长拐点
　　——树班级诚信之风，让学生正确对待考试 ………………（110）
　　（一）走进内心，深度把脉 …………………………………（110）
　　（二）用宽容代替惩罚，让学生铭记诚信的价值 …………（112）
　　（三）转化考试作弊学生的策略 ……………………………（116）

爱攀比的学生的成长拐点——积极引导、升华比较行为 …………（119）

 （一）走进内心，深度把脉 …………………………………（119）

 （二）让比较成为学生成长的阳光 …………………………（122）

 （三）转化爱攀比的学生的策略 ……………………………（126）

有嫉妒心理的学生的成长拐点

 ——找准较量的"靶子"，使学生在品学上竞争 …………（128）

 （一）走进内心，深度把脉 …………………………………（128）

 （二）避实就虚，让长处转移嫉妒的视线 …………………（129）

 （三）遵循内省法则，让学生自悟、自省 …………………（133）

 （四）转化有嫉妒心理的学生的策略 ………………………（138）

自负的学生的成长拐点——就事论理，以理服人 …………（142）

 （一）走进内心，深度把脉 …………………………………（142）

 （二）借挫折就事论理，让自傲回归自信 …………………（143）

 （三）以退为进，激励学生戒骄戒躁 ………………………（149）

 （四）转化自负的学生的策略 ………………………………（153）

马虎的学生的成长拐点——锁定心神，培养学生专注力 …（155）

 （一）走进内心，深度把脉 …………………………………（155）

 （二）从细微处着手，培养学生良好的学习习惯 …………（157）

 （三）强化心理意识，从根本上纠正马虎的毛病 …………（160）

 （四）转化马虎的学生的策略 ………………………………（165）

不做作业的学生的成长拐点——尊重差异，分层布置 ……（169）

 （一）走进内心，深度把脉 …………………………………（169）

 （二）分开层次，认真对待 …………………………………（171）

 （三）深挖内因，让学生量力而行 …………………………（175）

 （四）转化不做作业的学生的策略 …………………………（178）

顶撞教师的学生的成长拐点——因势利导，构建和谐师生关系 …… (181)

  （一）走进内心，深度把脉 ……………………………………… (181)

  （二）冷静、沉着，以"冷处理"应对学生的"旺火" ……… (184)

  （三）心平气和，有理才有力 …………………………………… (188)

  （四）转化顶撞教师的学生的策略 ……………………………… (193)

性情急躁的学生的成长拐点

  ——"磨"出静气，"磨"出平和心态 ………………………… (197)

  （一）走进内心，深度把脉 ……………………………………… (197)

  （二）循序渐进，用计划"磨"学生的急躁情绪 ……………… (198)

  （三）转化性情急躁的学生的策略 ……………………………… (202)

经常迟到学生的成长拐点——让迟到的"执着"成为上进的毅力 … (207)

  （一）走进内心，深度把脉 ……………………………………… (207)

  （二）情通理达，以心换心 ……………………………………… (208)

  （三）转化经常迟到学生的策略 ………………………………… (216)

爱浪费的学生的成长拐点

  ——以身作则，让学生在体验中加深认识 ………………… (219)

  （一）走进内心，深度把脉 ……………………………………… (219)

  （二）言传身教，半个弃饼动人心 ……………………………… (221)

  （三）在当家做主中体会节俭的重要性 ………………………… (223)

  （四）转化爱浪费的学生的策略 ………………………………… (226)

参考文献 ……………………………………………………………… (231)

有暴力行为的学生的成长拐点
——多管齐下，标本兼治

（一）走进内心，深度把脉

具有暴力行为的学生，常因环境的负面影响或某个事件的刺激产生生理、心理上的变化，表现为激动和愤怒。这种情绪导致其失去自控力，最终产生暴力行为。学生暴力事件频发的原因主要有以下几个方面。

1. 社会环境的负面影响

一方面，社会转型带来社会思想的巨大变化，于是学生受到很多负面的影响。另一方面，带有暴力倾向的影视作品、书刊等也对学生产生直接影响，使学生容易产生暴力倾向。

2. 家庭教育的不当或缺失

（1）家庭教育不到位，父母忙于工作，与孩子沟通较少，致使两代人产生隔阂。

（2）父母的管教方式不当，或简单粗暴，或溺爱过分，或放任自流；同时家庭气氛紧张、亲子关系不和谐，使孩子缺少关爱和安全感。这些情况都会对孩子健全人格的形成产生不利影响。

（3）家庭成员存在暴力倾向，染有恶习甚至有违法犯罪行为，孩子耳濡目染，形成不良的行为习惯。

（4）父母本身的心理存在问题。研究发现，许多父母在社会经济文化转型过程中产生了某些社会心理疾病，如紧张、恐惧、冷漠或不安等，潜移默化地影响了孩子，使孩子在社会化的过程中也产生了人格障碍。这也是校园暴力产生的原因之一。

3. 学校教育存在盲区

多数学者认为，学校教育存在盲区也是校园暴力行为产生的重要原因。具体包括：

（1）学校在品质教育、心理疏导等方面的工作存在不足，在一定程度上忽视了对学生综合素质的培养。

（2）学生普遍存在攀比心理，个别学生虚荣心、逆反心理强，教师对学生的个别化教育重视得不够。

（3）学校教育内容缺乏吸引力，片面重视学业成绩，致使某些学生产生挫折感，进而寻找发泄的途径。

（4）学校对学生在成长过程中产生的暴力倾向疏导不够，对已经具有行为偏差的学生缺乏有效的矫正办法，对侵害他人的校园暴力事件处理得不及时、不到位。

（5）法制教育在校园还是一个盲区，致使许多学生不懂法律、无视法律，为暴力行为的出现埋下定时炸弹。

4. 学生自身的原因

人的潜在本能——攻击性是校园暴力的根源。从校园暴力事件中我们不难发现，产生校园暴力的原因之一是学生的个体攻击性太强。根据心理专家的研究发现，当一个人受到挫折时，容易产生情绪上的波动，因而产生对一定对象的报复和暴力行为。各种导致挫折感的原因，如受欺辱、遭遗弃、被排挤等都容易引发暴力行为。

一项对城市独生子女人格发展与教育的调查显示，80%以上的城市中小学生存在不同程度的暴力行为。现在的学生绝大多数是独生子女，由于家长的过度溺爱，他们凡事以自我为中心，形成了自私、任性的性格。在学校学习和日常生活中一遇到冲突，他们就会把这种不良的心理宣泄出来，酿成校园暴力事件。

青少年学生正处于一个不断成熟、逐渐社会化的过程中，个人行为的稳定性差，当遇到某些挫折或人际交往中的某些矛盾而一时又难以处理时，心理便处于一种紧张状态，容易以某种偏激的方式表现出来，如暴力行为。因此，教师应理解学生所承受的各种压力，研究学生心理，组织有利于学生成长的活动，使学生找到合理的宣泄口。

（二）从根源入手，遏制暴力行为

案例展示

王崧舟老师在如何对待有暴力倾向的学生这一问题上，一直有着自己独特的见解。他认为，对有暴力倾向的学生，不能简单地讲道理或处罚，而要从根源处寻找突破口。

小雷在杭州市拱宸桥小学是出了名的"霸王"学生，他不但上学迟到、上课睡觉，还总是仗着自己身强体壮欺负同学。如果有人敢顶撞他，他挥拳就打人，直到打得这个人服从为止，以至于在学校得了个"黑老大"的称号。

老师曾多次找他谈话，甚至对他提出严重警告，但他只是撇撇嘴，充耳不闻；如果被说急了，他还会顶撞老师。很多老师对他都束手无策，久而久之，谁都不愿意让他待在自己的班里了。

王老师知道后，特意把这个学生调到了自己的班里。头几天，小雷还比较老实，因为毕竟是在校长的班里，但没过多久，他就露出了本来"面目"。

一天上政治课，小雷趴在课桌上睡觉，前排的一名女生在拿文具时不小心碰到了他，小雷"噌"地一下站了起来，怒吼道："你胆子不小啊！竟敢打扰我睡觉！"说着就给了那女生两拳，女生被吓得"呜呜"直哭。政治科老师上前劝阻，小雷竟然把老师推到了一边。在众目睽睽之下，他悠然地趴在桌子上继续睡大觉，就好像什么事都没发生一样。

还有一次在学校晨会上，政教主任正在对学生进行安全教育。这时队伍中有一位学生讲话，小雷跑过去就踢了那名学生一脚。被打学生的班主任发现后，走上前批评了小雷几句。小雷不服气，说这名学生讲话就应该被踢，还情绪激动地威胁说，他要让校长开除那位班主任，因为那位班主任不应该当着学生的面训斥他。

小雷的种种劣迹伤透了各科老师的心，他们纷纷向王老师反映，希望学校能想办法治治这个"害群之马"。

不犯错误的学生不是好学生

——把错误变为成功教育的拐点

所谓"冰冻三尺，非一日之寒"，综观小雷的各种行为表现，可以确定他的这种性格不是一日形成的。因此，王老师听到各科老师的"投诉"后，并没有做简单处理，而是打算纠正小雷的暴力行为，将其拉回正轨。

要解决问题，就必须找到根源，于是，王老师决定从小雷的家庭入手。

通过调查，他了解到小雷的父母都是高级知识分子，在科研单位做行政工作，而且是部门领导。刚上学时，父母对小雷寄予了厚望，所以要求非常严格，过分关注他的学习成绩，而忽视了他的身心健康。小雷的学习成绩只要稍不理想，父亲就棍棒相迎，母亲则苦口婆心地规劝。随着时间的推移，小雷渐渐地产生了叛逆心理。

后来，父母发现小雷的成绩毫无长进，再加上他在学校的种种不良行为，就对他丧失了信心，于是听之任之、放任自流，唯一的期望就是他以后进入社会不要做违法犯罪的事。

父母的放任，使小雷产生了自暴自弃的情绪，再加上受父亲"棍棒教育"的影响，小雷逐渐变得冷酷、暴力。尤其在缺乏家庭教育和关怀的情况下，他更难以控制自己攻击他人的冲动，导致了心理扭曲和人格变异。

找到了根源，就可以对症下药了。在了解了小雷的家庭情况后，王老师明白，小雷暴力倾向形成的主要原因就在于他的家庭。于是，他一方面和小雷的父母联系，对他们进行家庭教育理论和技巧的辅导，提醒他们要主动与孩子沟通，随时发现孩子的闪光点，适时地给予孩子鼓励和表扬；另一方面，他自己经常与小雷面对面地进行交流。王老师相信，多管齐下，对症下药，一定能促进小雷的转化。

小雷性格暴躁，且时有反复，说变就变，一不顺心就骂人，甚至出手打人。为此，王老师经常找他谈心，了解他的思想动向，弄清他打人的原因，及时疏导。此外，王老师还在学习和生活上给予小雷更多的关心，一旦他有什么困难或需要，就及时伸出援助之手，培养师生感情，拉近彼此距离。

比如，小雷爱打篮球，想组织一场篮球赛，王老师立即与体育老师取得联系，让小雷带领球队与外校的学生打了一场篮球赛，以满足他的愿望。又如，有时小雷在校内吃饭没有带钱，王老师就主动为他买来饭菜……通过这些方法，王老师让小雷感受到老师对他的关爱，减少了他的敌对情绪。

王老师一边对小雷进行心理辅导，一边密切关注着他的日常行为表现。当他因讲义气而打架时，王老师并没有只做出批评，而是用一分为二的观点去分析，既对小雷的冲动表示理解，又指出他做得不对的地方。

同时，王老师尽可能地在公众场合肯定他的优点，只要他有一点进步，便及时表扬，让他既看到自己的优点，又认识到自己的缺点，让他明白自己并非一无是处。但对于小雷违反原则的行为，王老师也从不姑息，他明确地告诉小雷，他的暴力行为对他人造成了很大的危害，他要承担相应的道德责任、纪律责任，甚至是法律责任。当小雷严重违纪时，王老师则坚决按校规进行处罚，以便让他知道作为学生应该严格遵守学校的各项规章制度。

经过一个学期的心理辅导，小雷有了明显的转变，他不再上学迟到、上课睡觉了，成绩也有所提高，而最可喜的是，他很少再做出暴力行为了。

反思拓展

案例中小雷的种种行为都表明他有极强的暴力倾向、自我评价过高，总觉得天下"唯我独尊"，对父母、老师和同学蛮横无理，自我控制能力很差，常以武力攻击他人来发泄情绪或解决问题等。面对这样的学生，王老师没有退却，更没有放弃，而是耐心寻找学生暴力行为的根源，多管齐下，最终做到了治标又治本，产生了可喜的效果。

世界上任何事物的产生都有其原因，有暴力倾向的学生之所以易冲动、好惹事且不计后果，也是由多种原因造成的。如案例中的小雷，其偏执的性格和不良的品行正是由不和谐、不健康的家庭环境造成的。

有暴力倾向的学生，他们的家庭环境尽管千差万别，却有一个共同点：父母对孩子的坏毛病生气、苦恼，但是无可奈何。这类学生要么生长在过于宠溺的环境中，要么生长在疏于管教的环境下，有些甚至是在父母的暴力行为中长大的。

如今，有暴力倾向的游戏、影视等正日益侵蚀着学生的心灵，学生接触这些东西时间久了，就很容易产生阴暗心理，形成桀骜不驯、狂妄不羁的个性，认为"暴力才是解决冲突的唯一手段"，并做出暴力行为。因此，教师有责任密切关注学生的课外活动内容，将学生的不良行为消灭在萌芽中。

有暴力行为的学生多被称为后进生、差生，在家庭和学校都受到"白眼"。在大家的"冷暴力"下，这些学生更容易惹是生非。对教育这些学生有着不可推卸责任的教师，尤其是班主任教师，一定要从根源入手，杜绝恶性循环，想办法管好这些学生，淡化他们的暴力倾向。

事实上，学生的暴力行为，不管是什么原因造成的，都属于心理问题。因此，教师必须与有暴力倾向的学生进行有效的心理沟通。只有多沟通、多交流，才能有针对性地指出问题、解决问题，才能让学生心服口服。教师一定要有耐心、有爱心，让学生确实感觉到教师的关心，让学生的心灵慢慢温暖起来，让学生感觉到自己也是一个有用的人，这样才能从根本上发生转变。

（三）以普法为基础，耐心细致地层层突破

案例展示

孙双金老师在对待有暴力行为的学生的转化上有独特的方法。孙老师认为，对待有暴力行为的学生，应该在普法的基础上耐心、细致地解决问题。

小迪是南京市北京东路小学五年级的一名学生。自他入学以来，无缘无故打同学、揪女同学的辫子、上课影响其他同学听课等无所不为。他简直是一个"小恶霸"，严重违反了学校行为规范，所有老师都对他头疼不已。

孙老师在得知小迪的情况后，主动要求把他转到自己的班上来。刚到孙老师班上的小迪，也许是对新环境还不够熟悉，也或许是对孙老师还有所顾忌，开始几天并没有做出什么出格的举动，但是过了几天后，他的"恶霸"习性便开始显露。

一次语文课上，孙老师讲完课后要求大家做习题。同桌的胳膊不小心把小迪的习题册压住了，小迪二话不说就把同桌的习题册扔在地上，还用脚踩了上去。同桌转过头有些生气地问小迪："你要干什么？"

有暴力行为的学生的成长拐点
——多管齐下，标本兼治

小迪攥起拳头狠狠地砸向同桌，一边砸还一边嚷："让你压老子的书，让你压老子的书！"

同桌"哇"的一声就哭了。全班同学开始窃窃私语，教室里顿时乱成了一锅粥。孙老师一边厉声制止小迪，一边快步走下讲台。

"她的胳膊压住了我的书！"小迪反倒先告状了。

"怎么回事？"孙老师并没有急着批评小迪，而是转身去问小迪的同桌。

"我的胳膊不小心压住了他的练习册，他就把我的练习册扔在了地上用脚踩，还打……"

同桌的话还没有说完，小迪就恶狠狠地对她晃了晃拳头并咬牙切齿地说："再说老子还打你！"

这个时候，孙老师大致已经明白了是怎么一回事。他先让小迪去了自己的办公室，自己则留下稳住了课堂纪律，安抚好小迪的同桌才来到办公室。

一进办公室，他发现小迪并没有像别的到教师办公室的学生一样站在那里等教师，而是满不在乎地坐在一张办公桌旁用笔和纸画着什么。

"说说吧，为什么动手打人？"孙老师并没有让小迪站起来，而是坐到了小迪的对面。

小迪先是一愣，随即又恶狠狠地说："她压住了我的习题册，就该打！"说着又攥起了拳头。

孙老师做出很生气的样子说："压住了你的习题册你可以告诉她，让她把胳膊抬起来不就行了吗？干吗一定要动手？"

"做错事情就该挨打！"小迪一脸的理所应当，"谁做错就打谁！"

"可是打人也是不对的，是不是？"孙老师说。

"是她先不对的，我打她是在帮她记住这个错误！"小迪说着还用手拍着办公桌。

孙老师心里很是吃惊：这个孩子居然认为犯了错误"打"是唯一的解决途径，看来他的问题不是一朝一夕就能解决的。

于是他对小迪说："小迪，就算像你说的，你今天打同桌是因为她犯了错误，可是你打人也违反了学校的规定，也犯了错误。"说到这里孙老师故意停顿了一下，看看小迪有什么反应，发现小迪暗暗攥紧了拳头，显

不犯错误的学生不是好学生
——把错误变为成功教育的拐点

得十分紧张。

"但是老师今天不打你,也不惩罚你。不过,你也要保证回去不准再欺负同桌和别的同学,不然今天这个账我还是要和你算的!现在马上要上课了,你回去乖乖上课!"

没有任何惩罚,显然出乎小迪的意料,他很吃惊地看了看孙老师,明白这是真的之后,就头也不回地跑出了办公室。

孙老师看着他的背影,决定把这件事暂时搁下,他想再给小迪一次机会,顺便利用这几天好好观察一下小迪会不会有所改变。

通过几天细致的观察,孙老师发现经过上一次的"打人事件",班上的同学都不愿和小迪有过多的接触,甚至不愿意和小迪说话,小迪成了大家孤立的对象。于是小迪变本加厉地欺负同学,经常因为一些小事就对同学拳脚相加,他欺负的对象一般都是班里的女孩子和个子小的男孩子。另外,小迪经常在课堂上顶撞老师,有一次竟然因为不会做一道数学题,数学老师说了他几句,就对数学老师挥拳头。

小迪完全恢复了以前"小恶霸"的作风,这让孙老师决定趁小迪不在家的时候做一次秘密家访,了解下小迪的家庭情况。

在孙老师的这次家访中,小迪的爸爸坦承自身修养不高,对孩子的管教较粗暴,孩子一不听话就打骂。同时孙老师还了解到,孩子特别喜欢看带有暴力内容的漫画、电视节目等,这又为他提供了模仿攻击行为的条件。通过分析,孙老师找到了小迪动不动就发脾气并出手打人的原因。

其一,家庭成员缺乏沟通。

小迪的父母为了生计,日夜奔波忙碌,没有多余的精力和时间与小迪沟通;又因自身文化水平不高,认为给孩子吃饱穿暖就可以了,忽略了对小迪精神世界的引导和道德教育。

其二,父母教育方式不当。

小迪的母亲对其宠爱有加,几乎到了百依百顺的地步,缺乏明确的规则约束;而其父则"恨铁不成钢",坚信"棍棒底下出人才",孩子稍有过失就"辱骂加棍打"。父亲的粗暴言行潜移默化地影响着小迪,使他形成了错误的观念,认为以暴力解决问题是天经地义的事。

其三,小迪长期形成的消极心理。

(1)学业成绩较差,增强了小迪的受挫心理。消极的学习态度加上缺乏明确的学习动机，导致小迪学习成绩较差，所以他得不到老师、同学、家长的认可、接纳、关怀和鼓励，没有学习的成功感。但小迪心里又渴望获得成功、受人尊敬，而打架让他体会到了一种驾驭他人的满足感，于是其暴力行为越来越频繁。

（2）小迪爱的需要、自尊的需要没有得到满足。小迪在生活中没有得到真诚的关怀，在学习上又屡遭挫折，而其挫折容忍力较差，当与人产生矛盾时，他便会产生紧张与冲动的情绪，从而导致暴力行为的出现。

（3）父亲的"暴力是解决问题、惩罚错误的唯一途径"的观念在小迪心里生了根。

其四，社会环境因素的负面影响。

（1）小迪的父母法律意识淡薄，所以对小迪也缺乏这方面的教育，使他认为"拳头就是硬道理"，并不知道这样发展下去有一天自己可能会为这一行为付出惨痛的代价。

（2）社会青年拉帮结派现象普遍存在，使得是非分辨能力较低的小迪产生了一种盲目崇拜心理，沾染了"江湖习气"。

（3）漫画、网络游戏、影视作品中对暴力的描述和推崇，让小迪有了对暴力行为模仿的条件和对象。

明确问题的实质后，孙老师确定了以下辅导方案。

第一，从法律知识出发，让家长学会正确的教育方式。

通过让小迪父母学习《中华人民共和国未成年人保护法》来明确正确的教育方式，为小迪营造比较宽松和谐的家庭氛围，消除家庭教育的负面影响。孙老师具体是从以下几个方面着手的。

（1）每次同小迪的父母沟通时，孙老师都反复强调孩子犯错误属于成长过程中的正常现象，希望他们多一点呵护、少一点指责、多一点表扬、少一点批评。还诚恳地指出，"棍棒教育"只会使孩子表面上服从，但不能治本，而且容易使孩子形成不正确的道德认识。

（2）合理运用奖惩手段，坚决杜绝体罚，提倡"以奖代罚"，对小迪的合理行为进行及时鼓励、适当奖励，使其正当行为得到强化。

（3）帮助小迪与家人建立和睦的亲子关系，使小迪的归属与爱的需要、自尊的需要得到满足。同时要求每天晚上父母尽量抽空陪小迪去户外运动或者在家看书。

不犯错误的学生不是好学生
——把错误变为成功教育的拐点

小迪父母在孙老师真诚的协调、沟通下，基本做到了以说理教育为主，不再以"棒打"的方式教育孩子了。

第二，以普法为基础，让学生认识暴力行为的危害。

孙老师让小迪通过学习《中华人民共和国预防青少年犯罪法》《中华人民共和国刑事诉讼法》等了解暴力行为的危害性，并且纠正其认知偏差。在普法的基础上，孙老师对小迪采取了几条辅导措施。

（1）促膝谈心，转变道德认识。

小迪总认为"只要有理，动手打人就没错""看他不顺眼，打了他又怎样"……针对小迪的这些认知偏差，孙老师主要以谈心的方式引导他进行换位思考，比如，如果你自己被打了，你有何感受？让小迪分析打人的后果，帮他进行"后设认知"，让他明白不管事情的起因怎样，以暴力解决问题这一方式在任何时候都是错误的。

（2）提供方法，纠正攻击行为。

孙老师发现，小迪缺乏解决问题的能力，导致其产生"打人有理"的认识，所以孙老师认为，为小迪提供解决问题的方法是非常重要的。

首先，让小迪掌握解决问题的方法。每次打架后，孙老师都与小迪一起分析：我要做什么；我要考虑所有的可能性；我需要做出合理的选择并确定解决问题的方法；我需要评价。然后要求其按此方法解决矛盾冲突。

其次，采用注意转移法对小迪进行辅导。孙老师结合小迪酷爱运动、精力充沛的特点，在日常学习生活中用一些他感兴趣的事来转移他的注意力。比如，小迪情绪紧张、怒气冲天时，孙老师让他去打球，以减少他的攻击性能量，并达到转移注意力的目的；让美术老师指导他参加漫画比赛，让他多剪纸、多画画；还让他在校运会上多报几个比赛项目，发挥他的特长，帮助他恢复自信心。

第三，孙老师还联合其他任课老师一起多关注他，鼓励学生主动和小迪一起学习、玩耍，让他树立自信心，同时感受到班级这个大家庭的温暖。

经过孙老师一个学期的跟踪辅导，小迪的暴力行为逐渐减少，与同学的关系也较以前和谐了。第二学期一开学，大家还一致推举小迪代表全班入选学校篮球队。同学和老师都说："小迪进步了。"连他自己也说："打架有什么意思？伤人伤己，还犯法呢！"

反思拓展

从小迪的个案可以看出,他之所以心理失衡,有家庭教育因素的影响,有个体因素的作用,也有社会不良因素的影响。从案例中可以看出,孙老师以真诚、宽容和忍耐为原则,在法律的基础上对小迪进行心理辅导:认知调控,让他学会尊重别人,文明待人处事;行为调控,用激励手段强化他的正确行为;宣泄调控,帮助他学会发泄自己的不良情绪。最终,小迪学会了正确认知、正确归纳,暴力行为逐渐减少,直至基本消失。

对有暴力行为的学生,教师不能简单地采取责、罚、骂等粗暴的手段,而要学习孙老师的做法,在普法的基础上,探究深层次原因,然后根据原因对他们进行有效教育。

1. 对因自制力较弱而有暴力行为的学生

这些学生并非故意打架斗殴,而是因为自制力比较弱,当遇到外界刺激时就容易产生暴力行为。一般来说,这类学生的思想都比较幼稚,一有事情就会控制不住自己;他们大都是学业上的失败者,成绩基本是在及格和不及格之间徘徊;他们不被老师、同学所接纳,内心却充满出人头地的冲动。因此,一旦出现强化冲动的刺激性事件,他们便会不顾一切、头脑发热,用暴力行为解决问题。

对于这类学生,如果他们的行为没有造成严重后果,就尽量不要给予处分,但一定要让他们向受害者道歉,甚至赔偿损失。教师可在私下找机会与他们谈心,谈话中渗透相关法律知识,告诉他们使用暴力可能带来的后果,并要给予他们更多的关注。

2. 对因讲义气而有暴力行为的学生

有的学生受一些影视剧影响,爱讲哥们儿义气,有着严重的小团体主义思想。当哥们儿有事求他时,他会自以为很讲义气地为别人出头,从而制造一些暴力事件。

教师在与这类学生沟通交谈时,要把事情一分为二:一方面要肯定他们讲义气是没错的,另一方面要告诉他们应该具体事情具体对待,不能一概而论，不能单靠义气和武力来解决问题，那样只会增加问题的严重性。在沟通时，教师的态度一定要亲切，而且要有力度。此外，教师还可以把班里一些体力活分配给他们，以便让他们发泄过剩的精力。当他们做得好时，教师要及时给予一定的鼓励。

3. 对因家长过于宠溺而有暴力行为的学生

有些学生因为家里宠溺过度，而养成了"小霸王"的性格。这种学生听不得一个"不"字，如果有同学提出反对意见，他们就会很不高兴，并以武力相挟，久而久之，便成了"暴力学生"。

对于这种"小霸王"类的学生，教师首先要从家庭教育入手，对学生的家长进行适当的指导，让他们明白不能溺爱孩子，否则只能害了孩子。再有就是要给这些学生更多的关注。当他们犯错时，教师不要大声地斥责他们；当他们有一点点进步时，教师要给予表扬。这样就会慢慢消减他们的暴力倾向。

4. 对因家长暴力管教而产生暴力行为的学生

有些学生因为长期生活在充满暴力的家庭环境中，便产生了阴暗的心理，脾气暴躁，逆反心理很强，认为暴力是解决问题的唯一方法。

教师可通过和家长联系，促使家长改变教育方式；对学生本人要多付出爱心，在生活和学习上要给予其更多的照顾，让他体会到教师和同学的关心，消除他们的抵触心理。另外，当他们犯错误时，教师不能姑息，该批评时就要批评，并明确指出严重后果。

对具有暴力行为的学生进行心理调适是一个长期的过程，教师在教育中一定要讲究技巧，切忌讲一些空洞的大道理，更不能以暴制暴，以过激的方式来惩罚他们。教师应像案例中的孙老师一样，以法律为依据，就事论事，首先消除学生的敌对情绪，再有耐心、有恒心地通过多种途径和形式对学生进行教育。

（四）转化有暴力行为的学生的策略

有暴力倾向的学生一般脾气都比较火暴，常与其他同学发生冲突，轻则出口伤人,重则拳脚相加,习惯以武力和爆粗口来发泄自己的情绪。他们总是显得蛮不讲理,对教师的批评从来不放在心上,想做什么就做什么,毫不考虑他人的感受。因此,教师转化有暴力行为的学生的过程漫长、复杂,但作为教师,一定要用自己的耐心和恒心让这些学生"改邪归正"。具体有以下几种有效的策略。

1. 用爱打开暴力的枷锁

教师应配合学校利用班会、政治课对学生进行法制、公德、修养等常规的品德教育,与学生进行"一对一"的谈话,用爱在师生间搭建心灵之桥。特级教师李镇西曾经说过:"我以为,'心中有爱'当是教师人格的至高点,只有登上这一至高点,教师才能做到'以爱育爱'。"因此,对于有暴力行为的学生,教师首先要学会关爱、尊重,坚持做到不歧视、不当众揭短、不粗暴训斥、不嘲讽、不变相体罚,这样才能打破他们的心理防线,让他们体会到教师的真爱,从而感激、尊敬教师,把教师当成知心人。

此外,在关爱和尊重这类学生的同时,教师还要容忍他们的小错误。教师应明白,暴力行为的转化不是一朝一夕就能完成的,这是一个思想反复斗争的过程,教师要给学生时间,在他们有进步时给予鼓励,在他们犯错误时明确指出,同时要讲究方式方法。

2. 及时交流和沟通

学生的暴力倾向不是一朝一夕形成的,要想解决问题,教师最好与他们多交流,以朋友的身份平等地与他们对话,了解他们的内心,抓住其暴力行为产生的根源。

与这些有暴力行为的学生交流时,教师应做到细致、深入、持久,付出真诚和耐心,并且在沟通中换位思考,去感受和分享他们的喜怒哀乐。只有这样,教师才能了解甚至发现他们暴力行为的先兆,并且及时采取措施进行干预。

通过沟通交流,教师还可以使学生懂得:如不及早消除这种行为,极有可能触犯法律,演化为暴力犯罪。同时,教师要让学生真正认识到什么是真、善、美,什么是勇敢,什么是正义,让他们懂得欺侮弱小并不是

"英雄"行为。

3. 适时予以鼓励

世界上没有完美的人，也没有一无是处的人。但个别教师常常因为"偏心"，只看到有暴力行为的学生身上的缺点，而忽略了他们身上的优点。无数事实证明，有暴力行为的学生也并非一无是处，他们一样有自己的闪光点。教师应该善于挖掘学生神奇的、无穷无尽的潜力，并在此基础上进行适当的鼓励。

4. 尊重学生人格，帮助其树立自信心

对有暴力行为的学生的教育，要建立在尊重他们人格的基础之上。在与他们交流时，教师要满腔热情、动之以情、晓之以理，促使他们转变、转化。只有这样，才能排除师生间的沟通障碍，使学生向教师敞开心扉，发自内心地接受教师的批评和教育。同时，要让他们确信教师和家长都在关注他们、爱护他们，让他们感受到爱的力量，从而树立起对生活的信心。

5. 提高学生对挫折的忍耐力

挫折往往是学生产生暴力行为的关键因素，特别是那些他们认为不公平或使得他们自我贬值的挫折，常常导致他们出现暴力行为。因此，教师有必要培养学生承受挫折的能力，提高他们对挫折的认识，从而预防他们暴力行为的发生。

6. 了解家庭情况，对家长进行适当指导

有暴力行为的学生的行为成因总可以从家庭教育中找到根源。因此，教师要多了解有暴力行为的学生的家庭情况，及时地对家长进行适当指导，促使其改变不良的教育方式，家校联合纠正学生的暴力行为。

7. 丰富"第二课堂"，培养学生积极向上的兴趣爱好

通过对大量学生暴力事件的研究分析我们发现，大多数有暴力行为的学生都对低俗小说、网络游戏、影视作品中的暴力行为盲目认同。因此，

教师可以通过组织各种各样的课外兴趣小组，培养学生积极向上的兴趣爱好，引导学生树立正确的人生观和价值观，从而避免学生对暴力行为的盲目崇拜。

8. 加强普法教育

俗话说："无规矩不成方圆。"而法律正是这个和谐社会的"规矩"，是每个人都必须遵守的。因此，对学生乃至家长的普法教育是教师的重要工作，教师应把普法教育和学生的德育、智育放在同等重要的位置。教师应通过生活中鲜活的案例来告诫学生，暴力行为是一件害人又害己的事情，需要从根源上防微杜渐。

学生是一个不断发展的生命体，每一时刻都在成长、变化。对于有暴力行为的学生，普法教育、道德教育和心理辅导是不可缺少的三个支点。在教育学生，特别是转化有暴力行为的学生时，教师只有做到既是思想政治工作者，又是心理辅导员，才能让他们实现转化，逐步成为人格健全的人。

不犯错误的学生不是好学生
——把错误变为成功教育的拐点

爱离家出走的学生的成长拐点
——爱，爱，还是爱

（一）走进内心，深度把脉

学生离家出走，原因是多方面的。从心理方面看，逐步迈入青春期的学生，独立意识增强，觉得自己是"大人"了，自己的事要由自己来做主。他们的离家出走就是这种独立意识的外在表现。从教育方面看，学生在学校的学业压力较大，回到家还被家长看得死死的，除了要完成教师留下的大量作业外，还要完成家长留的各种作业，于是离家出走就成了一些学生对这种教育方式的反抗。

1. 对爱离家出走的学生的心理分析

从心理层面分析学生离家出走的原因，主要有以下几个方面：

（1）人际关系紧张。据调查，学生大多是因父母望子成龙心切、师生关系紧张、与同学相处不融洽等造成了心理上的负担，导致弃学并离家出走的。

（2）人格异常与逆反心理。人格异常的学生大多会对周围的人抱有敌意和戒备心理，与学校或家庭成员闹矛盾后会选择离家出走。

（3）学习负担过重导致厌学。学生感到学习负担过重，产生厌学情绪和逆反心理，有的便以逃学或出走的形式表现出来。

（4）拜金主义的影响。拜金主义倾向严重的学生，在学习中经常漫不经心，想去挣钱，离家外出闯天下。

（5）盲目从众心理。当媒体披露因片面追求升学率造成一些学生因压力过大而离家出走的消息后，有的学生就会效仿，以为这是解脱的好方法。

2. 导致学生离家出走的直接原因

（1）不良的家庭环境。对离家出走学生的一项调查显示，他们选择离家的主要原因有三个：父母责骂，父母吵架，家庭关系紧张。

当孩子做错时就责骂或批评，是大多数父母教育孩子的方法，也是一种相对比较简单的教育方式。这种教育方式容易让一些心理承受能力较低的学生受到伤害，他们会因父母的责骂和批评而采取离家出走这种行为来逃避现实。

父母吵架是造成家庭关系紧张的主要原因，是影响学生健康成长的主要障碍。吵架不仅会使父母双方的感情受到伤害，也容易导致他们情绪的变化，这种变化会伤及无辜的孩子，在他们幼小的心灵中投下阴影，而离家出走是他们解决这种问题的主要方式。

（2）学业压力过大。虽然因厌学而离家出走的学生为数不多，但我们对此不能不引起重视。现在，学生厌学现象比较严重，而造成学生厌学的原因是多方面的，除了学校的教育教学问题外，家庭教育方式的不当也与学生厌学有着密不可分的关系。父母对子女的期望值过高、升学压力过大、课业负担过重等，都会促使学生厌学，并最终选择离家出走。

（3）性心理不成熟。学生处在青春发育期，对性的认识不深，当有了自己喜欢的异性时，时常会产生莫名的冲动，当他们不但得不到教师和家长的正确引导，而且受到教师和家长的百般阻拦和教训时，便会产生逆反心理并做出离家出走的决定。

随着年龄的增长，学生因此类问题出走的比率也在增长：学生年龄较小时，对性的意识不强，因这种原因离家出走的可能性较小；但是到了初中高年级或高中，学生的身体发育趋向成熟，性意识也逐渐增强，在得不到正确引导的情况下，选择私奔等极端的行为方式的可能性就会加大。

（4）外力胁迫。有的学生加入了不良少年团伙，这些不良少年把夜不归宿当做一种生活方式，认为这就是逍遥自在。尽管其中有的学生不一定想离家，但因受团伙强力胁迫，只好从命。

学生离家出走，是教师和家长最为担心的事情。因为离家出走很容易使学生沾染上一些不良习气，甚至走上犯罪的道路。从总体上看，学生离家出走是由于他们身心尚未成熟，无法正确对待挫折，无法正确把握自己，企图逃避过错、责任及身心压力。教师应该给予学生更多的关爱，让离家出走的学生感知到班集体的温暖，将他们"出走"的心"拴"住。

（二）用更多的关爱让学生融入班集体

案例展示

葛晓红，安徽省芜湖市第三十三中学的先进教师、优秀班主任。"用爱心写歌，用深情育人"，这是葛老师对离家出走学生进行教育的真实写照。

"葛老师，我是洋洋的妈妈，洋洋今天上课去了吗？"电话里传来了洋洋妈妈焦急的声音。

"没有。他没在家吗？昨天上完第一节课，他说身体不舒服，就请假回家了。今天早上没来，我刚要给你们打电话呢！"葛老师有些惊讶。

"昨天他一晚上没回家。他从来没这样过，不知道这孩子跑哪儿去了。"洋洋妈妈的声音哽咽起来。

"您先别着急，我去问问班里的同学，看有没有人知道洋洋在哪儿。"葛老师急忙安慰道。

放下电话，葛老师立即来到班里询问其他学生，结果没有人知道洋洋上哪儿去了。这孩子能上哪儿去呢？不会是因为什么事离家出走了吧？想到这儿，葛老师有些担心。

"教师，洋洋会不会去网吧呢？"有一个学生提醒道。

这很有可能！葛老师急忙联系洋洋的家长，然后和其他教师分头去寻找。但大家找遍市里所有的网吧，也没有发现洋洋的踪影。看来只有到火车站和汽车站试一试了。于是，大家又分头到车站去寻找。

葛老师急匆匆地赶到火车站，最后终于在一个角落里找到了洋洋。他居然坐在那里睡着了，屁股下垫着几张旧报纸。

看到洋洋睡得很熟，葛老师没忍心叫醒他，只是以最快的速度通知了其他人，告诉他们自己已经找到洋洋，让他们不要担心。

打完电话，葛老师便静静地看着眼前这张酣睡的小脸，脸上明显有哭过的痕迹，看来这孩子心中有很多委屈，等一会儿一定要详细地问清楚。

爱离家出走的学生的成长拐点
——爱，爱，还是爱

过了十几分钟，可能是睡姿不舒服，洋洋动了一下，然后慢慢睁开了眼睛。当他看到葛老师时，眼里闪过一丝惊讶，但随即又变成了惊慌，他"噌"地一下站了起来，说："老师，我……"只说了三个字，他就低下了头，不再说话了。

"睡得不舒服吧？来，咱们回家！"葛老师温和地伸出双手。洋洋并没有拉住伸过来的手，而是低声说道："老师，我不想回家。"

"那回老师家好吗？"葛老师上前帮他拍了拍身上的土，拉着他的手亲切地问道。

洋洋沉默了几秒钟，然后点了点头。

洋洋跑到火车站，很明显是想坐火车离家出走，最终没走成可能是因为没钱。那是什么原因导致他做出这种举动呢？葛老师的心中充满疑问。

葛老师把洋洋带回家，帮他打水洗脸，又给他端来可口的饭菜，等他情绪稳定下来以后，才跟他仔细交谈。通过交谈，葛老师了解到，洋洋的父母最近在闹矛盾，经常吵架。很多时候，他妈妈在吵架后就会一声不吭地离家出走，也不和家人联系，过一段时间再回来。

由于家庭产生了矛盾，父母都无心关爱洋洋，这让洋洋感到家里冷冰冰的。因此，他也无心上课，想通过离家出走这个极端的方式来引起父母对自己的关注。

葛老师了解了洋洋离家出走的原因后，开始实施以下矫正措施。

第一，说服家长改变家庭环境。

治标不治本等于做无用功，所以葛老师认为自己必须去洋洋家，和他的父母做一次认真的沟通，让家长给洋洋营造和谐、温暖的家庭环境。

洋洋的父母并没有意识到自己的不良情绪会给孩子带来这么大的负面影响。葛老师耐心地解释：学生的性格归根结底受家庭、父母的影响最深，良好的家庭氛围可使学生性格活泼、开朗、大方，具有乐观豁达、积极向上的特点……

听完葛老师的讲述，洋洋的父母觉得很惭愧，一致表示以后不会再在孩子面前吵架了，为了孩子，他们一定尽量和睦相处。

第二，用集体的关爱温暖他。

在与洋洋家长沟通的同时，葛老师还用班集体的关爱来温暖他。她积极在班级中为洋洋营造大家庭的氛围，让他喜欢这个大家庭，不愿意离开

不犯错误的学生不是好学生
——把错误变为成功教育的拐点

这个大家庭。比如，洋洋过生日的时候，全班同学一起为他过生日、唱生日歌，每个人都将生日礼物与生日祝福送给他，一起分享他的快乐。

第三，发挥他的特长。

洋洋的网络知识很丰富，葛老师就鼓励他在班上讲自己的网络故事；建立班级QQ群，让他当群组的管理员；让他带领同学创建班级博客……另外，葛老师还帮他报名参加市里的青少年网络知识大赛，结果洋洋一举夺魁。

在老师的关注、同学的友爱下，洋洋越来越喜欢班集体这个大家庭，再加上父母态度的改变也使他感受到家庭的温暖，经过一个学期的矫正，洋洋离家出走的想法已彻底消失，学习成绩也上了一个新台阶。

反思拓展

洋洋是幸运的，因为葛老师用自己无尽的爱转变了他的行为。但有些教师遇到这种离家出走的学生时，只会简单地询问一下情况，很少用心去关爱这些学生。更有一小部分教师，如果学生并非是从学校出走的，更是把责任推得干干净净。他们认为这种情况下学生出了问题与自己没有关系。如果按照这种逻辑，葛老师也完全可以不管洋洋的事情。试想，如果洋洋真的乘火车到了外地，遇到坏人，被人拐骗，作为他的老师，心里该做何感想？

教师应该像葛老师那样给予学生更多的关爱，使他们改变离家出走的想法，让他们都能够健康快乐地成长。

近年来，像洋洋这样离家出走的学生越来越多，这已成为一个令人关注的社会现象。一些报社经常接到家长打来的求助电话，说是孩子离家出走了，请报社登寻人启事。

学生离家出走，不管是对于学生、家庭还是学校来说，都是一件很大的事情。对于学生来说，一个人流浪在外，生活没有规律，基本的生活需求得不到保障，远离亲人、老师和同学，极易产生孤独感和恐惧感，进而情绪忧郁，很容易导致一些心理问题，也更容易受到社会不法分子的威逼利诱，甚至走上犯罪道路。

对于学校与家庭来说，学生离家出走会给教师和家长带来沉重的心理压力与负担，影响正常的生活与工作，甚至会毁灭一个家庭。

学生离家出走一直是一个困扰家庭、学校和社会的沉重话题。

早在20世纪80年代，学生受《少林寺》等一些影视作品的影响，产生离家学武的念头，形成一股离家出走的风气。90年代，随着改革开放的深入，市场经济对学生的思想产生了巨大的影响，钱的概念在他们的头脑中占了很重的分量，加上当时"读书无用论"思想的侵扰，使得他们在家庭或学校只要稍不如意，就会放弃学业，不顾父母的反对选择离家出走，外出打工或下海经商。

信息技术在当代的长足发展，使得网络进入千家万户。在网络虚拟世界里，很多学生迷失了方向，沉迷其中不能自拔，甚至为了无法预料的网上爱情和未曾谋面的网友而放弃舒适安全的家庭，与网友见面、私奔，发生了许多本来可以避免的悲剧。

近年来，学生离家出走已经从个别学生的行为发展成一种较为普遍的社会现象，已经从学生的被迫出走发展到主观上自愿要求出走，从短暂离家发展到长期不归，甚至一去不返、杳无音信。这种现象危害了学生的身心健康，影响了家庭的安全和社会的稳定，应该引起社会各界的高度重视。

一直以来，离家出走的不良风气不仅无法从根本上杜绝，反而有着不断发展的趋势。这对学生的家庭生活和学校教育都产生了巨大的负面影响。因此，教师必须解决源头上的问题，弄清学生离家出走的内在原因，用心关爱学生，为学生走出心理困扰并健康成长尽自己最大的努力。

（三）转化爱离家出走的学生的策略

学生离家出走的背后，隐藏着一个让人极为担忧的问题——学生的心理健康问题。引发学生心理健康问题的原因是多方面的，其中家庭教育失败是主要原因。教师在对待离家出走学生的问题上，有必要紧密联合家长，通过了解学生离家出走的真实想法和他们的内心世界，分析使他们离家出走的直接原因和导致其心理困惑的主要因素，理清工作思路，共同引导学生健康成长。

1. 加强对家庭教育的指导

随着社会的进步和时代的发展，独生子女群体越来越庞大，家长对子女的教养问题表现出前所未有的关注，特别是对如何做称职的家长这一问题尤为重视。因此，教师应紧紧抓住家长这一心理，加强对家庭教育方式方法的指导。

家庭是学生成人成才的第一所学校，父母是指引学生人生航程的第一任教师，家长的性格、行为习惯造就了各自家庭的独特环境，家庭教育对学生的影响是非常大的。做好家庭教育的指导工作，也是学校教育的重要组成部分，是学校开展教育的突破口，是学校充分利用家庭教育资源的重要体现。

"环境可以改变人，人也可以改变环境"，这是一个非常切合家庭教育现实的辩证关系。环境与人是相互影响、相互促进的。良好的家庭教育环境，对学生有正面的引导作用，学生在良好的家庭环境中，能形成自觉、自信、自律的性格品质；同时，学生的良好表现，会使父母产生一种自豪的情感体验，反过来会更加珍惜这样的家庭环境，并用心去维护这样的坏境，于是形成一种良性循环。

不良的家庭教育环境有这样的特点：家庭成员关系不和，父母的文化素质差、工作态度消极、自我学习提高的意识淡薄等。具体表现有这几种：父母在孩子面前吵架；父母之间互不谦让，互不谅解；父母有时候对孩子撒谎、发脾气；亲子关系恶劣；父母喜欢在孩子面前对他人品头论足；父母对孩子的问题不正面回答；父母喜欢在外人面前说孩子的过错；等等。这都会对学生心理产生无形的影响，使学生无心向学，形成不良的行为习惯，由此势必造成父母的失望，于是恶性循环形成，最终导致这些学生在不良家庭环境中开始厌学，直至离家出走。

因此，要转化爱离家出走的学生首先应加强对家长家庭教育的指导，着重从家长做起，从小事做起。

2. 加强对学生心理健康的指导

社会经济的发展和人才的激烈竞争是当今时代的现实，面对这种社会现状，学生心中产生了沉重的压力。为了能在社会中求得一席之地，他们努力、拼搏。但是，学习生活也给他们带来了种种难题与困惑，使他们产生了心理障碍，他们中有不少人"很不开心"、心理压力大、失眠、神经衰弱……这些都严重阻碍了其智力潜能的发掘、学业成绩的进步和身心的健康发展。在这种情况下，如果他们心中的苦闷得不到及时的宣泄、郁结得不到及时的疏解，势必会造成心理障碍，可能导致他们离家出走。

另外，随着年龄的增长，学生的思想认识不断有新的变化，改变着他们对人生、对社会、对自身的认识，青春期的烦恼也随之而来，对异性的好奇、性意识的产生使他们烦躁不安。这也是导致学生心理健康问题的原因之一。

因此，教师应加强对学生的心理健康指导，开发他们的智力潜能，培养他们健康的人格，增强他们的社会适应能力。

3. 构建和谐校园环境

校园里或多或少会存在一些不和谐的现象。教师要对这些现象进行认真剖析，让学生能够从日常的学习中自省，全面提高道德素质，强化"和谐校园，从我做起"的观念。

如艰苦奋斗是中华民族的光荣传统，建设健康和谐的节约型校园是社会发展的需要。教师应对学生进行美德教育，培养学生勤俭节约的好习惯，这不仅有利于节约型校园的建设，也有利于学生的全面发展，从而杜绝学生因物质诱惑而离家出走。

教师还要构建和谐的校园人际关系。和谐的校园环境，有利于培养学生健康的心理品质，形成良好的心态，获得旺盛的学习精力，同时也能使学生养成一种热爱自然、关注人类与自然界之间的相互作用的哲学情怀。在和谐的校园环境下，师生互相尊重、互相关爱、人格平等、教学相长；学生学会一些在日常学习生活中与同伴交往的技巧，同时积极稳妥地处理人际问题。这些都能促使学生更好地融入校园，乐于在校园生活，避免离家离校事件的发生。

4. 加强学生的理想教育

当前，高校毕业生的就业难度越来越大，导致社会上盛行"读书无用论"。这些社会因素，动摇了学生刻苦学习的信念和理想，部分学生开始厌学、逃课、辍学，有的还沾染上恶习。

为了消除社会不利因素的影响，教师应积极引导学生，帮助他们树立正确的人生观和价值观，让他们把主要精力用到学习上，积极参与学校的各项活动。教师应根据学生的心理特点和思想道德水平，开展扎实而又生动活泼的理想教育活动，引导学生逐步树立远大目标。

5. 转变教师的教育观念

教师的教育方法不当也是学生离家出走的主要原因之一。如果教师在处理学生问题时态度生硬，方法简单粗暴，对学生讽刺挖苦，把他们赶出教室、停课检查，打骂他们，借助家长的威力来慑服他们，甚至强制学生转学或退学……就会伤害学生的自尊心，使他们产生对学校和教师的不满和不信任。

因此，教师应转变观念，了解学生，尊重学生，主动帮助学生排忧解难，真正做学生的良师益友，甚至是心理医生。马克思说："爱就是阳光。"教师要给学生更多的爱，对学生的缺点和错误进行全面分析，耐心说服，融化他们心中的冰霜。只有这样才能让学生有温暖的感觉，才会将学生吸引到教师的身边，教师的教育才能取得良好的效果。

6. 帮助学生端正学习态度、改进学习方法

学习上有困难，对学习没有兴趣，是学生离家出走的另一原因。学习是学生生活的主要组成部分，学习成绩的优劣决定着他们在家庭和学校的地位。离家出走的学生往往学习不好，不仅基础差，没有良好的学习习惯和正确的学习方法，而且缺乏刻苦学习的精神，教师的教学也激不起他们对学习的兴趣，又因为学校课程较多，导致学习逐渐成为他们沉重的负担。

这些学生往往会认为学习太苦了，是吃力不讨好的差事，是家长打骂、教师批评、同学看不起的根源。正如有的学生说："听又听不懂，坐在教室里真受罪，不如到外面玩几天，回来顶多被爸妈训一顿，反正学习不好也经常挨训。"由此看来，离家出走是这些学生逃避学习的一种手段。

教师有责任帮助这些学生端正学习态度、改进学习方法。教师要经常对学生的学习方法进行指导，激发他们的学习兴趣，使他们由厌学变为乐学；还要从学生的实际情况出发，区别对待，因材施教，分层教学，逐步提高他们的成绩，使他们树立学好功课的信心。

另外，教师还应该努力丰富校园生活，搞好课外活动，使每个学生在

学校都有表现自己才能的机会，使他们感到学校的温暖，从而不愿意离开学校。

7. 培养学生判断是非的能力

教师应该培养学生判断是非的能力，让他们正确理解教师和家长的意图，明白教师和家长对他们的期望，并让他们学会运用正确的方法表达自己的意见，遇事冷静思考。对此，教师可以利用主题班会、课外活动等，对学生进行这方面的教育，提高他们明辨是非的能力，使他们学会正确处理问题，以从根本上预防离家出走事件的发生。

8. 满足学生的独立需求

在小学阶段，教师在学生的心目中或许是绝对的权威，学生几乎能无条件地服从教师；对教师的判断，他们很少怀疑。而进入中学以后，学生由于思维水平有所提高，不再盲目地依赖和服从教师，开始对教师品头论足，尤其是高中生，他们渴望从教师那里获得更多的尊重。这时，如果教师过多地以否定、挑剔的眼光看待学生，不许学生这样，不许学生那样，就会使学生产生反感甚至不满。

因此，教师应允许学生积极地参与教学过程，鼓励他们独立思考，引导他们理解与尊重不同思想和观念，注重发展他们的批判精神和创造能力，使学生在自由、宽松的学习氛围中获得全面发展。

9. 培养学生健康的个性

教师在教学中不能简单地以学习成绩评价学生。当然，教师应注重学生在学习上取得的进步，可以设立学习进步奖，鼓励学生开展自己与自己的竞赛，激发学生的潜能，培养学生健康的个性。

同时，教师还应从每个学生的才能、优点入手，开展诸如"这项，我第一"的活动，给学生展示自我的机会，让他们知道自己的长处，也知道别人的长处，使他们懂得"尺有所短，寸有所长"的道理，从而正确地评价自己，避免他们因认为自己"一无是处"而离开学校、离开家庭。

10. 及时发现学生情绪、行为的异常

心理学研究表明：人的心理活动真正通过语言反映出来的只占30%左

右，大部分是通过举手投足及面部表情反映出来的。一般来说，学生有了离家出走的念头，必然会在思想上有激烈的斗争，心理上有尖锐的冲突，因而在行为上会呈现出某种异常，如心神不定、窃窃私语、行为诡秘、神情紧张、焦虑不安等。

因此，教师在日常生活中要留心观察，善于从学生的行为举止、表情及眼神的变化中发现学生的异常情绪。当发现学生有异常情绪时，要及时找他们谈心或进行家访，了解导致他们情绪异常的原因，然后对症下药，帮助他们解决心理问题，防患于未然。

凡是有离家出走行为的学生，多是个性比较强的学生。他们经不起挫折，缺乏自我控制、自我管理的能力；情感上容易冲动，缺乏理智思考，行动时不顾后果。有些学生是抱着各种空想、幻想结伴出走；有些学生是因为受了委屈或被误解，一气之下出走；还有些学生抱着各种错误的想法，以离家出走向教师、父母示威，目的是为自己争取自由，希望大人今后能放松对自己的管理，降低对自己的要求等。

不管学生是因为什么而离家出走，教师都有责任用感人的师爱去照亮学生的心灵，让他们早日解除心理负担，打消离家出走的念头。

早恋学生的成长拐点
——以人为本，理解、尊重学生

（一）走进内心，深度把脉

早恋是根据人类性心理发展的规律界定的：凡是没有达到恋爱的年龄（20～25岁）的学生谈恋爱均被称为早恋。初中生处于少年期（11～15岁），一般来说，这个阶段的恋爱属于早恋。

1. 学生早恋的原因

（1）生理发育过快，青春期提前。性意识的出现，是学生早恋的内部原因，也是主要原因。如今，由于生活条件的改善和现代文明的发展，青少年性成熟的年龄不断提前。生理上的早熟必然引起心理上的早熟，使青少年产生性渴望、性萌动等心理，这是早恋的根本动因。

（2）心理的发展落后于生理的发展。一方面，青春期学生的生理发展异常迅速，而心理的发展却无法与之同步。主要原因在于独生子女家庭对子女的保护意识增强，反而使学生独立处世的机会减少，其心理发展的动因不足，心理发展的总体水平也就必然落后于生理发展的水平。

另一方面，学生心理意识各方面的发展普遍不平衡，虽然性意识、性需要过早产生，自我意识和成人感迅速增强，但他们的思维具有片面性，分析、鉴别事物的能力和自我控制的能力较低，做事缺乏计划性。在心理矛盾错综复杂、心理发展明显失衡的前提下，自然会有一批学生忘却了自己的身份，只顾眼前的快乐而我行我素。

（3）学校教育存在缺陷。针对学生的心理状况，学校教育应该遵循学生的发展规律，关注学生的心理健康。然而，就一些学校的教育状况而言，并未起到这个作用，其原因主要有以下几点：

不犯错误的学生不是好学生
——把错误变为成功教育的拐点

① 教育偏离了人生的重心，只教学生怎样学好知识、考好试，不教学生如何生活、如何做人。

② 课程结构不合理，只重智育不重德育。

③ 学校教育活动内容单调，留给学生的印象就是上课，教师讲学生听。那些坐不住、听不下去的学生，只好把注意力转移到别的方面去。

④ 对于学生的性意识和性需要，多数学校都采取压制和回避态度，既不正确引导，也不正面谈论，更不能以恰当合理的活动形式满足学生的交往需要。

⑤ 教师的品德、知识和能力水平偏低。在调查中发现，有些教师把学生的早恋当做茶余饭后的话题、取笑学生的把柄或教训学生的机会；一些教师把学生早恋与品德问题混为一谈；还有一些教师则无能为力，只能听任早恋发展。

（4）家庭环境不佳。家长对学生的成长起着关键作用。如父母在生活上的错误看法影响学生对性问题的认识；独生子女在家庭中独处的时候较多，格外需要了解别人和被人了解；家庭成员感情不和或父母离异，学生得不到应有的温暖和爱护，只好到同学中去寻找；有的家庭对孩子管教过严，学生在家中只有唯命是从，这样势必出现逆反心理。处于以上家庭环境中的学生，较易早恋。

（5）学生个体的偏差。陷入早恋的学生并不是大多数，这说明陷入者有其自身原因。主要为以下五类。

① 认识偏差。有的学生把结婚生子看作生活的全部，无远大理想；有的学生以成年人自居，把恋爱看作成年人生活的一部分。

② 性格偏差。有些学生过于内向，交往面窄，常把丰富的感情倾注到个别人身上，或错把别人的关心和友谊当做爱情；而有的学生性格太外向，爱寻求刺激，或以恋爱来消耗过剩精力。

③ 鉴别力低。学生往往对早恋的后果缺乏正确认识。

④ 以自我为中心，不管社会接纳与否。这是早恋学生的一大特征，他们在找异性朋友上也追求随心所欲。

⑤ 在家庭、学校无适当位置，寻求同情。这多指"后进生"，特别是"双差生"，其早恋比例高于其他学生。

（6）现代社会环境复杂。现代社会环境中存在的一些客观因素也是使学生陷入早恋的原因。

① 东西方文化的冲突使人们面临性禁锢和性解放两种思潮的斗争，青少年学生无法分辨是非对错，盲目跟风。

② 社会道德水准普遍下降，使一些学生认为违法不见得就怎样，不守纪也无妨，对教师、家长的劝告听不进去。

③ 属于学生的文化娱乐空间太少，迫使他们过早进入成人娱乐圈。他们听的是情歌，唱的是情歌，耳濡目染便早恋了。

④ 成人间的攀比之风盛行，学生竞相模仿，在恋爱上比能耐。

2. 学生早恋的特征

（1）广泛性。学生恋爱确实存在，而且不在少数。在学生早恋状况调查中，发现正在恋爱、有过恋爱、单相思（暗恋）等情况的比例是26.6%，还有43.35%的学生有较好的异性朋友。很多学生认为，异性之间的密切交往属于正常交往。

（2）朦胧性。早恋的学生对于早恋关系的发展结果并不明确，他们渴望与异性单独接触，但对未来是否组建家庭、如何处理恋爱和学业的关系、如何区别友谊和爱情都缺乏明确的认识。

（3）矛盾性。早恋的学生内心也充满了矛盾，既想接触又怕被人发现，既怕耽误学业又想要爱情；同时恋爱的过程中也是愉快和痛苦并存。

（4）单纯性。学生的早恋与成人的恋爱不同，他们大多是对异性单纯的倾慕，而很少考虑目的或后果。在问及"可能导致你恋爱的原因"时，他们大多数回答说"确实喜欢对方，情不自禁"，这就充分说明了他们恋爱原因的单纯性。他们认为恋爱的目的就是交流感情和互相帮助，或仅仅是觉得开心。青少年时期的情感体验，在每一个人成长过程中几乎是必不可少的，这种体验既是必然的也是自然的，既纯洁又脆弱。

（5）不稳定性。早恋关系是一种极不稳定的感情关系，学生之间一对一的关系一般不会持续很长时间。

（6）差异性。学生的早恋行为具有明显的差异性：在行为方式上，有的学生的早恋行为十分隐蔽，通过书信、电话等方式来传达感情；但有的学生却公开自己的恋情，在许多场合出双入对，俨然一对情侣。在关系程度上，大多数有早恋关系的学生的主要活动是在一起聊天、交流；有的则关系很亲密，除了谈论感情以外，甚至发生性关系。在年龄喜好上，女孩喜欢比自己年龄大的、比较成熟的男孩；在年龄相当时，多半是女孩采取主动；男孩喜欢年龄比自己小的女孩，在交往中体现自己的阳刚之气。

3. 对待早恋问题上的失误

（1）教师或家长封建专制，粗暴对待学生早恋问题。学校或家庭一旦发现学生有早恋行为，便认为这是大逆不道，立即采取粗暴措施。有的教师在班上公开批评、斥责、处分早恋学生；有的家长甚至会对早恋学生进行辱骂殴打，限制他们的自由。这些做法不仅损害了他们的身心健康，严重的还可能导致"罗密欧与朱丽叶"的悲剧重演。

（2）对早恋的学生缺乏关爱，不懂得尊重学生的情感。有时教师或家长以高姿态对待他们眼中的"问题学生"，以他们的权威强行压制，只承认成年人的感情而轻视学生的正常感情需要，结果往往是早恋被控制了，师生之间或家长和孩子之间的关系却变得紧张了。

（3）在预防早恋上，教师不懂得讲究策略。一些教师往往只采用严防死守的策略来禁止男女同学间的正常交往，还常常草木皆兵，这反而容易使学生产生逆反心理，给教学和管理带来更多的不便。

把握好分寸、不轻易越界，对于自控能力还相对较差的学生来说是有难度的，所以早恋不可能完全避免。但教师必须对早恋学生进行适当引导并给予一定帮助。对于学生早恋，教师不要一味地"堵"，要在理解和尊重的基础上加以引导，让早恋学生"移情别恋"，将心思用在学业上。

（二）以责任感托起学生的美好未来

案例展示

陈志先是四川大学附属中学的教师，他送走高2006级7班后，接过了高2007级5班的班主任工作。提到高2007级5班，因为陈老师与这个班的前任班主任是师徒关系，所以多少了解一些，对该班学生的印象不是很好。

认真了解全班学生的情况后，一个学生引起了陈老师的注意。这个学生叫英子，她以高出重点线50多分的中考成绩考入四川大学附属中学，经过两年的学习，在高二期末考试中，她的成绩居然在全班倒数，750分的总分，她考的还没有超过300分！

是什么原因导致英子的成绩下降了呢？前任班主任的学年评语是："这一年来，太多的干扰影响了你的学习，希望你走出阴影，重新奋起！"再做深入的了解，陈老师才知道原来该生在高一没有处理好男女同学之间的情感问题，深陷早恋泥潭，不能自拔，后来偷食禁果，怀孕堕胎。学校在处理此事时，男生百般抵赖，极不配合；女生家长怕孩子名誉受到影响，拒不承认。事后，女生在与自己的好友谈及此事时，对男友的抵赖心怀怨恨，在好友的怂恿下报复对方，险些导致双方群殴，后被学校制止并严厉施以处罚。从此，英子无心学习，成绩一落千丈。

学生早恋堕胎时有耳闻，总觉得那是遥远的事情，但现在发生在自己的班上，一开始的确让陈老师无法接受。但作为班主任，理智告诉陈老师，必须小心谨慎地对待这位曾受过伤害的学生，如果能够在高三最后一年尽自己的能力让这个学生重新振作起来，考上她心目中的理想大学，那将是一件"功德无量"的事！

接管该班两周后，漫长的暑假开始了，陈老师决定制订专门的预案，针对英子展开工作。

第一，深入调查研究，收集背景材料。

为了落实上述预案，陈老师选择了传统的家访。虽然他已经向前任班主任调查过英子的情况，也获得了一些信息，但为了能够顺利实现预期目标，陈老师还是决定利用家访做进一步的调查，以便收集更多的材料。

在一个炎热的午后，陈老师从城东骑单车到了城西的英子家。他的家访大大出乎英子全家的意料，感动了英子全家。接下来的谈话让陈老师收集到了他所需要的材料，陈老师顿感自己的工作有了成功的把握。

第二，综合分析评价，恢复学生信心。

陈老师在这次精心准备的家访中，说到英子在小学、初中的"辉煌"以及中考的优异成绩，还坦诚地告诉她，只要现在开始努力，教师、家长和她相互配合，全力以赴，仍然能够考上理想的大学。前提是她要严格按老师的要求做，远离那些曾经影响她学习的不良因素，还要勇敢地消除心理阴影。谈到这里，原本对陈老师还有一些戒心的英子开始不再沉默，本已对英子的学习不抱任何希望的家长则非常高兴。

第三，准确定性挫折，消除心理阴影。

本来在这次家访中，陈老师没有当面了解英子过去的打算，毕竟那是她心中永远的痛，如果不知趣硬要去揭她的伤疤，这次家访只会引来英子的反感，弄不好家长也会对自己有意见，就算是她全家主动把英子的过去告诉自己，也要把握好度。多年的班主任工作已经让陈老师具备了处理学生早恋这类复杂问题的能力。事实证明，陈老师的分析是正确的。

在分析英子成绩一落千丈的原因时，气氛一下子紧张起来，英子的表情显示出她非常痛苦，把头深深低了下去。可是，也许是陈老师的诚意感动了英子的家长，家长还是决定委婉地告诉陈老师英子的过去。听了家长简短的说明，在事情得到证实后，陈老师赶忙转移话题，开始给英子制订假期补课计划。

陈老师决定另外找个恰当的时机，最好是英子学习有进步并对他这个新班主任接纳之后，再给英子准确定性她遇到的挫折，消除她前进道路上的心理阴影。

家访结束后，陈老师同意英子的父亲"送他"回家。在路上，陈老师决定先让英子的父亲转达自己对英子遇到的挫折的看法，先由家长尽可能地去消除她前进道路上的心理阴影。如果不行，再找机会做工作。

第四，营造班级氛围，正确导向舆论。

开学后，英子像换了一个人一样，学习非常努力。在高三第一个月的考试中，成绩进步显著。

陈老师在班会课上对英子等进步显著的学生大加表扬，鼓励大家要勇敢面对挫折，战胜自我，在未来的高考中全力以赴。同学们对英子的进步给予了热烈的掌声。陈老师营造学生勇敢面对挫折的氛围、正确导向班级舆论的目的初步实现。

接下来，班上有几个特别有爱心的学生以及英子的好朋友都来找陈老师，说英子遇到陈老师是她的福分，还代表英子向陈老师表示了感谢。陈老师也希望她们理解自己对英子的关爱，并希望她们配合自己的工作，同时要求她们向英子学习，做一个勇敢面对挫折、积极进取的中学生。

第五，家校共同努力，激励走向成功。

在高三紧张的学习过程中，英子的父母经常到学校与陈老师交换意见。对英子在学习上遇到的困难，陈老师和英子的父母积极配合，及时加以解决。高三下学期，英子的进步得到了全班同学的肯定，学校评选先进个人时，英子几乎全票当选校"新三好学生"。最后，优异的高考成绩让英子拿到了她梦寐以求的四川大学录取通知书。

反思拓展

教师未必个个都能成为伟人、圣人，名垂青史，但陈老师以一颗关爱学生的心、一颗赤诚的心，安抚了学生被早恋重创的身心，并使其拥有了一个光明的未来。或许只有心怀关爱的教师才能明白，自己能从事如此神圣的职业是多么的幸运。

处于青春期的学生随着年龄的增长，身体的发育越来越接近成人，无论是生理还是心理上都日趋成熟，所以遇到一些感情上的问题也是很自然的事情。对于学生的恋爱问题，有些教师并不能像陈老师那么冷静，反而视其为"洪水猛兽"，采取一些简单化的方式草率处理，形成了彼此间的对抗和伤害。

实际上，教师只要像陈老师一样，怀着一颗理解、尊重的心去弄清楚其中的前因后果，采取适当的措施，就能处理好早恋问题。面对早恋，教师不妨先冷静地分析一下，学生为什么会早恋？很多学生明明知道早恋不好，却还是早恋，这是为什么？教师必须要分析导致学生早恋的各种因素。据陈老师多年来的总结，大体可以简单地分成三类情况。

第一类是早恋的学生往往在家中得不到充分的爱和关怀，于是希望在异性的身上得到弥补。一般这类学生的家庭都存在着这样或那样的问题，导致父母双方忽视了孩子。

第二类是有的学生认为对方对自己"有意思"，或者自己对对方"有意思"，因此逐步走进感情的旋涡之中，甚至陷入单相思，一发而不可收。

第三类情况就是一些学生因为精神空虚、寂寞，或者是因为从众心理，看到同学"恋爱"，自己也"依葫芦画瓢"，凑凑热闹。

学生和异性交往是很正常的，关键是教师如何引导学生把握好自己，分清楚究竟是恋爱还只是异性之间的互相吸引。有的学生可能只是佩服对方的学习成绩，欣赏对方的才华，赏识对方的个性等，对此，教师和家长就没必要紧张，因为他们不是恋爱，而是在相处过程中产生了一种对比自己优秀的人的好感。

　　了解了学生早恋的原因，教师就可以做到有的放矢了。

　　如果学生早恋属于第一类情况，那么，教师应提醒家长要自我反省，看看在学生成长的过程中，家长究竟扮演了什么角色，是不是因为工作忙碌而忽略了自己的孩子，或者是因成人之间的感情问题，而给孩子造成了一些不利的影响。

　　教师应该让早恋学生的家长明白这样一个道理：作为家长，不管多么忙碌，都应该抽出一点时间来和孩子沟通。教师让家长意识到这点之后，就要督促家长及时弥补孩子。"冰冻三尺，非一日之寒"，要想使家长与孩子的关系解冻，也不是一天两天的事情。教师有责任告诉家长，用他们的真诚来换取父母与子女之间的信任，是很值得的。慢慢地，时间长了，学生自然就会重新接纳家长了。

　　如果学生早恋的情况属于第二类，也就是传统意义上所说的单相思，那么教师就应该正确引导学生，帮助学生快刀斩乱麻。比如说，学生喜欢对方，教师就要先弄清楚学生为什么喜欢对方，是单纯的喜欢，还是爱恋，不要一概扣上早恋的"帽子"。

　　如果属于第三类情况，那么该学生的成绩应该不是很好。教师要善于发现学生身上的优点，帮助学生树立信心，鼓励学生从基础做起，踏踏实实，一步一个脚印地进步。此时，教师不要操之过急，一下子就提出太高的要求，而应每次确立一个学生够得着的目标，循序渐进，积小胜为大胜，一步步来提高学生的成绩。

　　教师不应该对学生之间的正常交往过于紧张，尽量少用"早恋"这样的字眼来形容异性学生之间的关系，这样也可以从心理上减轻早恋学生的负担。学生没有那么大的压力，才会向教师敞开心扉，这样事情也就好解决多了。

（三）转化早恋学生的策略

　　教师在了解到学生的早恋情况以后，要先做好自我心理调适，然后加强对学生的指导，做到沉着审慎，不急躁训斥。另外，能够正视早恋，以冷静的心态分析学生早恋的原因；同时要以平等、真诚、信任的态度对待学生，多尊重、关心、理解学生。转化早恋学生有以下几种策略。

1. 理解和体贴学生，进行适当的性、恋爱、婚姻教育

当发现学生有早恋的苗头时，教师不要如临大敌，要对学生进行耐心的指导和帮助。歌德曾说过："英俊少年哪个不善钟情，妙龄少女谁个不善怀春。"教师应告诉学生："喜欢心目中特定的异性是这个阶段的学生都会有的，但这种喜欢只能保持在友谊的层面，不能成为'恋爱'，因为你们正处于长身体、长知识的黄金阶段，生理、心理发展尚不成熟，如果因为早恋而荒废学业、断送前途是非常可惜的。"

当学生陷入恋爱后，随着憧憬的产生也会为社会环境的压力甚至性欲的纠缠而苦恼，教师不但要洞察学生的内心，还要从旁加以引导，耐心地倾听学生的诉说，并给学生以热情、严肃的忠告。同时，教师要教学生自尊自爱，区分友谊与爱情的关系，使学生明确爱情的社会道德性和爱情的权利、责任，使学生对恋爱、婚姻有更进一步的认识。

另外，教师要告诉学生，初、高中生谈恋爱最后"终成眷属"的还不到3%，成功的可能性非常小；早恋对学生学业的影响很大，如果因谈恋爱不能继续求学深造，即使两人结婚了，生活也必将充满坎坷与矛盾。

对学生的早恋问题，教师教育时既要和风细雨，又要持严肃的态度，不能埋怨、责备，认识到帮助学生走出早恋的困惑是需要一定时间的。

2. 多开展积极有益的活动，转移学生注意力

校内丰富多彩的集体活动，校外的旅游、交友、公益劳动等既可锻炼学生身体，又可益智、养性。教师在鼓励学生积极参加活动的同时，还要鼓励学生根据个人兴趣发展个人爱好，如进行集邮、读世界名著、练习写作投稿等，使课余时间充满情趣，充满快乐。这样，学生早恋的情感会得到适当的减弱和转移。

在这个问题上，教师还应学习一些儿童心理学知识，特别是青春期心理学、教育学知识，以提高自身素养；平时要对学生多留意观察，多和学生谈心。

3. 帮助学生提高认识，正视早恋

为了帮助早恋学生真正"回心转意"，教师可以向涉世不深的学生宣

讲一些正确的观点，向他们推荐一些青少年修养丛书，如《中学生心理健康读本》等，使学生理解爱情并不是单纯的异性相吸，它还包含高尚的情操和充实的精神生活，从而冷静分析已有的恋情：如果是被对方的优点和长处所吸引，应当把这种美好的情感深藏心里，使其变为促进自己前进的动力；如果是被对方漂亮的外表或优越的家境所吸引，则说明这种感情是很肤浅的。同时，要让学生认识到青少年可塑性强，个人的理想、兴趣的变化都会引起恋情的变化和发展，所以应把精力放在追求远大理想和实现人生价值上，而不宜过早恋爱，空耗精力，消磨时光。

4. 扩大学生的社交圈

相当数量的学生早恋的直接原因是其社交范围狭窄，社交渠道单一。繁重的学习任务、单调的生活使学生交往贫乏，学生之间的互动仅限于邻近同学、相同爱好者以及相同经历者。在长期相处的条件下，学生由于有着共同的兴趣爱好、相似的家庭背景和经历，更容易产生互相欣赏、惺惺相惜的情感。

当学生交往的对象局限在一个或有限的几个同龄伙伴中时，便会对其中的某一个最亲近的异性伙伴产生情感上的依赖，久而久之便生出爱慕之情。如果教师设法丰富学生的社交内容，扩大其交往的范围，把他们放到一个广阔的天地中去锤炼，而不是让他们单独与某一个异性伙伴独处，就可以避免许多酸涩的"青苹果"早熟。

5. 家校联合，加强与学生的沟通

家长对早恋学生的教育、引导负有不可推卸的责任，所以教师应帮助早恋学生的家长优化其家庭环境，联合他们共同对早恋学生进行教育。教师应指导家长一方面要控制自己在子女面前过分亲昵；另一方面，要利用家庭教育在伦理道德、家庭责任、社会义务等方面的特殊优势，让子女从自己的社会地位、社会责任、家庭义务、家庭责任中，认识到人在生理、心理、思想成熟之前，早恋有可能带来困惑、不适应和艰难，从而避免学生盲目地对异性憧憬，并逐步地成熟起来，早恋也就从他们的内心深处自觉地得到遏止。

对于有特殊家庭背景的学生，教师应给予他们更多的关爱，给他们一

种班集体即家的感觉，使他们感受到"家"是最温暖的地方，是他们避风的港湾，以减少学生从异性那里得到关爱的渴望。

学生在青春期第二性征出现后，生理和心理都向成人转变，对异性产生好感是这种转变的必然。教师应该以理解的态度正视学生的早恋问题，不应带有鄙视的情感，应在尊重的基础上逐步转移学生的情感，使其向更有利于学业和身心健康的方向发展。

不犯错误的学生不是好学生
——把错误变为成功教育的拐点

有网瘾的学生的成长拐点
——找准切入点，扬长避短

(一) 走进内心，深度把脉

上网成瘾是指人过度依赖互联网，长期和现实社会脱节，从而引发生理和心理受损的一种过度行为。网瘾学生多表现为上课精神恍惚、无精打采，家庭作业很少完成，课堂回答问题时答非所问，严重时甚至会出现头晕眼花、双手颤抖、紧张焦虑、疲乏无力等症状。这类学生一旦网瘾发作便难以忍受，会不顾一切、不择手段地去上网。

1. 造成学生上网成瘾的原因

(1) 学生上网成瘾的客观因素有以下两个方面。

① 社会环境，包括网吧的出现、网络游戏的流行、同学之间的攀比之风盛行等几个方面。现在，网络已逐步走进大众的生活，除了满足人们正常的工作、学习、沟通交流外，开发者也始终不忘对娱乐项目的开发，以最大限度地满足人们的心理需求。但是，青少年学生意志力薄弱，他们一旦接触网络娱乐项目，就会更多地相互模仿、攀比，以至产生网瘾。另外，很多成年人也有网瘾，会影响到学生。

② 家庭教育，包括家庭环境及教育方式等。家庭教育方式不当是导致学生上网成瘾的重要因素，一方面很多家长工作忙，没有时间照顾孩子，或家长本人就是网迷，这就更加助长了孩子上网的欲望。另外，还有很多家长对于已经染上网瘾的孩子实施家庭暴力，或干脆放弃对孩子的教育，最终错过了帮孩子戒除网瘾的最佳时机。

(2) 学生上网成瘾的主观因素有以下几个方面：

① 满足感缺失，包括学业失败、孤独感、人际障碍等。有网瘾的学生

有网瘾的学生的成长拐点
——找准切入点，扬长避短

必然会出现学业失败的状况，从而导致心理空虚，缺乏自信，时间长了还会产生一种孤独感。而有这样的经历的学生，为满足自己的内心需要，通常会选择逃避，倾向在网络的虚拟世界中寻找失去的自我和成就感。

② 生理及人格，主要包括人格特征和生理特点等。据调查，有网瘾的学生多为12~18岁的青少年，以男性居多，男女比例约为2∶1。这个时期的学生，大脑皮层发育尚不完善，理解力、判断力和自控能力较差，反叛心理严重，对新鲜事物又充满了好奇，乐于寻求刺激、惊险和浪漫。网络出现之后，网络游戏、色情网站和与陌生人的聊天，恰好应和了青少年的心理需求，自然会深深地吸引他们。

③ 强烈的交友愿望与心理闭锁性矛盾下的交友心理。与人交往是个体心理健康发展的必要条件。学生阶段是个体交往需要非常强烈的时期，此时，学生的自我意识、独立欲望、自尊心明显增强，内心真实想法不愿轻易向他人坦露，在心理发展上呈现出闭锁性的特点。除非找到知心朋友，否则，他们宁愿痛苦也不愿敞开心扉，而网络则可以填补这种空虚。学生可以通过互发电子邮件、聊天、在线游戏等手段进行交往，可以向对方隐瞒真实身份、年龄甚至性别等，使交往双方避开了现实的压力，从而畅所欲言，既宣泄了他们因心理闭锁而产生的烦恼，也满足了他们交友的心理需要。

④ 求知欲、探究精神与认识水平矛盾影响下的探究心理。青少年都有强烈的求知欲和探究精神，而互联网上信息无所不包，有体育新闻、娱乐动向，也有学习信息，自然对他们有很大的吸引力。同时，由于学生认知发展的不成熟性和不稳定性，面对大量的网络信息，如果他们不能看清这些信息的实质，不加选择、处理和筛选就贸然接受，很容易走入误区。

⑤ 理想与现实矛盾影响下的幻想、无奈以及玩乐心理。许多学生在网络游戏中把自己想象成具有超强本领的非凡人物，去完成"伟大"的使命，从而获得心理成就感；也有的学生因为学业压力太大，对学习产生了厌烦心理，对教师、家长的要求感到无奈而在网上"游荡"、麻醉自己；还有的学生过早地受到了社会不良习气的影响，仿佛看穿了人间世态，抱着一种玩世不恭的心态，整天只想玩乐，于是上网游戏成为他们的最佳选择。另外，网络游戏效果佳、资源丰富，还可实现"联机"，使许多学生乐此不疲，甚至达到痴迷的程度。

⑥ 性心理与自制力矛盾影响下的性好奇心理。青少年学生正处于性意识从萌芽到日渐明确和成熟的阶段，他们对性的理解具有模糊性，时常被性意识和性冲动所困扰，再加上获得正确性知识和性教育的渠道不通畅，使他们往往对性充满了强烈的好奇心。据统计，在互联网上，黄色信息约占全部信息的47%，并且对浏览对象不做任何限制，这使自制力不强的学生在有意无意地接触这些信息时，即便知道浏览黄色信息不利于身心健康，却还是沉迷于此，以达到性心理的满足。

2. 如何判别有网瘾的学生

教师要转化有网瘾的学生，首先就要学会判别哪些是有网瘾的学生。只有从细微处发现学生的网瘾倾向，才能及早发现、及时引导，防患于未然。行为是受意识支配的，意识又表现为行动，上网成瘾的学生无法控制自己的意识，满脑子想的都是网络游戏，会不由自主地进入网吧。教师可通过中医上的望、闻、问、切的方法来判断学生是否上网成瘾。

（1）望，即观察学生。长时间上网的学生，双眼干涩并布满血丝，看人时双眼眯成一条缝，脸呈青色，有黑眼圈。教师可以通过看他们的脸色、神情等，判断他们是否上网成瘾。

（2）闻，从身上的气味判断学生去了哪里。上网成瘾的学生，或多或少还是心存惧意的，怕行踪被父母知道，怕被教师发现。因此，他们一般会选择在条件较差的"黑网吧"上网，出来后身上会带有一股烟味、霉味。

（3）问，从谈话中了解学生的心理动向。教师在找有网瘾的学生谈话时，会发现这些学生一般会言语混乱，说话吞吞吐吐，前言不搭后语。出现上述情况后，教师还可以询问班上的同学，从侧面调查了解。

（4）切，找准切入点才能对症下药。通过以上的望、闻、问，教师基本上可以把准学生的"脉"，判定学生是否上网成瘾了。教师只有先正确判断，才能找到病根、对症下药，采取相应的教育措施和矫正办法。

教师对有网瘾的学生要抱着"一个都不能放弃"的态度，通过了解其成因，找准切入点，从根源上矫治其网瘾。教师的正确引导，不仅可以增强有网瘾的学生的学习信心，而且能教会他们怎样做人——教师要用信心、耐心和爱心给学生点亮一盏明灯，让学生在"网海"中正确航行。

（二）扬长避短，让网络发挥积极作用

案例展示

黄静华是上海尚文中学的德育特级教师。对于上网成瘾的学生，她是这样认为的："我们的学生并非生活在世外桃源，各种病虫常常会侵蚀他们稚嫩的心灵。而遭受病虫害侵蚀的心灵又特别脆弱，对待它要极为小心，要小心得像对待玫瑰花上颤动欲滴的露珠那样。"黄老师是这样说的，也是这样做的。

"黄老师，救救我的孩子吧！小勇他……"电话里传来了小勇母亲伤心的呜咽声，黄老师明白，一定是小勇又到网吧通宵上网去了。

小勇一直很喜欢上网，但开始时他只是玩玩小游戏，而且上网时间也不长，所以家长和教师对此并没有在意。但最近一段时间，他上课总是走神，经常趴在桌子上睡觉，一副无精打采的样子，而且作业也很少完成，动不动就逃学，成绩一落千丈。这引起了黄老师的关注。通过家访，黄老师了解到，小勇迷恋上了一种网络游戏，140级的游戏，几个月他就打到了一百多级，算是高手了。

看他如此迷恋网络游戏，父母就批评教育他，刚开始小勇还能听得进去，后来就变得有恃无恐。在家里，小勇除了吃饭睡觉就是上网，有时一天上十几个小时的网。为此，父母先是控制他上网的时间，再后来一气之下将宽带断掉。但这样并没有阻止小勇对网络游戏的迷恋，反而令事情变得越来越糟，他开始经常逃学，在网吧里一泡就是好几天。

听到小勇母亲的哭诉后，黄老师骑上自行车，到小勇常去的一些网吧寻找，最后终于找到了他。看到小勇的一瞬间，黄老师感到了一种揪心的疼痛。那是怎样的一种目光啊？空洞、迷茫，两只眼睛深陷下去，满脸憔悴。

看到老师站在自己面前，小勇一开始有些吃惊，但接着便露出一副满不在乎的神情。"小勇，你还没吃饭吧？"黄老师关心地问道。听到老师的话，小勇长长地吁了一口气，他以为老师会训斥自己一顿呢！同时，他的心里也涌上一丝暖意，低着头小声地回答道："嗯，没有。"

不犯错误的学生不是好学生
——把错误变为成功教育的拐点

"走,咱们去吃饭。"黄老师拉着一脸疲惫的小勇来到一家小吃店。吃完饭后,黄老师又把他送回了家,并嘱咐他的父母千万不要打骂孩子。这次找小勇的经历对黄老师的触动很大,她开始思索学生上网成瘾这个问题,并思索着如何把小勇从网络游戏中拉回到现实生活中。

为了挽救小勇,同时也为了防止其他学生沉迷网络,黄老师开始制订一系列教育方案。她先在班上组织"网络'双刃剑'"的辩论会,接着又组织了班级网络绘画大赛、打字比赛、网络作文比赛、网络资料查找等多种活动,目的就是让学生了解网络的益处,创设一种良性的上网氛围。但这一切好像对小勇并没有起到什么作用,他依旧想逃课就逃课,想玩通宵就玩通宵,对班里的活动视而不见。

小勇的种种表现,黄老师都看在眼里。难道是自己的教育方法不对头吗?她不禁陷入深思:这段时间一直在集体教育上下功夫,对小勇却没起到任何作用,这说明自己的切入点没找准。考虑再三,黄老师决定改变教育方式,直接针对小勇做工作,把电脑作为教育的切入点。

她把小勇叫到办公室,告诉他,以后想打游戏可以到办公室来,顺便教教自己怎么用电脑。小勇高兴地答应了。此后,黄老师常借着"学电脑"的名义把小勇留在办公室,有时她还陪小勇一块儿到网吧"混",就是为了接近他,以便对他提出更高的要求。

渐渐地,小勇上网玩游戏的地点有了变化,从网吧到办公室,再到黄老师的家里;而他上网的时间也在逐渐缩短。为了彻底收住小勇的心,黄老师又想了一招,她向小伟"求助":"学校的走廊有点黑,老师晚上一个人走害怕,你能不能一边做作业,一边等等我?"于是,在每天结伴回家的路上,黄老师都要和小勇谈谈心。就这样,小勇的学习习惯一天天好了起来,很少再去网吧玩游戏了。

中考的时候,小勇考上了一所国家级重点中专,还当上了班长。在一篇作文里,小勇把这一年多的谈话时光称为"最特别的回忆":"黄老师,是您把我引领上了正确的道路,是您让我体会到师生间的真情。在我以后的人生道路上,您和我每一次的谈话都将被我铭记在心中。"

反思拓展

应该说,小勇迷恋上网和他的家庭是有一定关系的。他的父亲因为工作忙常常不在家，而母亲除了催促他写作业、看书之外，很少和他沟通交流。当他们发现小勇玩网络游戏后，只是对他进行批评，甚至打骂。再加上成绩下降令他产生自卑感，于是他便将精神完全寄托于虚拟的网络世界。

互联网的出现彻底改变了人们传统的生活方式，特别是对青少年学生的成长、发展产生了巨大的影响。互联网信息量大、更新速度快、开放程度高等优点有利于培养学生的学习观念、效率观念、平等观念和全球意识。通过互联网，学生可以快速地获取知识，增加对未知领域的了解，极大地开阔视野。全球共享、丰富多彩的网络资源以及不断发展的信息技术，能够促进学生的学习能力和创造能力的提高，同时也可以进一步拓宽教育平台。互联网提供的多元化的发展机会，还可以促进对学生个性的培养。

但互联网不仅有有利的一面，也存在着非常危险的一面。它给很多学生带来了困扰，比如，网络容易使少数自控力较差的学生上瘾；间接的、符号化的交往形式，在一定程度上削弱了学生同他人面对面交往的愿望；等等。可以说，有网瘾的学生是网民中的弱势群体，他们对网络中的精华和糟粕缺少正确的判断，面对网络缺少自制力。

因此，教师应该像案例中的黄老师一样，及早发现学生的网瘾倾向并给予足够重视，制订出应对措施，尽最大的努力帮助学生减少对网络的依赖。具体方法有以下几种。

1. 多与家长联系，正确对待学生的上网问题

现在，大多数家庭都有了电脑，但真懂电脑的家长不多，有些家长甚至根本没有接触过电脑，更别说上网了，所以要想让家长对学生上网进行有效监督，首先要让他们懂一点电脑知识。

教师有必要提醒家长多与孩子进行交流，了解他们常浏览的网站，多关心他们上网究竟做些什么；同时，要教育学生充分利用网络资源，但要谨慎上网，拒绝色情内容，少玩网络游戏。教师和家长要做学生网络世界的引路人，引导他们正确上网。

此外，教师自己也要正确对待学生的上网问题，千万不要"谈网色变"，更不要发现学生沉迷于网络时就一味训斥，而要多与学生交流思想，

及时了解学生在做些什么、想些什么，以对症下药。

2. 建立校园网，充分利用校园绿色网络

首先，教师要加强对学生的信息技术教育。现在很多学校建有校园网，教师可以充分利用校园绿色网络系统，引导学生正确使用网络。教师可以联合管理学校机房的教师，一起帮助学生了解网络、利用网络资源，同时让网络技术教师对学校网络系统进行有效监控，如运用防黄、防游戏软件，硬盘锁定或专人管理等方法，有效地阻止学生访问黄色网站、游戏网站。教师要让学生建立自我保护意识，要在他们刚接触网络的时候就对他们进行网络防范教育，要用生活的事实告诉学生：沉迷网络对自身的发展是很不利的。

其次，教师要建立现代教育观念，对学生开展网络心理教育。沉迷网络的学生的个性、价值观、情商都受到了不良影响。教师必须转变传统的教育观念和模式，引导学生网民向积极的方向转化，而不是只枯燥地说服、说教。

大多数学生之所以上网成瘾，是因为心理不成熟、人格不健全造成的。玩游戏、聊天、上黄色网站就是他们宣泄在现实生活中被压抑的攻击和性欲望的途径。在这种虚拟的象征现实中，他们可以实现对权力、财富、性幻想的满足。

因此，教师要根据有网瘾的学生的心理特点，利用校园网络资源，积极开展网络教育。例如，教师不仅要运用校园网中的心理辅导板块对学生进行补救性网络心理教育和过程性网络心理教育，还要对他们进行准备性网络心理教育。

开展网络心理教育应立足培养学生的心理自主性、行为自律性与主体发展性，塑造与完善学生网民现代化的、真善美和谐统一的网络社会人格，培养学生对网络世界和现实世界的正确认识，既让他们能自我管理，塑造健康的人格，又让他们能够充分利用网络，却不沉迷于网络。

学生上网成瘾并不可怕，可怕的是教师听之任之。教师应该像案例中的黄老师一样，带着责任和义务走进学生心里，融入他们，了解他们的需求，从而发现症结，做到对症下药，最终根治学生的顽疾。

（三）转化有网瘾的学生的策略

事实证明，学生迷恋网络是有一定的心理原因的，是长时间积累而成的，教师要做到及时发现、及时矫正，才能从根本上控制、杜绝学生上网成瘾。根据一些教师的实践经验，转化网瘾学生有下面这些有效策略。

1. 把戒除网瘾当做长期工作来抓

学生上网一旦成瘾，就不是教育一两次能解决问题的，只要一有机会，他们的网瘾就会出现反复，而一旦出现反复，则一切又须重来。假如在这个过程中，教师稍微没有耐心就会前功尽弃、劳而无获，甚至还会出现这样的情况：面对教师的批评教育，有网瘾的学生明明知道自己上网成瘾了，但就是不接受教育，还趾高气扬地狡辩，唇枪舌剑之后仍不服气，有时干脆丢一句："不就是上网嘛，有什么值得说的！"就再也不说话了，采取"冷战"的态度。这是对教师的一种考验。

面对这样的学生，教师可以采取以下两种方法来应对：一种方法是，可以明确地告诉他们"教师是不会放弃的"，这是感化式教育的前奏；另一种方法是，采取冷却式教育。使用哪种方法，要因人而异，有时也可以将两种方法合二为一，但无论采取哪种方法，都要求教师对他们时时留心、耐心教育。

2. 让班级充满爱心，用活动转移网络之瘾

有网瘾的学生最大的特征就是沉溺于虚拟世界，因为在现实世界中，他们比较孤独，很少有成就感，尤其是来自离异家庭的学生很少能够感受到家庭的温暖，缺少同龄学生拥有的父母的疼爱；加上他们的学习成绩一般都不太理想，孤独的、被忽视的现实世界迫使他们一走进虚拟世界之后就不能自拔。

因此，教师可以多花点时间，多想点办法，在班级中开展各种有益、有趣的活动，吸引有网瘾的学生参加各种活动，让他们有事可做，转移注意力。一旦他们有了小成绩、小进步，教师就应及时鼓励。

某学生上网打游戏成瘾，教师并没有放弃，而是多次耐心教育，还教

他如何在上网时查找与课文有关的资料。然后，在课堂上，让他来当"小老师"，帮同学解决难题，使之获得成就感，让他上网的目的慢慢从玩游戏转移到查资料，以有效利用网络。

后来，这名学生在作文里写道："以前我只知道上网打游戏、看电影、聊天，现在我能上网查找资料了，发现网络上原来还有这么多有用的知识。我还可以利用在网上查到的资料为班上同学解决疑难问题了，是老师让我找回了学习的信心……"

爱的力量是无穷的。因此，教师对有网瘾的学生应少一点冷落多一些尊重，少一点歧视多一些理解，少一点排挤多一些关爱，为整个班级搭建一个平等沟通、交流的平台，让班级充满爱，让师生关系更加和谐。

3. 借助家校合力，对学生形成压力

要想帮助有网瘾的学生戒除网瘾，使他们彻底转变，单靠教师一个人的力量难有成效。因此，教师必须借助家庭和学校的合力，促使他们转变。

教师可以通过家访详细了解有网瘾的学生的家庭情况和成长经历，有针对性地开展工作。如果在多次教育之后，他们仍然不能戒除网瘾，教师就必须及时通知家长，请家长来校，与家长相互交流教育方法，在达成一致的基础上，让他们与自己的父母沟通。教师也应该让家长正确认识网络的利弊，让他们采取正确的教育方法，疏通孩子的思想。

另外，教师应要求家长尽量少给有网瘾的学生零花钱，从根本上断绝其上网的经济来源，或者要求他们对每一笔零花钱做详细的开支记录，形成一本开支明细账本。这不仅有利于培养学生的理财能力，还能增强学生的自控能力和对网络的免疫力。

通过以上措施戒除学生的网瘾，如果效果还不明显，教师可要求学校德育处和心理辅导室对有网瘾的学生进行道德教育和心理疏导，整合学校、家庭的教育合力，共同帮助学生戒除网瘾。

4. "外敷加口服"的治瘾疗法

教育这类学生时，既要外部施压，又要让他们内心起变化。教师说服有网瘾的学生之后，可以让他们写出心理说明书，在心理说明书中详细地

叙写以前上网的过程（时间、地点、参与人员）、心理特征及上网成瘾后的种种不良行为等，并分析上网成瘾的危害。同时，还可以让学生写家人对自己的期望，写自己的理想，写自己的将来，写自己身边的同学比自己进步了多少等。教师要让学生边写边反思，重拾过去的勃勃雄心，唤醒沉睡的斗志。

另外，教师要根据他们的心理说明书归纳、分析其上网成瘾的原因，指出弱点，耐心教育，悉心引导，并提出相应的解决办法。在征得本人同意的情况下，教师还可以把他们写得最感人的文字念给全班同学听，不仅让全体同学受教育，还可以对有网瘾的学生起到监督作用。这样，经过一段时间后，他们上网的意识会逐渐减弱，最终戒除网瘾。

5. 教学生要成才先成人

在教育有网瘾的学生时，教师首先应从如何做人的角度，帮助有网瘾的学生树立学习信心，制订学习目标和计划。有网瘾的学生因空虚无聊而上瘾，又因上瘾后越发空虚无聊而不能自拔，他们的人生观、价值观渐渐偏离正确方向。因此，教师必须指导他们树立正确的人生观、价值观。

学习是学生的天职，这是人人皆知的，也是每个家长和教师都非常重视的。教师只有在教育有网瘾的学生怎样做人的基础上，才能围绕学生的学习开展工作，提高他们的学习兴趣。教师的工作可分为前、中、后三个阶段来进行。

前期（可能为期两周）：每天早上教师应同有网瘾的学生一起制订当天的学习目标和计划；每天晚上要求他们写日记，反思当天的计划完成得怎么样；要求他们每天写当天的读书感受等。教师应天天检查并提出相应的修改意见。

中期（可能为期一月）：教师要随时抽查有网瘾的学生的学习情况，如作业、听课笔记等，有针对性地找些资料、试卷让他们完成。这个时期，教师对他们的作业不能要求太高、太严，应慢慢加"紧"。

后期（长期的关注）：为了进一步巩固前、中期的效果，并促使有网瘾的学生后期的良性发展，教师可以帮助他们制订长远的学习目标和计划。在这个过程中，教师对他们取得的成绩应及时表扬，对其取得的进步应及时鼓励。同时，可以对他们存在的不足予以适当的批评。

6. 让学生正确认识、对待网络

网络不是猛兽，更不是毒品。教师要戒除有网瘾的学生的"瘾"并不是杜绝学生上网，与网络绝缘，教师更不能"谈网色变"。正确的做法是，教师可通过组织全班学生开展辩论赛、演讲、主题班会、写研究性论文等活动，让学生都能正确认识网络的利与弊。教师要让学生知道，上网有很多事情可做，不仅仅是聊天和玩游戏；让他们懂得，只要正确对待网络，合理利用网络，则不仅不会上瘾、玩物丧志，还可以让网络成为生活、工作、学习的好帮手。

"病来如山倒，病去如抽丝。"正处于青春期的学生的意志力比较薄弱，网瘾容易反复发作。因此，教师要付出巨大的爱心与耐心，长时间地跟踪教育，这样才有可能让学生戒除网瘾。

有偷窃行为的学生的成长拐点
——及时干预，晓以利害

（一）走进内心，深度把脉

成人的偷窃是在意识到有可能带来严重后果的情况下有计划地非法占有他人财物的行为。学生的偷窃则可能是一种无计划地占有他人物品的行为，他们很可能没有意识到这种行为会带来严重后果。有些教师会把学生偷拿别人东西的行为简单地归因于品行问题，但其实学生偷窃更多的时候是一种心理问题。教师应在保护有偷窃行为的学生自尊心的前提下，找出原因，因势利导，用恰当的方法和手段予以纠正，使之走上正途。

导致学生偷窃的原因有以下几个方面。

1. 经济原因

有些学生的家庭条件不是很好，想要的学习用品或玩具家长不给买，于是当看到同学拥有这些东西时，就会产生偷窃心理，将同学的东西据为己有，来补偿自己得不到这些东西的缺憾。也有些学生受外界诱惑，到网吧、KTV等消费场所玩，因为缺钱而偷窃。

2. 概念不清

有些学生认为偷书或偷自行车都不是偷，而是因为自己没有，拿来用用而已，又没有将书和自行车变卖为钱财，怎么能称之为偷呢？

3. 出于好玩的心理

有些学生并不是因为需要财物去偷窃，而只是因为觉得好玩才去偷，他们乐于享受那种偷窃得手时的快感。当别人丢失财物后焦急地到处寻找时，他们会感到无比快乐，偷窃是他们捉弄同学、寻求快乐的手段之一。

4. 追求刺激

青少年学生都有争强好胜的心理，他们希望自己在同龄人中受到肯定，于是在同学的挑衅下，为了享受那种前所未有的刺激感以及满足与自尊而走上偷窃道路。

5. 逆反心理

学生的自我表现意识较强，当感到自己不被教师、同学重视，或经常受到批评或不恰当的责骂时，便容易产生"你要我这样，我偏要那样"的心理。在这种思想的支配下，他们明知偷窃是不对的，却依然我行我素，误以为这样就可以让自己被关注。

6. 妒忌、炫耀的心理

有些学生看到同学常有好看好玩的物品，便希望自己也能拥有以便让人羡慕；或者看到同学的学习成绩好，便将别人的优点看作对自己的威胁，感到十分愤怒，于是用偷窃来报复或满足虚荣心。

7. 不良的家庭教育

父母是孩子的第一任教师，父母的言行举止对孩子的影响极大。有些家长自己本身就品行不正，孩子自然有样学样；有些家长过分溺爱子女，督导乏力；有些家长则是粗暴教育，认为棍棒之下出孝子，严重摧残了孩子的心灵；有些家长对子女只养不教或重养轻教，不过问子女的思想和心理情况，对子女的教育不负责任，放任自流。这些家庭的孩子很容易有偷窃的行为，甚至走上犯罪的道路。

8. 学校教育的不合理

学校教育也存在一定的消极影响，例如，学校道德教育偏重教条的灌输，忽视实践；课程设计不当，使得学生在学业上缺乏成就感；学校忽略法律常识教育；没有足够的活动空间和器材，或没有足以吸引学生的活动，使学生过剩的精力无法宣泄；等等。这些都会让学生产生各种消极心理，乃至采取消极行为，如偷窃。

9. 社会大环境的影响

近年来，社会上急功近利的风气盛行，对学生的道德观、价值观的形成有着很大的误导；大众传播媒体过于翔实地描绘盗窃行为，无形中传授了偷窃技巧；正规休闲场所太少，而不正规休闲场所的诱惑太多，令意志不坚的学生沉沦其中并走上偷窃道路；学生受到社会上不良青少年的影响，形成强悍、粗鲁、狡猾的性格，靠偷窃来寻求刺激。

应该说，在这些因素当中，社会因素是非常重要的。正是社会上的一些不良影响，使一些人产生了急功近利的想法，也连带影响了身处校园的学生。虽然学生偷拿同学钱物与成人世界的偷窃行为有所不同，但如果不能及时制止，对学生今后的发展将产生极为恶劣的影响。

"小时偷针，大时偷金"是一句古训。教师一旦发现学生有偷窃的不良行为，要及时制止和教育，晓以利害，帮助其改正错误的思想和行为。对于学生来说，如果第一次拿别人的钱物之后没有得到及时的教育，就有可能产生一种不劳而获的喜悦和"成就感"，久而久之，就会形成一种坏习惯，最终导致他在成年后走上犯罪道路。因此，教师不能不对学生的偷窃行为予以重视。

（二）给学生留尊严，用爱使其走出阴霾

案例展示

郭美英是山西省太原市第三十六中学的优秀班主任。作为一名班主任，郭老师曾遇到过各种各样的学生，其中也不乏偷窃行为的学生。郭老师是如何处理学生偷窃的呢？

有一天晚上，小琴急匆匆地跑到郭老师办公室，说自己新买的一条裙子丢了，而且她知道是谁偷的，因为她看见同寝室的小英的床单下放着自己的裙子。郭老师让小琴先不要声张，说晚自习后再处理这件事。

下了晚自习，郭老师和小琴先进了寝室，将寝室其他同学按顺序一个一个单独叫到寝室里，打开箱子、手提袋，翻开床单，看是否有小琴的裙

不犯错误的学生不是好学生
——把错误变为成功教育的拐点

子。寝室里除了小琴和小英外,还有6名同学。在抽查之前,郭老师就和小琴说好了,即使在小英的床单下找到了小琴的裙子,也要把剩余的同学全部查完,免得其他同学怀疑,让小英背上小偷的名声。小英是第二个被叫进来的,进来后,她的神情看起来有点紧张,但还是打开箱子、手提袋,并翻开床单让郭老师和小琴检查。小琴在小英的床单下的几件衣服中找到了自己的裙子,小英见裙子被发现,脸顿时涨得通红,羞愧难当地痛哭起来。

但郭老师并没有严厉地斥责小英,而是严肃地对她说:"裙子在你的床上,事情已经很清楚了。这件事,我和小琴都会为你保密,就说裙子没有找到。但你自己一定要从这件事中吸取教训,控制自己的行为,不要再发生这样的事,否则,连我也无法帮你。"小英含着眼泪点头答应了。

然后,郭老师又将其他几位同学一个个叫进来进行仔细检查,最后再召集全寝室的同学开了一个会。会上,郭老师说:"小琴的裙子这次没有找到,但通过这次检查,我相信,寝室里不会再发生类似事情了。因为一方面大家会提高警惕,东西不会乱丢和乱放;另一方面即使有人做这样的事,那么以后也一定不会再做了。大家不要胡乱猜疑,这件事就到此为止,以后大家要互相关心、互相爱护。一个寝室就像一个大家庭,每个同学都是这个大家庭中的一员。俗话说'家和万事兴',只有大家有良好的学习和生活环境,学习才会进步,生活也才会非常愉快。"

让人感动的是,郭老师并没有就此止步,而是继续关心小英。事后,郭老师经常找小英聊天,关心她的生活和学习情况。一次,一位同学替小英请假,说她病了,郭老师赶紧到寝室看她。一摸她的额头有点烫,郭老师立即带她到医院看病。在医院里,郭老师帮她挂号、取化验单、付款、取药,小英很感动,握着郭老师的手说:"郭老师,您真好,您放心,我一定会改掉坏毛病,踏踏实实做人!"

郭老师摸着她的头说:"老师相信你一定能够做到,只要你努力,一定会成为一个人人都喜欢的好女孩。"

这以后,郭老师和小英之间的距离越来越近,小英有什么事总会主动跟郭老师说,郭老师也会尽自己所能帮她解决问题,并告诉她一些做人的道理。同时,郭老师还让其他同学主动跟小英搞好关系,使她走出阴影。

后来,小英在学习上进步得很快,寝室里也再没有发生过丢东西的事情。

反思拓展

现在的教师不再是以前的"教书匠",其职能不仅限于传道、授业、解惑,还要对学生进行心理健康教育。在此过程中,教师要让学生体验到关爱,师生建立起信任,所谓"亲其师,信其道",只有这样,教师才能对学生进行有效的心理指导。

案例中,对于有偷窃行为的小英,郭老师在帮助她改正错误的同时注意保护她的自尊心,用一颗火热的心去温暖、感化小英的心灵。郭老师不但没有斥责小英,轻视她,远离她,反而用更多的爱去关心她。试想哪个犯了错误的学生遇到这样的教师,能不为之感动呢?又怎能不改正错误呢?

在实际教学中,有些教师往往认为有偷窃行为的学生的道德品质有问题,常常采取"搜身""审讯"等方式找出偷窃者,然后公之于众,并给予严厉的处分。这样做其实很难解决学生偷窃的实质问题,反而会使学生的心灵受到很大的伤害。因此,教师在教育有偷窃行为的学生时,一定要注意以下几个方面的问题。

1. 谨慎对待学生的偷窃行为

学生的心灵是脆弱的。在处理学生偷窃事件时,教师一定要谨慎,如果处理不当,可能会给学生带来巨大的伤害。一定要记住,教师不是警察,出发点是保护和教育学生,而不是抓小偷。在具体操作中,教师若没有确凿证据千万不要下结论,也绝不能做出类似翻学生书包或者搜身等不尊重学生的事情。

2. 从心理上去引导学生

教师在处理学生偷窃事件时,应对学生进行心理辅导,用师爱让学生从心理上克服偷窃的毛病,引导学生正确认识偷窃行为是有害的。对一些缺少家庭关爱的学生,教师要以加倍的爱心去感化,让他觉得偷窃这种行为只是一时的糊涂,只是自己人生道路上的一个小插曲,不影响自己今后的发展。教师要让学生明白:犯错并不是可耻的事情,谁都有犯错的时候，只要能及时改正仍然是好学生。

3. 避免负面影响

当班上出现偷窃事件时，制造正面的班级舆论是必要的，当一些学生的议论可能会伤害到当事学生时，教师就要适当引导；同时对有偷窃行为的学生要给予更多的关心和帮助，用自己的信任来感动学生，给犯错的学生一个改过的机会。

学生也是人，虽然犯了错误，但不能"一棒子打死"，最重要的是让他们吸取教训，不再犯类似的错误。教师对有偷窃行为的学生要给予一定的尊重，保护好他们的自尊心，并抓住契机，对全体学生进行全面的心理辅导，让更多的学生受到心灵的教育。

（三）用"心"教育，积极引导

案例展示

李有男老师的班上有这样一个学生，他叫小伟，他的偷窃行为给李老师留下了深刻的印象。李老师深入思考，采取针对性的教育措施，最终使小伟的偷窃行为得到了改变。

小伟家庭条件较好，父亲在外做生意，父母长期分居，他和父亲在一起的时间很少，偶尔和母亲生活，大部分时间与爷爷奶奶生活在一起。正因为这样，父母往往都会尽量满足他的要求。小伟在校成绩一般，但平时班级有活动时表现积极。

小伟在学校里曾多次利用中午吃饭时间偷拿同学的物品和零用钱，有时候甚至到办公室偷拿教师的钱物，并将偷来的钱乱花，买东西送给同学，"笼络"他们。当李老师问他是否"拿"了别人的东西的时候，他往往否认几句之后就会承认是自己所为，以致后来班上同学不管少了什么东西都会首先想到是小伟干的。

"我们平时也比较忙，对小伟关心得不够。小伟在学校偷东西，我们也很着急，但也没什么办法。"小伟爸爸说。小伟以前在别的学校上学时，也曾出现过偷同学橡皮之类的情况，为此小伟的父母伤透了脑筋，打过，骂过,每次小伟都说以后不敢了,但没过多久就"旧病复发"。

面对这个几乎已经是"惯犯"的学生,李老师并没有听之任之,而是开始行动起来,进行积极的调查研究。

通过平时的观察和分析,李老师觉得小伟比较内向,不善于表达却又急于在他人面前表现自己。由于小伟在家庭中得不到足够的重视,同时学习成绩并不好,也不是教师关注的焦点,长期这样,得不到关心的小伟,往往感到孤独和不知所措,便只能通过偷窃行为来"讨好"同学,以引起教师、家长的关注。

通过调查分析,针对小伟及其家庭的现实情况,李老师决定采取以下措施对其行为进行矫正。

第一,及时家访,统一认识,改善家庭教育模式。

从小伟偷窃行为的目的出发,李老师利用家访的机会,与小伟的父母进行了一次深入的沟通,共同分析小伟的行为,使其父母认识到家庭教育的重要性。同时,结合小伟的情况,李老师与小伟的父母统一了以下几点认识。

(1) 父母不能对小伟大发雷霆,夸大问题的严重性,以致带给小伟过大的心理压力。父母要努力与小伟建立良好的关系,给予他更多的关心,多了解他的想法,特别注意引导他以正当的方式获得大家的认可,满足他的精神需求。

(2) 明确家长与教师对小伟的偷窃行为不能不闻不问,听之任之。当发现小伟再次有偷窃行为时,家长应明确表态,反对这种行为,并且坚持要把偷来的东西还给当事人,达到教育的目的。至于归还的方式要经过慎重考虑,不可故意当众归还,这样非但达不到教育的目的,反而会使小伟觉得受到了羞辱。

第二,用"心"教育,积极引导。

作为班主任,李老师主要从以下几方面对小伟加以引导。

(1) 发掘优点,积极引导。

在与家长沟通之后,在日常教育中,一方面,李老师也时刻注意避免提及"偷"等敏感的字眼,并经常找小伟谈心,及时发现他的闪光点——乐于助人,从正面积极引导,树立其在同学心目中的地位。另一方面,李老师又鼓励班中的同学多与他交朋友,创造机会让他和同学们一起活动、游戏，让他感受到集体的温暖。

（2）和风细雨，潜移默化地影响。

为了不引起小伟的反感，李老师充分利用道德教育的机会，用故事来启发其思考，使其认识到自己的错误。后来，小伟主动找到李老师，承认自己的错误，并保证今后一定改正。在这个基础上，李老师趁热打铁，要求小伟在学习上也要多下功夫，养成良好的学习习惯。

经过一段时间的教育、引导，在家校共同努力下，小伟变了。小伟的偷窃行为消失了，人也变得开朗大方，做事也比以前稳重了许多，与同学相处融洽，在学校里也有了很多好朋友。

反思拓展

和谐的家庭氛围和有效的教育方法，是杜绝学生偷窃行为的良方。而当学生有类似偷窃的不良行为时，教师应及早加以重视，联合家长对学生进行有针对性的教育辅导，以免影响学生的成长。

教师对有偷窃行为的学生进行教育引导，首先应该进行调查分析，找到其行为的根源才能对症下药。如案例中的李老师就是通过调查，找到小伟偷窃行为的根源。

其一，父母长期分居，小伟和父母在一起生活的时间很少，从小就缺少家庭的温暖，父母对他的学习和生活关心得不够，认为给他创造良好的物质条件就够了，在日常的家庭教育中没有认识到孩子真正需要的是什么。正是因为家长平时很少关心小伟，使得小伟在感情上得不到满足，就用"偷"来的钱买些小东西送给同学，"笼络"他们，希望建立同学之间的感情以弥补家庭感情的缺失，最终达到引起父母关注的目的。针对这一原因，李老师积极联合小伟家长，统一认识，形成家校合力，取得了良好的效果。

其二，在学校里，小伟学习一般，在教师那儿得不到表扬和赞赏；上课经常讲话，其目的是为了能引起教师的关注。当他发现自己的偷窃行为能达到这样的目的后，而教师又没有能够及时解决他的根本问题，他就在一次次认错后仍不断进行偷窃。针对这一原因，李老师及时采取了相应的措施，最终使小伟认识到自己的错误，内心有了改正的动力。

从案例中李老师成功转化有偷窃行为的学生的经验可以看出，只要教师真诚地为学生着想，为学生的健康成长付出，一切都以提升学生生命质量为出发点，教师的真心就一定能使他们那颗蒙了灰尘的心闪亮起来。

（四）转化有偷窃行为的学生的策略

没有人天生就喜欢偷拿别人的东西，任何一个偷窃者都是因为后天因素才有这种行为的。教师要在了解学生的偷窃心理后，积极寻找对策，帮助学生纠正这一不良习惯。以下一些对策可以借鉴。

1. 抓住人性光辉面，进行感化教育

有时候，学生偷窃的确是一时冲动，教师如果能抓住人性中光辉的一面，挖掘学生心灵深处存在的美好，也许问题就会迎刃而解。比如，班上可能是第一次出现偷窃事件，此时，教师应该当机立断，让学生坐好，讲一些这方面的故事，动之以情，晓之以理，相信偷拿东西的学生经过内心的思想斗争，能战胜自己并会悄悄把东西归还。

2. 帮助学生树立羞耻心

有些学生偷拿别人的物品时很可能没有意识到这是一种不道德的行为，教师在教育时不妨从这方面着手，首先从思想上对有偷窃行为的学生进行教育，严肃地指出"不经过别人同意而拿别人物品是一种不道德的行为"，引发学生的羞耻心，引导和鼓励他们亲自归还物品并道歉。

心理学研究证明，羞耻心是人克服消极因素、自觉抵制不良诱惑的一种精神力量，只要学生具有羞耻之心，就会慢慢改掉不良行为。

3. 进行思想品德和行为习惯教育

学生有偷窃行为后，心理负担会比较重，担心被人发现，暴露后又担心被教师责骂、同学讥讽。这时候，教师应察言观色，及时了解他们的心理，辅以必要的疏导，使其尽快解除心头的疑虑。教师可以晓之以理，与其重温学生守则有关内容，讲述诚实为人的道理，指出偷窃的危害；还可以动之以情，用生动的故事打开学生心扉，用殷切的期望启发其思想；还可以淡化问题的严重性，减轻学生的心理压力。

4. 发挥榜样示范作用

教师的言行举止对学生的影响很大，所以教师首先要做到为人师表、言行一致，以高尚的师德、良好的品质教育学生，发挥教师的示范作用，为学生树立立身做人的榜样，做到以德感人、以德服人、以德育人，促进学生提高觉悟、改正缺点，做一个堂堂正正的人。

5. 开展丰富多彩的集体活动

丰富多彩的集体活动可以培养学生的兴趣爱好，如爬山、野外求生等，这些活动不但可以让学生感受到生活的乐趣，证明自己的能力，还可以培养学生的集体意识，让他们能多为别人考虑，从而意识到偷拿别人的东西是不好的行为。

6. 设立班主任信箱，倾听学生心声

在布置学生写周记时，教师可以不定期地设定"我的心里话"之类的主题，从而了解学生的心理。教师可尝试在班级设立班主任信箱，为学生排忧解难。对于有偷窃行为的学生，教师也可以通过这一信箱对其进行心理疏导，找出其形成偷窃习惯的原因，以多方面的案例对其进行教育，并定期与其交谈，及时了解其转化过程，给予必要的指导和鼓励。

7. 加强与家长的密切沟通

当学生出现偷窃行为时，教师应及时与家长取得联系。其主要途径有两种。

一是登门造访，把学生的具体情况如实向家长反映，同时了解该生的家庭情况、家庭教育方法，并针对其生长环境找出问题的症结，取得家长的支持和配合。

二是针对有偷窃行为的个别学生家长召开小型家长会，了解其家庭教育情况，共同探讨教育学生的方法和途径，必要时可共同学习有关家庭教育、心理健康教育的常识。

此外还可以利用电话联系等方式与家长进行沟通。这样做，一来能够双管齐下，共同教育，使学生在心理上感受到一种压力，认识到偷窃行为

是为家庭所不容、为学校所不许、为社会所不齿的。同时，也可提醒家长注意教育方法，讲究教育方式。

8. 加强社会教育力度

教师与学校应定时与公、检、法等部门联系，利用社会力量，扎扎实实地在学生中开展普法教育，强化学生的法制观念，把学生的不良行为杜绝在萌芽状态。教师也可以不定期地组织学生学习刑法和社会治安管理条例等基本法律法规，可以聘请当地派出所的同志来做报告，讲述青少年犯罪情况和犯罪根源等。

学生的偷窃行为不是一朝一夕形成的，更不是短时间内就能改变的。转化有偷窃行为的学生，需要教师全面动员社会各方面的力量，调动一切积极因素，采取必要手段、方法，完善措施、制度，形成校内外齐抓共管的合力，建立学校、家庭、社会全方位的教育体系。只要学校、家庭及社会共同关心、努力，学生的偷窃行为一定能够得到有效控制，学生一定会有一个光明的前程。

厌学学生的成长拐点
——创新教育教学方法，让学生爱学、乐学

（一）走进内心，深度把脉

厌学是学生在主观上对学习失去兴趣，产生厌倦情绪，并在客观上明显表现出来的行为。具体表现为学习效率低下，尽管有时候用功了，但效果不佳，感到学习非常枯燥，对学习毫无兴趣。如果无人督促，厌学学生很少主动学习，但常常渴望得到物质激励，花在电视、电脑和其他娱乐活动上的时间比学习时间多，没有明确的学习目标，不懂制订计划。

厌学可以分为轻度厌学、中度厌学、重度厌学。轻度厌学者，表现为对上学不感兴趣，但迫于家庭或外界压力又不得不走进学校。中度厌学者表现为在校学习状态不佳，学习效率低下。重度厌学者，会从心底产生对上学和学习的厌恶，最终可能会选择退学、离家出走等极端行为。

1. 厌学的表现及危害

厌学是学生诸多心理障碍中最普遍、最具危害性的心理问题。厌学直接导致学业不良，更会影响学生的心理健康和个性。有研究表明：厌学学生的心理健康水平明显低于乐学者，极易导致各种心理问题，如内向、情绪不稳定、精神质等，即表现出孤独、麻木、反应缓慢、难以适应外部环境、焦虑、闷闷不乐、性情古怪、冷漠等人格特征。

由于学习认识上的偏差、家长期望值太高、学校升学的压力等因素，厌学学生整日生活在紧张、焦虑的精神状态中，很难解决学习行为与社会要求间的一系列矛盾，困于其中，难以自拔，进而导致心理失衡，挫伤了自尊心和自信心。同时，厌学学生也有正常人的心理情感和对良好人际关系的内在要求，但往往得不到教师和同学的肯定，在班级中常遭排斥、歧

视，其归属、接受支持和爱的情感长期得不到满足，长期如此，易导致自卑、抑郁、偏执等心理问题，易对人和事产生消极认知，过于敏感，不好交际，不信任他人，不能关心理解他人，行为冲动，情绪不稳定。

此外，厌学学生错误的认知和不良的心理反应易影响班级良好的学习气氛，致使教育教学质量降低。

2. 厌学原因分析

厌学学生的心理机制很复杂，厌学也是主客观因素交互作用的结果。

（1）家教环境不良会导致学生厌学，主要体现在两个方面：

① 家长的不良榜样。家庭是学生成长的摇篮，父母是塑造子女心灵的第一位教师，家长对学习的态度会影响子女。有些家长对学习漠不关心，终日胡吃海玩，态度粗暴，爱发牢骚，流露出轻视知识、鄙视教师的思想，经常说与学校对立的言论，更有甚者竟哄骗子女弃学挣钱。在这样的家庭环境下，学生容易染上不良习气，大多心理阴暗、粗野，性格执拗，不爱学习，智力发展受到压制。

② 家教的不良方式。有的家长期望值太高，常用"神童"的标准要求孩子，不断给孩子加压，一旦孩子达不到标准，便严厉惩罚，使孩子心理受到伤害，体验不到学习的乐趣，对学习产生反感，甚至与家长对抗；有的家长对孩子过度保护和偏爱，使得孩子不需努力便拥有一切，从而对学习产生错误的认知。

（2）学校教育失当是使学生厌学的主要原因，主要体现在以下几个方面。

① 教学内容单调。有些学校从小学开始就分主副科，只上语、数、外等所谓的主科，其他如音乐、美术、自然、体育、社会等学生心目中的"好课"只写在课程表上，实际上时间都被"主科"占用，用于复习了。由于有教师"包班"情况的存在，有些学校半天或一整天连续上语文或数学，学生焉能不腻不厌，偶尔上一次体育课或音乐课都能兴奋几天。可叹的是，还有许多校长和教师仍这样"善意"地做着。

② 教师专业素质较低。教师低水平的教学，让学生乏味；海量的重复性作业，让学生生畏、反感。一些教师往往越是教学水平低，越需要用作业来上"保险"，对学生而言学习自然成了机械、被动、盲目的活动，成

了一种负担。学生无法体会到学习的乐趣，尤其是成绩不好的学生，更是疲于奔命，不仅厌学，甚至选择弃学。

③ 教育工作者对"差生"的忽视。一些有升学任务的学校只对上级负责，也就是完成升学指标，从校长、班主任到科任教师，都只重"尖子生"，对升学无望的学生放任不管。在排位、分班方面，"差生"得不到应有的尊重、关心和帮助，自尊心受损，产生对立情绪，与教师的隔阂与日俱增，最终便会自暴自弃，甚至厌学弃学。

（3）社会上的不良因素对学生学习态度有一定的影响。

① 低俗文化的传播。在一些媚俗低劣的影视作品引导下，一些学生盲目追逐时尚，沉溺于言情、武侠甚至黄色书刊，网络游戏，早恋，偷盗，攀比消费等，淡化或转移了对学习的兴趣和追求。

② 媒体的误导。一些媒体为迎合读者，将升学就业中的一些社会问题不科学地放大，将区域性的潜在社会舆论和社会心理扩大，宣扬学习无用论，使学生形成错误的认知。

（4）学生自我认识偏差也在一定程度上导致了厌学。

学生厌学的根本原因是丧失了学习的内部动力——学习动机。一些家长或教师对学生期望值太低，往往使学生学习目标不明确，缺乏学习动力。另外，学生自我认知有偏差，一旦遭遇挫折，便放弃了对学习的热情。

教师应从改革教育教学方法入手，通过创设能激发学生学习兴趣的教学情境，紧密联系学生实际，坚持情感渗透，通过设计一些开放性、发散性、挑战性的问题，把学生从苦学的深渊带到乐学的天堂，变"要我学"为"我要学"，提高学生学习的主动性。

（二）帮学生找到快乐学习的支点

案例展示

王艾华是石家庄第二中学语文特级教师，全国"五一劳动奖章"获得者。在30多年的教学生涯当中，她遇到过各种各样的厌学学生，但无论是什么原因造成的厌学，无论这个学生的学习成绩有多差，王老师从来没有产生过放弃的念头，她用一颗火热的心，一次次重新点燃起厌学学生对学习的"兴趣之火"。

在王老师的班上，曾有一个名叫小剑的男生。这名学生给王老师的第一印象就是性格很开朗，每次碰到老师都会用响亮的声音热情地打招呼，平常也总是笑眯眯的，和同学处得也不错，学习上也很认真，常到办公室问老师问题，成绩在班里处于中上游。

但在高二第一学期期中考试后不久，王老师发现小剑的精神变得萎靡不振，英语老师也向她反映小剑对英语的积极性不如从前了。于是王老师便找小剑谈话，了解情况。

王老师亲切地询问："小剑，我发现你现在上课总是没有精神，怎么回事啊？是不是有什么心事，可以告诉老师吗？"

"不知道为什么，这段时间我晚上总是睡不着。"小剑垂头丧气地回答。

"是不是学习太累了？虽然学习很重要，但也要注意休息，不要累坏了身体！"王老师叮嘱道。

"哦，我知道了，老师。"小剑回答道。

第二天上午，小剑的妈妈打来电话，说要帮小剑请几天假，带他去医院看病。这时，王老师意识到小剑的问题可能不是那么简单。三天后，王老师打电话到小剑家询问情况，电话是小剑的妈妈接的，说儿子已经从医院回来了，他的爸爸一会儿会到王老师的办公室去。过了十几分钟，小剑的爸爸来到了王老师的办公室。

王老师急切地问道："小剑怎么了？身体有什么问题吗？"

小剑的爸爸看上去脸色很不好，沉默了几秒钟，心情沉重地说："这孩子想弃学，现在很害怕看到书本，害怕到学校，一到校门口就浑身不自在。小剑在家里也耍小孩子脾气，一点也没有高中生的样子……"

听了小剑爸爸的话，王老师的心不由地一沉，这个学生不会是得厌学症了吧？于是放学后，她马上赶到小剑家。

当王老师看到小剑的时候，他正蜷缩在一把椅子上，两眼迷惘、空洞、无助。看到他这个样子，王老师的心情十分沉重。她试着上前和他谈话，但他的声音很小，还在颤抖。

这一刻，王老师只觉得心被什么东西揪住似的，很难过。如果自己能

不犯错误的学生不是好学生
——把错误变为成功教育的拐点

多关注小剑，早发现问题，事情绝不会发展成这个样子。自己一直觉得小剑开朗热情，不可能会有什么心理问题，看来自己对学生了解得还不够。这时，王老师的心里升腾起一股强烈的责任感——绝对不能让他弃学，无论如何都要让他重返学校！

过了几天，她再次来到小剑家，询问他的身体状况。此时，小剑的心情比前几天已有所好转，看到王老师到来比较兴奋，忙说好多了。趁此机会，王老师告诉小剑，他在自己心目中是一位认真、有上进心、热爱班级、尊敬教师的好学生。小剑听后，有些诧异于老师对自己的评价，但非常高兴。同时王老师也实事求是地分析了小剑各门学科的优势和劣势、现在在班级中的实际水平。与此同时，小剑所在班级的任课教师，如英语老师、数学老师也打来电话询问他的身体情况，让他充分感受到老师们对他的关心。

就这样，王老师通过家访谈心让小剑解开了心结，两个星期后，小剑重返学校，走进了教室。但王老师明白，这并不意味着小剑已经完全走出厌学的心理阴影，她还需要做更多的努力。

第一，构建心灵的桥梁，帮学生正确认识自我。

自知才能自信，自信才能自强。小剑因为期中考试时数学、英语成绩较差，与自己的期望值有差距，便完全否定自己，认为自己什么都不如别人，从而丧失对学习的信心和追求进步的勇气。

针对这点，王老师经常跟小剑谈心，对他进行心理疏导，并引导他学会对自己进行客观、全面的评价。王老师告诉他，每个人身上都有这样或那样的缺点，关键是要学会面对现实、立足现实，从而进一步超越现实。此外，王老师还引导他制订切实可行的阶段目标。

在一次谈话中，王老师还把卡耐基的一句话送给了他："发现你自己，你就是你。记住，地球上没有和你一样的人……"小剑听后沉默了很久，然后露出了灿烂的笑容。通过多次谈心，小剑已经能够充分接纳自我，并树立了信心。

与此同时，王老师还在班级开展"走过心灵独木桥"的主题班会。在班会上，她让学生自由畅谈自己在学习生活中遇到的困惑、苦闷、委屈。王老师还在班会上告诉学生如何在失败面前克服心理障碍，调节自我，增强自信。

通过主题班会，小剑明白了升学的压力不只是他一个人才有，其他同学或多或少都有，这让他有种同病相怜的感觉，甚至让他觉得其实相比较而言，自己的压力并不是最大的，从而减轻了自己的心理负担。

第二，为学生寻找心理支点，增强学生的学习动力。

王老师认为，给学生一个支点，他们就能克服困难。这里说的支点指的是心理支点，有支点，才有可能产生动力；有支点，才有可能产生希望。

比如，小剑的文科综合素质较强，在班级经常名列前茅。有一次他因请长假没上过一节政治课，完全靠自学，只是中途到办公室问过王老师几个问题，考试的时候竟考出了班级第五名的成绩。王老师利用这个契机表扬了他，说他思路很清晰，反应很灵敏，叫他继续努力。小剑听了后很高兴，上课的积极性明显提高了，学习的劲头儿十足。此时，王老师建议他对薄弱的学科多用一点心，他也很乐意地接受了。

第三，积极发掘学生的优点，使其实现自我价值。

一天，王老师与小剑的爸爸谈话，他爸爸说："孩子从小生活就比较优越，所以比较自私，在家很懒，从不做事，这对他耐挫能力有很大影响……"

王老师有些惊讶地说："他在班上表现很好！凡是我在场的几次大扫除，他表现得都非常积极，而且班级分发书本时，最积极帮忙的就是他。"

这件事情让王老师意识到，小剑其实是想引起别人的注意和重视。因此，一次班级缺水，小剑一个人去提水，王老师就表扬了他，并批评其他男同学做事不主动。女同学也都叽叽喳喳地说："就数小剑最勤快了……"得到同学们的好评，小剑显得比较得意。

此外，王老师还给他安排了计算机保管员的岗位。自从为小剑安排了这个岗位后，他做事更加认真了，总是在老师上课之前，主动问老师需不需要电脑。

渐渐地，小剑的性格更加开朗了，不仅学习越来越有劲头儿，而且跟同学相处的也很好。就这样，在短暂而又漫长的半年里，在家长的配合下，在任课老师的关心帮助下，小剑渐渐地从痛苦中走了出来，并逐步成长，基本恢复了以前的信心。在第二学期的期中考试中，他在年级中的排名进步了40多名。

不犯错误的学生不是好学生
——把错误变为成功教育的拐点

反思拓展

案例中的小剑有严重的厌学心理。厌学是现代学生的一种典型的心理障碍，如不及时矫正的话，后果相当严重。为什么小剑会从一个开朗热情的学生转变为厌学甚至想弃学的学生呢？其中的原因是多方面的。

1. 实际能力与自我期望值之间有较大差距

小剑对自己的期望值很高，他希望自己能够在班级崭露头角，得到教师与同学的认可。但实际上，他的英语成绩和数学成绩不好，在班上一直都处在第25名左右。这样的实际水平，与他自身的期望值有很大差距。正是这种差距，导致了他心理不平衡、思想不集中，白天烦躁不安，晚上失眠，从而失去了对学习的兴趣。

2. 付出与收获的落差使他产生自卑心理

小剑的学习态度比较认真，在英语和数学薄弱学科上花的时间比较多，几乎晚自习的时间都在学习数学和英语，却没有得到预想的结果。由于付出与收获差距太大，他对自己丧失了信心，从而走向另一个极端，认为自己很"笨"，甚至认为自己是班级的"垃圾"，经常觉得教师看不起自己，同学也看不起自己，产生强烈的自卑心理，想要逃避，致使厌学。

3. 耐挫能力差，对学习丧失信心

现在的学生基本上都是独生子女，从小就备受关爱。随着生活水平的不断提高，他们的生活条件变得越来越优越，基本上是衣来伸手、饭来张口，遇到挫折和经历磨炼的机会越来越少。

这些学生一旦在学习、生活中遇到一点风浪，或考试成绩差，或与同学不和，或受到教师批评等，心理上就会承受不住，就会对未来失去信心。

小剑也是在这样优越的家庭环境下成长的，同时他小学、初中时的成绩一直非常优秀，是所有教师心目中的好学生，自我感觉非常好，在上高中以前，小剑的学习和生活都是一帆风顺的，而到了高中学习成绩渐渐跟不上了，他在心理上就接受不了了，厌学情绪便越来越严重。

4. 基本的归属需要得不到满足

小剑虽然长得人高马大，但实际上心理还是不够成熟，在很多方面都像个小孩子。在集体中，他没有真正交心的朋友，内心的空虚和失落无法得到慰藉，失去了归属感，使他产生了离开群体的念头。

5. 家庭施加的压力过大

每个家长都望子成龙、望女成凤，想方设法为子女安排补习班，尽自己的力量为子女创造有利于学习的条件。这些行为会带给学生很大的压力。同时，小剑家族里的很多孩子都考上了重点大学，这种比较也在无形中给了他巨大的心理压力。

6. 教师对分数过分重视

虽然我们一直提倡并努力践行素质教育，但在现行的高考体制下，教师还是非常注重分数的，学生的能力几乎都被量化为分数。在竞争激烈的环境下，学生对自我价值认识不足，自信心缺乏，常处于焦虑、担忧等心理状态，就容易产生不同程度的心理问题。

在小剑出现心理问题后，家长与教师没能及时察觉到他的情绪变化，更没能预测到可能的后果，在发现其行为异常后又没能及时与他沟通，没能将问题解决在萌芽状态。种种原因使小剑在挫折中挣扎发展到厌学。

据调查，目前在学生群体中，有85%的学生有厌学倾向或曾经厌学。厌学已经成为一个不容回避的教育问题。学生厌学的原因是错综复杂的，但最主要的原因还是来自学校。每一个教师都想教出好成绩，都想超过其他教师，这无疑是教师有责任心的一种体现。但个别教师，不在提高自身水平上下功夫，而是靠威严、靠惩罚、靠硬逼来提高学生的成绩。比如，有的教师布置作业，根本不讲实效，只想以多取胜，觉得反正布置了总比不布置好；还有个别教师则无限制地增加考试次数，考完了就排出名次，就批评挖苦低分的学生，或让他们的家长签字等。

学生整天忙于完成作业，忙于应付考试，上课不敢放松，回家没有空闲。这样，学习的乐趣自然也就荡然无存了，学生势必会产生厌学情绪。其实，教师在帮助学生改变厌学情绪方面可起到关键作用。

（三）转化厌学学生的策略

预防和矫正厌学，促进学生心理健康发展，教师必须对症下药。学生产生厌学心理，与家庭环境、学校教育以及自身性格有很大的关系，所以在转化厌学学生时，教师要根据成因有针对性地施教。只有这样，才能从根本上解决学生的厌学问题。

1. 强化非智力因素，全面提高学生能力

影响学生学习的心理因素分为智力和非智力两部分。智力因素包括注意力、观察力、记忆力、想象力和思维力；非智力因素包括兴趣、情感、意志、性格和理想等。有研究表明，智力的发展离不开非智力因素的支持，学习成绩与智力有一定的相关性，但在相同的智商状况下，非智力因素起决定作用。因此，教师转化厌学学生可以从以下几个方面着手。

（1）激发学生的学习兴趣。兴趣的发展要经历有趣、乐趣、志趣三个阶段。有趣是对事物的直接兴趣，具有直观性、盲目性、广泛性，为时短暂；乐趣即对事物的特殊爱好，具有专一性、自发性和坚持性；志趣是兴趣与理想相结合的产物，具有社会性、自觉性和方向性。只要学生有了学习兴趣并将其发展到乐趣和志趣，就能自觉调动起学习的积极性，并产生持久的学习动力。

因此，教师要更新教育理念，营造轻松愉快的学习氛围，想方设法地激起学生的学习兴趣。德国教育家第斯多惠说："教学的艺术不在于传授本领，而在于激励、唤醒、鼓舞，主要就是要激发学生的兴趣。"所以教师应多给有厌学情绪的学生提供获得成绩的机会，给他们制订一个可以达到的目标，诱导他们"跳一跳"。只要他们获得了一点成功，教师就应该对他们进行鼓励，使他们品尝到学习的乐趣，体会到学习的快乐和成功的喜悦。

（2）增强学生的自尊心。情感是知识的载体。著名的"罗森塔尔效应"就是一种神奇的期望效应，以教师对学生的爱来提高学生的自尊水平，避免学生厌学情绪和行为的产生。

（3）优化学生的意志品质。意志具有自觉性、坚韧性、果断性、自制

性等品质，它对行为具有促进和制止两方面作用。意志对行为有积极的调控作用，而这正是厌学学生所缺乏的。

（4）塑造学生积极的性格特征。积极的性格特征有勤奋、自信、谦虚、进取心等，对学习有促进作用；而消极的性格特征，如怠慢、自卑、骄傲、安于现状等，则会阻碍学生的学习。

对于上述心理素质的训练，教师可在心理教育课上进行，系统地辅导学生，也可通过各学科教学渗透进行。对于少数需要进行心理咨询的厌学学生，教师可建立心理档案，实施追踪矫正。

2. 优化教学过程，实施多元评价

心理学家加德纳在《智能的结构》一书中提出了著名的多元智能理论，他认为每个人都拥有相对独立的多种智能，每个人都能在一两个智能领域表现得很突出，教育的任务就是发现和发展学生的智能强项，使学生一开始就处于心理优势的地位，能在发展过程中及早地体会到成功的快乐。

因此，在教学内容上，教师应摈弃主副科观念，开足开好各门课程，超越教材、超越课堂，以满足学生多元智能发展的需要；在教学方式上，教师要提倡自主学习、合作学习、探究学习等学习方式，构建生动、欢乐的课堂，以实现新课程的三维教学目标；在评价方式上，教师要摈除"一把尺子"的做法，采用"多把尺子"衡量学生。如此，教师对学生的要求就不会"一刀切"，自然就会有多类好学生，每个学生都会有其自由发展的优势空间，全体学生都能体验成功、找回自信、赢得自尊、塑造自我、张扬个性，从而健康发展。

3. 挖掘学生优点，使他们树立学习信心

卢梭说："赞扬学生微小的进步，要比嘲笑其显著的劣迹高明得多。"对有厌学情绪的学生，教师要时刻捕捉他们的优点，及时肯定、表扬他们，满足他们的自尊心和正常的心理需要，以创造转化契机。当然，教师在表扬厌学学生时要注意方式、方法，以树立正确的舆论导向和良好的学风。

4. 制订合理的目标，满足学生的表现欲望

随着年龄的增长，学生的表现欲望和成功需求也越来越强。因此，教师对有厌学情绪的学生不能提过高的要求，要从他们的爱好和特长入手，选取一个经过努力即可实现的目标为突破口，帮助、指导他们获得成功，使他们体会到成功的快乐，进而再对他们提出新的要求。这样可以提高学生的学习兴趣，消除他们的厌学情绪，使他们渐渐掌握丰富的知识和技能。

5. 切实减轻学生的课业负担

在应试教育向素质教育转轨的今天，作为教师，要狠练教学基本功，提高教学质量，切实减轻学生的学习负担，使他们避免重复、无为的劳动，让他们轻松、愉快地学习。

6. 对不同类型的厌学学生实施不同的转化策略

(1) 因性格内向而厌学的学生。这类学生不会主动与人交流，亲密的伙伴较少，有困难不会求助他人，以致由不敢问到不会问，最后形成不愿思考、不会思考的被动学习状态。教师要有针对性地为这些学生补习，分层次地给他们留作业。比如，一开始时家庭作业可以少一些，难度小一些，并安排学习好、性格开朗的学生当"小老师"，去辅导这些厌学的学生。

这样一来，厌学学生不但每天能完成作业，获得心理上的满足，体验到学习的快乐，找回自信，还能交到朋友。

当性格内向的学生越来越自信时，教师再适当地调整作业的数量和难度，直至达到正常的要求。

(2) 因成绩不好而厌学的学生。由于学习不好，一些学生常遭家长的打骂，时间长了就会对学习越来越反感，以致产生厌学情绪。

这类学生厌学主要是因家庭环境造成的，所以教师首先要了解他们的家庭状况，告诉他们的家长要以恰当的方式和孩子进行沟通、交流，不要因为孩子的学业成绩达不到自己的要求，就一味地打骂，这样只会使孩子更加消极地对待学习。

在指导家长改变教育方式的同时，教师也要给予厌学学生充分的关注，不仅要关心他们的学习，也要关心他们的生活和思想，多与他们交谈，随时了解他们的心理动向，以转变他们对学习的错误看法和态度，缓解他们的厌学情绪。

（3）因过于娇惯而厌学的学生。这些学生从小到大都一帆风顺，没有经受过挫折，所以在学习上一遇到困难就退缩、逃避，不知所措，最后形成厌学情绪。

对这样的学生，教师不要过多地指责，可以多观察，找出他们的特长或感兴趣的事，多与他们交流他们感兴趣的话题，尽量让他们感受到教师的关心，让他们从心理上接受、喜欢教师，从而消除他们的逆反心理。然后教师再鼓励他们发挥特长，积极参加各种集体活动，在活动中认识竞争，学会团结协作和面对失败，提高抗挫折能力。

（4）因学习方法不当导致成绩差而厌学的学生。这类学生不是不爱学习，事实上他们学习非常刻苦、认真，但成绩总是上不去，慢慢他们就产生了厌学情绪。对于这类学生，教师要多关注他们的学习方法，如果发现他们的学习方法不对，就要帮助他们找到适合的学习方法。

（5）因无法接受落差而厌学的学生。事实上，并非只有学习差的学生才厌学，很多学习好的学生也厌学。这类学生一般是在某一阶段的学习成绩很好，甚至是尖子生，但进入另一个学习环境或升学后，成绩就突然跌落下来，或不像以前那样名列前茅了。他们一时无法接受这种落差，于是开始厌学。

对这样的学生，教师更要多加关注，千万不要因为觉得他们学习还不错而掉以轻心。因为这类学生的心理承受能力较差，等教师发现他们有心理问题时可能已经晚了。因此，教师要经常与这类学生谈心，了解他们内心的想法，从心理上进行疏导，让他们面对现实并做好计划，一步一步地实现目标。

对于学生厌学情绪的预防与矫正，理论上策略很多，应具体情况具体分析。教师要多关心、爱护。在消除学生厌学情绪时，要为他们树立榜样，让他们明确学习目标；另外，要加强思想品德教育，培养他们的学习兴趣，唤醒他们心灵深处的向上意识，使他们重新爱上学习，爱上学校这个大环境。

不犯错误的学生不是好学生
——把错误变为成功教育的拐点

爱逃学的学生的成长拐点
——有的放矢，对症下药

(一) 走进内心，深度把脉

逃学行为是非常严重的一种行为，其结果很可能就是辍学，并常常同违法犯罪行为紧密相连，而且多次逃学的学生可能会养成习惯性逃学，与教师和同学渐渐疏远。同时，逃学也为学生产生其他不良行为提供了机会，因为逃学学生正是坏人唆使犯罪的主要对象。

学生逃学的原因是多方面的，有学生自身的，也有学校教育的，有家庭的，也有社会的。教师只有掌握了学生逃学的具体原因才能有的放矢。

1. 学校教育的原因

学校教育中的很多因素都可能导致学生逃学，比如，学生学习生活的重大变化——升留级、换班或转学、新入学、升学等；或在学校遭遇挫折和打击，产生不愉快的情绪体验。

另外，课程设置不合理，教学内容过难、过深，不适合一些学生；教师教学方法单调、枯燥；教师对个别学生的歧视与惩罚等，都可能导致学生逃学。

2. 社会的原因

导致学生逃学的社会原因相对比较复杂，主要体现在以下几个方面：(1) 新"读书无用论"等社会思想对学生消极影响；(2) 一些不良的社会风气影响学生对理想的追求。

3. 家庭的原因

学生逃学的家庭因素主要表现在不完整的家庭结构、不良的家庭环境、不正确的家庭教养方式等方面。特别是学生进入学校后与父母和家庭分离，这种"分离焦虑"常常使学生对父母和家庭产生病态的情感。

4. 学生自身的原因

以上三个因素相对于学生自身的原因而言，只能算是外因。多数学生逃学的理由是"因为生病"，却检查不出任何毛病。可以断定，导致学生逃学的真正原因是学生学习动机、学习兴趣不强，心理健康水平不佳，正确的人生观、价值观和世界观还未形成。

（1）心理健康状况对逃学行为有影响。

心理健康是有效学习的基础。低水平的心理健康状况是导致学生讨厌学习，甚至产生逃学行为的一个重要原因。健康的心理状态可以指引学生的认识进程——记忆的恢复、思维的构成和知觉的形成等；不健康的心理状态，尤其是敌对、强迫、焦虑等心理状态，极易导致学生厌学情绪和行为的产生。

不健康的心理状态会在一定程度上破坏大脑神经系统的正常功能，从而影响学生思维的敏捷性、精确性和灵活性，影响学生智力的正常发育，使得学生在课堂上不能积极思考，写作业、考试时错误百出，学业成绩不佳。

在激烈的升学竞争背景下，学生如果一直处于失败的心理体验中，就会失去学习的兴趣和动机，失去自信心，而这种心理状态会进一步加重其厌学情绪，进而导致逃学行为的发生。

（2）人生观、价值观和世界观对逃学行为有影响。

学生正处于人生观、价值观和世界观的形成期，一些学业基础好、成绩好的学生，在学习中更易获得成功的体验，并产生良性循环，他们就会乐意上学；一些学习成绩不理想的学生可能会感到学校生活无聊、乏味，甚至是痛苦，他们就不愿意上学，喜欢在家里或校外娱乐场所寻找乐趣，获得精神寄托。

另外，当学生预感到自己升学无望时，会认为"去不去学校一个样""去也没什么意思，反正是受罪，倒不如溜到校外自由自在"，这也是学生逃学的重要原因之一。随着年龄的增长，进入高中阶段后，学生渐渐树立了正确的人生观、价值观和世界观，明确了人生的目标，虽然仍会有厌学的情绪存在，但随意逃学的行为会相对减少。

学生逃学的原因千差万别，作为教师，不能不对学生这一行为加以重视。据调查，逃学的学生有 38.83% 是到网吧聊天、玩电脑游戏，10.58% 是与朋友在一块玩，14.1% 是一个人在外闲逛，9.86% 是待在家里。教师和家长应有针对性地教育逃学学生，避免他们由逃学行为发展到更加恶劣的不良行为。

（二）以爱育爱，转化因依赖而逃学的学生

案例展示

开学的第一天，刘老师发现小学一年级的一个新入学的女生哭闹着不肯进校门，是家长硬将她拖进校门的，而这个叫小城的女生正好分在了刘老师的班里。此后很长一段时间里，校门口几乎每天都会上演刚开学时的那一幕——小城总是由家长费力地拖进学校。在学校里，有时小城一发起脾气就赖在走廊地面上哭着、闹着要找妈妈，甚至有几次爸爸妈妈一离开学校，她便冲出校门去追。

为此，刘老师平时一直特别耐心地对待她，真诚地关心她，后来情况虽有所好转，但令人担心的事还是发生了。

一个周一的早上，学校 8 点举行升国旗仪式。活动结束后，刘老师带学生回到教室，发现小城的书包在，人却不在了，刘老师立即向校领导做了汇报。

后来校领导查看学校监控，发现小城是在早上 8 点零 6 分一路小跑着冲出学校大门的。于是刘老师马上与小城家长联系，并同办公室教师一起外出寻找。

万幸的是，将近中午时分，家长的朋友终于找到了小城，刘老师和家长悬着的心才算放下。但发生此次逃学事件后，刘老师再也不敢怠慢，小城如果再逃学的话，出点什么事，自己和学校都担不起这个责任。

病还得从源头来医治。刘老师开始积极着手查找并学习一些有关学生逃学的资料，想探求出该学生逃学的原因，以便对症下药，进行矫正。刘老师依据专家的意见，慎重地罗列出了学生逃学的几个原因：

爱逃学的学生的成长拐点

——有的放矢，对症下药

（1）同学之间的关系、师生之间的关系出现问题；自身学习成绩不好。

（2）家庭生活环境发生巨大变化，如父母离异、父母一方早逝等；亲子关系出现问题，如父母经常斥责，实施棍棒教育，孩子对父母言语态度不满等；家庭不和，如父母不和，常互相打骂，父母与长辈不和等。

（3）学生因病或其他原因等，产生较大的学习压力。

（4）有的学生一到学校就紧张、恐惧、坐立不安，严重的甚至会害怕和学校有联系的任何事物。

刘老师通过教师、学生和小城的亲属来了解小城，发现她的逃学基本上排除了（1）（4）方面的原因，问题可能出现在家庭生活方面和个人问题方面。于是，刘老师决定找小城父母谈谈，找找原因。

当天下午，小城父母如约来到学校，刘老师和他们进行了长达一个半小时的谈话。通过谈话，刘老师了解到小城父母经营着一个工厂，平时工作比较忙，为了让小城从小就接受良好的教育，在小城很小时就把她放在全托幼儿园。小城上小学后，平时也是寄养在亲戚家中，一周接回家一次。小城还有一个妹妹，已经到了上幼儿园的年龄，父母还把她带在身边，于是，周边的邻居多次在小城面前说："你爸妈更喜欢你小妹妹，不喜欢你了！"

受年龄限制，小城识别能力差，易轻信别人，怕父母真的不喜欢自己了，便经常逃学跑去找父母，希望待在父母身边，寻找一种安全感。刘老师觉得小城逃学的根源就在这里，这也是转变她逃学行为的唯一拐点。

刘老师决定采取"欲擒故纵"的策略。当天，刘老师跟小城的父母商量，要让小城不再逃学，是否可以先满足她不离开父母的愿望，让她暂时在父母身边待一段时间，跟随父母上下班，落下的功课学校一定会想办法帮她补上。小城父母同意了。

这样，小城每天跟在父母身边，开始几天很开心，但父母工作太忙，不能过多关照她，她渐渐觉得父母真的是无暇陪着自己。当小城有了这样的思想苗头后，刘老师立即建议小城家长去做邻居的工作，仍旧由邻居来说，爸妈其实是如何如何喜欢小城，只是工作太忙冷落了她，以消除小城怕父母遗弃的念头。

与此同时，刘老师还与小城父母约定，在小城跟随他们期间，不能由

不犯错误的学生不是好学生
——把错误变为成功教育的拐点

着她看电视、玩电脑、买玩具、吃零食,两个女儿要同样对待,让小城自己观察得出父母是一样爱她们姐妹两个的结论。另外,刘老师还要求小城父母不能再将她寄养在亲戚家中,必须每天把她接回家,让她获得安全感。

过了不到一个星期,小城在父母身边终于待"腻"了,开始吵着要上学。父母打电话找刘老师商量,刘老师让小城父母不要马上答应她,再等几天,等到她赖在地面上哭闹再送来学校。又过了几天,家长来电话说已经闹了好几次了,刘老师觉得时机已经成熟,请小城家长将她送到自己的办公室。经过与小城的交谈,刘老师觉得针对小城的这些措施已经达到了预期的效果。

在紧接着的三个星期里,小城的表现一直很好,情绪也很稳定。刘老师终于松了口气,转化工作终于取得了成功,小城今后不会再因为怕失去父母的爱而逃学了。

反思拓展

面对逃学的学生,教师要像案例中的刘老师一样,在细致调查研究的基础上,选择学生可接受的教育方式,有的放矢地进行教育,也只有这样,问题才能得到圆满解决。一般说来,没有一种措施是适用于任何类型的逃学学生的。同时,教师在帮助学生矫正逃学行为时,必须充分与家长有效配合。

由于年龄等原因,学生的心灵容易被伤害,教师或家长一次不经意的过失,可能就会造成他们心灵上的创伤,成为他们永远挥之不去的心理阴影,给他们的成长带来心理压力,这些都会导致学生厌学,进而发展为逃学。

一个偶然的机会,某教师在一家网吧遇到一位正在上网的学生。眼看上课的时间快到了,他还痴迷地端坐在电脑前,没有去上学的意思。该教师就走上前去,尽可能用平静的语气说:"你怎么还不去上学?"

他抬头看了看教师,瓮声瓮气地说:"一点钟就上课了,我不去。"

"你怎么能不去呢?"该教师心里很着急,"你现在去老师不会批评你的。"

他一听,梗着脖子冲教师嚷道:"现在去更糟,迟到了班级会被扣分,班主任还要罚我十块钱。"

该教师愣了一下，随即又哄着他说："你是个乖孩子，老师会原谅你这一次的。"

谁知，这下他更火儿了，嘴里嘟嘟囔囔地说："老师很讨厌我，有一次班上有同学丢了东西，老师就说是我偷的。我明明没有偷，但我怎么说，老师都不听，老师很看不起我……"话未说完，他就大声抽泣起来，泪水从他的眼眶中涌了出来……

望着他的样子，该教师不知该说什么，只是感到心里非常沉重。

如果他的老师对他能多一分关爱，少一分苛责，多一分理解，少一分粗暴，那么这个学生所受到的待遇将完全是另外一个样子，他肯定也不会逃学上网吧自我逃避。作为教师，千万不要认为学生幼稚无知，就可以随意地践踏学生的人格和自尊。

教师面对的是一个个鲜活的正在成长的生命个体，任何一次过火儿的指责、无意的歧视，都会给学生的成长带来阴影，促使他们逃学行为的发生。尤其是对个别学习成绩差、行为表现散漫的"后进生"，教师更应多一些关心和爱护，对他们不嫌弃、不歧视、不疏远。在处理班级事情时，教师也应谨慎对待"后进生"，不能简单粗暴地呵斥和指责，也不能过早下定论，应以诚相见，循循善诱，和他们交朋友，解开他们的心结。只有让逃学学生对教师敞开心扉，心悦诚服地接受教师的批评和教育，才能让他们自觉地转变自己。

（三）用"兴趣"留住逃学的脚步

案例展示

黄老师接这个班的第三天，上午第三节课就接到了任课老师的电话："你们班的小杰又逃学了。"小杰是个从幼儿园时就让教师头疼的学生，爱欺负同学，上课爱捣乱，不写作业……虽然黄老师刚调到这所学校没几天，却在第一天到校时，就已得到了同班任课老师的提醒了。

黄老师放下电话，立即联系了小杰的家长，让家长赶紧帮着寻找。接着黄老师又找来平时和小杰比较要好的几个同学，询问他可能会去哪儿。

不犯错误的学生不是好学生
——把错误变为成功教育的拐点

然后,黄老师就按照学生们提供的地点一个个去寻找。不一会儿,她就在学校后门外的河边找到了小杰,他正坐在河岸上。这孩子真是不让人省心啊!要是掉到河里,那可要出大事了。黄老师暗自庆幸自己及时找到了小杰。她边叫他边招手,让他过来。他倒也听话,向黄老师走了过来。

本来想训他几句,但看他态度还好,黄老师就缓和了语气,温和地问:"你不上课,跑到这儿来干什么呢?"他低着头,一声不吭。黄老师又问了一遍,他还是不说话。黄老师想,现在是上课时间,先让他去上课,免得影响功课,便对他说:"你先去上课,放学后在教室里等我。"看着他走进教室,黄老师才安心回到办公室。

还没放学,黄老师就到教室门口等着,怕小杰溜走。放学后,黄老师把他领到了自己的宿舍里谈话,想给他留点面子。来到宿舍后,黄老师给他分析了一番逃学的危害,教育他以后不要再逃学了。他好像也很后悔,说:"老师,我以后不逃学了。"

这时,小杰的妈妈得到黄老师的通知也到了。她一进门,就大声地骂起来:"你这个不争气的东西!整天不好好学习,我还不如没生过你。"黄老师发现小杰本来还比较温顺的表情马上变得蛮横起来,还紧握着拳头。

一看这情形,黄老师知道他肯定不服妈妈的管教,多说无益,就打圆场说:"小杰已经表态,以后不再逃学了,我们一起原谅他这次,好吗?"这次风波算是这么过去了。

第二天上午第三节课快下课时,黄老师又接到任课老师的电话,说:"你们班的小杰又不见了。"啊!怎么又逃学了呢?黄老师赶紧又通知了家长,然后放下手中的工作,急忙又跑到学校后门外的河边去找,他果然又在那儿。真是让人纳闷,一个人跑到那儿有什么好玩的?

黄老师这才发现,自己昨天的教育一点效果都没有。小杰不说逃学的原因,黄老师也没有追问,站在那里对他进行说教。他表面的恭顺,只是为了让黄老师早点结束说教而已。想到这儿,黄老师不免有点生气,径直把他领到办公室里。看着他站在办公桌前,眼睛四处张望,一点都不为自己的行为感到羞愧,黄老师气得不知该说什么好。此时,黄老师还真不知要说什么好,该说的道理,昨天都说过了,但一点效果也没有,相信同样的话,他也已经从以前的班主任那里听过很多遍了吧。

既然无话可说,那就让他先在旁边站着吧。黄老师边改作业,边不时

爱逃学的学生的成长拐点
——有的放矢，对症下药

地看他几眼。她发现，他对放在对面办公桌上的篮球特别感兴趣，一开始只是盯着看，后来忍不住偷偷移了移身子去摸了一下。黄老师心里突然一亮，一个改变他的想法产生了。

"小杰，你能帮老师翻一下作业本吗？"黄老师用商量的语气说。

"可以。"他愣了一下，可能是没想到黄老师没教训他，反而请他帮忙。

"帮我翻到要改的那一页。"

……

"你的动作很快呀！这么快就全部翻好了！"对黄老师的表扬，他好像无动于衷，但黄老师看出他的眼神温和了一些。

于是，黄老师决定单刀直入。她突然问道："你喜欢打篮球吗？"

小杰愣了一下，眼中闪出了些兴奋的光芒，回答道："喜欢。"

"学过吗？"本来，黄老师想问他会打吗？怕他说不会，就又改了问话。

"没有老师教。我和明明（班里的另一名男同学）每个星期六都去我们家附近的球场打篮球。"

"我们班有几个爱打篮球的？"黄老师故意表现出很感兴趣的样子。

"五六个很喜欢的。"

"哦，那很好啊！我也很喜欢打篮球。我小学四年级就代表学校参加镇里的篮球赛呢！还得过几次市第一名呢！这样吧，我们在班里组织一支篮球队，放学后，由我来教你们，你觉得怎么样？"

"好啊！"他兴奋地说。

……

黄老师为了留住小杰逃课的脚步，每天都在放学后教他们打篮球，小杰为了能学篮球，再也没有逃过学。在不断的接触中，他也逐渐向黄老师敞开了心扉。原来，在四年级下学期，他学会了抽烟，为了抽烟，他经常偷跑出去。如今，在黄老师以"兴趣"的诱导下，小杰不仅不再为抽烟而逃学，而且各科成绩都有了稳步的上升。

反思拓展

黄老师的成功，在于她找到了转变小杰逃学行为的拐点——篮球，她

不犯错误的学生不是好学生
——把错误变为成功教育的拐点

运用了"兴趣吸引"或者说是"兴趣转移"的方法来转化小杰。尽管黄老师开始并没有真正了解小杰逃学的原因,但她在找小杰谈话的时候发现了他对篮球的兴趣,"她发现,他对放在对面办公桌上的篮球特别感兴趣,一开始只是盯着看,后来忍不住偷偷移了移身子去摸了一下"。因为这一发现,黄老师才灵机一动,找到了引导小杰不再逃学的方法——组织篮球队。这不能不说是黄老师教育智慧的反映。如果她没有教育的敏感性,就有可能呵斥学生:"你不好好想自己的问题,还想玩篮球是不是?"

黄老师把组织篮球队的任务交给小杰,这是在"赋权"。在教育中,"赋权"是一种很有益的措施,而且黄老师亲自任教练。果然,功夫不负有心人,这一措施对改善小杰的逃学行为产生了效果。可见,教师为了转变逃学学生,有时不仅要让学生投入感兴趣的活动中,而且要亲自参与活动,激发、巩固学生的兴趣。

因厌学而旷课、逃学,是中小学生特别是初中生中常见的不良行为,是由学生学习心理障碍引发的最具危害性的问题。作为教师,应该通过此案例看到学生更深层次的心理问题。教师只有洞悉逃学学生的心理特点,才能更好地矫正学生的逃学行为。经常逃学的学生,在心理及人格方面呈现出下列几个特点:

1. 心理健康水平较低

有逃学行为的学生往往认知水平较低,在课堂学习、课外活动中常常处于消极被动的应付状态。他们对学习普遍有畏难情绪,注意力极易分散,听讲时心不在焉,记忆习惯不良,加之缺乏学习兴趣,所以学习目的不明确、动力不足、效果不好。由于这些学生不愿学、不会学、学不会,自然学习成绩差并形成恶性循环。

另外,经常有逃学行为的学生表现出明显的抑郁、焦虑等情绪,出现人际敏感、心理偏执问题的比例也明显高于一般学生。这些学生往往会随着上学时间的迫近,心情由平静变得不安。如果强迫其上学,他们就会闭门不出,甚至会发脾气、破坏东西。可见,经常逃学的学生的心理健康水平是明显低于一般学生的。

2. 自尊程度较低

经常逃学的学生自尊、自信水平也较低。由于学业成绩差，他们很少受到教师、家长和同学的关注与重视，经常感到惭愧、内疚，继而发展为对学习满不在乎，甚至自暴自弃，失去了应有的自尊和自信。同时，他们会积极寻找其他途径吸引他人的注意，主要表现为不守纪律、爱出风头、与教师对着干、旷课、逃学，经常出没于校外游戏厅、舞厅、网吧等场所，寻找刺激，消磨时光。

3. 情绪不稳定

经常逃学的学生中情绪不稳定型的明显多于稳定型的。这些学生往往表现出孤独、焦虑、忧郁、冷漠、反应缓慢、适应能力差、情绪反应强烈、性情古怪等性格特征。

爱逃学的学生往往容易激动，个别学生早上情绪明显不安，有病态反应，午后恢复正常，夜晚却能非常安静地坐在电视机前看电视，而且时间很长。晚上他们可能下定"明天早起一定去上学"的决心，但第二天天一亮，他们又无法约束自己的行为，赖床、迟起，甚至于闭门不出、睡大觉。有的逃学学生是星期一情绪最不稳定，节假日心情愉快、行为正常。有的逃学学生往往特别小心、谨慎，对别人的评价和态度很敏感。

作为教师，应该多从细微处观察，努力发现学生逃学的苗头，尽快寻求矫正措施，像案例中的黄老师一样从学生的兴趣出发，用兴趣留住逃学学生的脚步。

（四）转化爱逃学的学生的策略

鉴于逃学原因的复杂性和逃学危害的严重性，教师在解决学生逃学问题时应多管齐下，综合治理。具体应把握以下几个基本原则：

（1）长效性原则。帮助学生克服和矫正逃学行为是一个长期而艰巨的"救心工程"，教师需要耐心、细致的工作作风，不能太性急。

（2）主体性原则。教师应积极指导学生提高自我认识，使他们自己有

不犯错误的学生不是好学生
——把错误变为成功教育的拐点

所觉察和省悟。学生一旦认识了、觉醒了，就会自觉克制自己的不良行为，主动来校上课。

（3）舒缓性原则。教师在帮助学生改正逃学习惯时，尽量不要限定他们什么时间到校，不要给他们施加压力，要真正帮助学生从思想认识上解决问题，而不能让学生逃避问题。当然，教师也不能回避实质性的问题，要寻找多种途径帮助学生克服逃学行为。

（4）研究性原则。随着时代的发展、社会的进步，学生逃学的心理特征、表现及形成原因在不断变化。教师应增强科研意识，以科学研究的态度不断总结、实践，不断地提高对学生逃学行为矫正的科学性、艺术性。

具体应该如何找出转变爱逃学学生的拐点，并有针对性地合理利用，教师不妨从以下几个方面加以考虑：

（1）提升教育品质，找到分类施教的拐点。

教师应切实转变教育观念，真正实现由应试教育向素质教育的转变，废除分数排队、打骂体罚、歧视"差生"等做法，减轻学生过重的课业负担和心理负担，开展丰富多彩的文艺、体育、社会实践活动，活跃学校生活。

最为重要的是，教师要找到逃学学生厌学的原因，以此为拐点，在教学中坚持因材施教原则，针对爱逃学学生制订不同的学习计划，设定不同的教学目标，循序渐进，使其在原有基础上不断进步，经常有成功的体验和表现的机会。另外，教师应努力让这些学生的个性特长得以发挥，增强教学内容对他们的吸引力。

（2）改变教育方法，在德育和心理健康教育方面寻求拐点。

教师要以爱心关爱、教育爱逃学学生，做他们的知心朋友，及时了解、掌握他们的思想、心理状况，经常对他们进行思想品德教育，并明确其学习目的、端正其学习态度、强化其学习动力、培养其学习兴趣，从而使其改变轻视学习、厌恶学习的思想。

同时，教师要善于发现爱逃学学生身上的闪光点，适时加以表扬鼓励，并以此为契机悉心帮助他们解决学习、生活、交往中遇到的各种困难和问题，培养他们良好的意志品质、心理素质、学习习惯，不断增强他们学习的内驱力和自觉性。

(3) 抵御校外不良因素，确保"对因治疗"的有效性。

学校应结合社会力量，逐步规范对网吧、游戏厅、录像厅、书屋等文化场所的管理，建立学校、家庭、社会三结合的教育网络。学校和家庭要加强联系，注意学生的变化，注重情感教育，对学生动之以情、晓之以理，把各种不良行为消灭在萌芽状态，培养学生的学习兴趣，保证他们把注意力始终集中在学习上。

同时，教师要提醒家长拿出足够的时间和精力，了解、指导、监督学生离校后的活动，确保其不受社会不良因素的影响，全面关注学生的健康成长。对偶尔逃学的学生，教师要健全旷课查询制度并请家长加强监督，及时发现，冷静分析原因，"对因治疗"，在尊重、体谅学生的基础上，帮助他们总结教训，消除他们的不良心理因素，敦促他们及时返校上课。

(4) 多沟通谈心，从学生的内心深处寻求拐点。

现在的学生通过网络、报纸了解社会，较少与父母、教师交流。教师应多与学生交流谈心，使自己真正走入学生的内心世界，了解学生所思所想。只有这样，教师才能洞悉逃学学生内心的真实想法，从而找到转化他们的拐点。

教师与爱逃学学生谈心的地点可以是走廊或操场，也可以是办公室。这种师生交谈应该是放松的、自由的，在办公室教师甚至可以给学生端上茶水。这时候，教师的身份不是教师，而是朋友，以拉近彼此的距离，让学生有安全感，从而产生共鸣。

教师在学生心中是很神秘的，当学生面对教师时，总觉得教师高高在上。教师应尽可能地消除学生的这种心理，让他们觉得教师是一位好朋友。只有这样，教师才能真正了解到他们的心理状态，从而发现转化他们的拐点，使教育事半功倍。

(5) 借助同学关系，以"生帮生"为拐点矫正逃学行为。

有时候同学的一句话抵过教师的十句话，同学的只言片语更能影响到逃学学生的想法。比如，某学生在同班同学的劝说下爬围墙外出，在网吧里玩了一下午。如果当时没有同学提议逃学上网，或许他就不会逃学了，或者当时有其他同学能及时劝阻，他或许就不会外出了。因此，针对某些逃学学生，教师可以寻求一位信得过的同学，以"生帮生"为拐点，让同

不犯错误的学生不是好学生
——把错误变为成功教育的拐点

学的言行来影响并转化爱逃学学生。

某教师在对一位爱逃学的学生进行家访时了解到,经常有女孩子打电话到他家中,甚至在深夜。在与其同学的谈话中该教师也了解到,在外校有一位他很要好的女同学,他们经常在一起,关系比较密切。针对这一情况,该教师联系外校教师一起对两人进行引导,不反对他们在一起,但要求女孩努力使爱逃学学生的思想回归到学习上,两人多在学习上互帮互助,最终使他们的关系走向促进学习进步的良性方向。

每一位教师在其教学生涯中,可能都会遇到学生逃学的情况。面对逃学学生,教师首先要做的是找到学生逃学的根源,从根本上解决问题,而不只是老生常谈。对于说教,学生早已厌倦,他们表面上可能唯唯诺诺,而行动上却依旧我行我素,所以教师应尽量避免雷同的说教,要从实际出发,努力调动学生的学习兴趣,真正把学生的心留在课堂上。

爱说谎的学生的成长拐点
——营造诚实守信环境，让学生学做诚实人

（一）走进内心，深度把脉

有这样一个比喻："习惯仿佛一根缆绳，我们每天给它缠上一股新索，要不了多久，它就会变得牢不可破。"这个比喻非常形象。好的习惯可以使人受益终身，但是坏的习惯会影响人的一生，习惯一旦形成就变得非常牢固，难以改变。

目前，在一些中小学，学生说谎成为一个非常普遍的现象。教育家洛克说："说谎这一现象在形形色色的人中间就像空气一样普遍存在着。"心理学研究指出：几乎所有的儿童都有说谎的时候，伴随着年龄的增加，说谎的次数也在增多。

"坏习惯是道德上无法偿清的债务"，中小学时期是培养学生诚实品德的关键时期。对此，教师有责任及时找出学生说谎的原因，对症下药，帮助学生矫正说谎的恶习。在心理学上，学生说谎的原因大致有以下几个方面。

1. 谎言形成的主观原因

（1）用记忆中的事情代替事实而无意说谎。

无意说谎与学生的年龄特点有关，是一种心理现象，并不是品质问题。由于低龄学生的认知能力较低，且缺乏判断力，认识事物不准确，语言表达不完善，所以常常夸大事实并容易混淆真实与想象，有时会将自己的愿望当成现实发生的事情，用想象的情节代替记忆中不确切的情节，或是由于记忆能力差而将没有发生的事情说成已发生过的，于是便出现了"说谎"现象。

(2) 为了满足愿望而说谎。

学生说此类谎话的目的是使教师或家长赞同他们的想法并满足他们的要求，如为了能够观看自己感兴趣的电视节目而谎称作业已经完成或没有布置作业等。学生说这类谎话大多是因为教师或家长过于专制，平时忽视了学生正当合理的要求。另外，与他人交流欺骗得逞的"经验"也是造成他们为达到目的、满足自己的愿望而说谎的原因。

(3) 为了避开教师或家长的批评、责备和惩罚而说谎。

教育实践证明，做了错事的学生在过于严厉的教师或家长面前最容易说谎，特别是在他们说实话会遭到批评甚至惩罚时，更容易用谎言来"自卫"。而他们的欺骗行为一旦得逞，以后就会进一步采取更高明的手段说谎，导致恶性循环。

这类说谎，往往是学生的恐惧心理所致，而滥施惩罚就是造成学生产生恐惧心理从而说谎的一个重要原因。学生做了错事，就会受到惩罚，而受惩罚之后的痛苦体验往往被他们牢牢记住，但同样的错误学生还可能再犯。如学生在课间不小心把讲台上的粉笔盒碰掉了，粉笔全部碎裂在地，教师一怒之下，责骂了学生。这样，当学生再一次碰掉粉笔盒时，就会毫不犹豫地将错误推到同学身上，他的目的很明确：逃避教师的惩罚。

学生为逃避惩罚而说谎在表现方式上有三种：一是只承认一部分错误，极力减轻错误的分量；二是否认全部错误，极力表白不是自己犯的错误；三是嫁祸于人或物。作为成人，尤其是教师，应当认识到，上述情况中不论是哪一种，其说谎的实质都是学生在恐惧心理支配下所采取的一种自卫措施，其责任应更多地归于成人，而不是学生。因此，不论是教师还是家长，处理这类错误首先要反省自己给学生心理造成的影响，而不是只严厉地指责学生。

(4) 由于憎恨，出于打击报复而说谎。

学生说这类谎言是为了得到教师或家长的同情和支持，借师长之手惩治得罪自己的人，以满足报复欲望。如某学生本来是自己先动手打人但吃了亏，却在教师或家长面前说别人打了他，希望教师或家长去惩治对方。这类说谎大多是在学生自己无力与对方直接抗衡时发生，他们企图通过外来力量，实现自己的报复欲望，以求得心理上的平衡。

报复性心理是一种不健康的心理。为了达到报复他人的目的，有些学生会颠倒是非、混淆黑白，进行报复性说谎。所谓落井下石，便是这种报复性心理的典型表现。

2. 谎言形成的客观原因

(1) 教师或家长不诚实行为的影响。

有些学生说谎，往往与成人有关，特别是教师或家长的说谎行为，常是造成学生说谎的直接原因。教师或家长的谎言主要有三种：一是"外在恐吓"式谎言，二是"许诺"式谎言，三是"内在威胁"式谎言。

教师或家长对学生说的话不兑现，往往被学生视为"骗人"。教师和家长是学生心目中的权威人物，如果被学生认为说了谎，就会使学生产生"说谎不为错"的错觉，为自己的说谎找到正当理由。例如，教师上的某节课效果非常好，学生都很积极努力，于是教师高兴地说："自习课我们来搞活动，让大家放松放松！"可是，这只是教师一时高兴说说而已，自习课却被另外一位教师占用了。这会使很多学生认为教师在"骗人"，特别是低龄学生。教师的行为或许是无意的，也或许事出有因，但总之是没兑现诺言，的确是在"骗人"，这不能不影响到学生。

(2) 不当的教育方法导致学生说谎。

教育既可以使人变好，也可以使人变坏，关键在于教育方式是好是坏。研究表明，学生的不诚实行为大多是由不当的教育方式所致。如有的教师或家长过于严厉，甚至常用体罚来解决问题，学生为了逃避惩罚或为了获取教师、家长的欢心，就容易说谎。如果说谎成功，尝到了甜头，学生就会更频繁地用说谎来解决问题；如果说谎失败，教师或家长对其进行了更严厉的惩罚，学生就会更不敢讲真话。

例如，有的教师或家长对学生的要求十分苛刻，特别是那些一直被大家"看好"的学生，一定要他们达到规定的高分，否则便会惩罚他们。然而，考场如战场，常胜将军是没有的，一旦某次测验或考试的成绩没有达到教师或家长的要求，为了免遭皮肉之苦，在不得已的情况下，学生就会靠说谎来"蒙混"过关。很显然，这是一种被逼出来的谎言，其责任并不完全在于学生。

(3) 社会上不诚信现象的潜在影响。

社会上的一些不诚信现象，如伪劣产品、虚假广告、假合同、假文凭等现象会对学生产生不良的影响,给他们一种"说谎普遍存在"的错觉。同时,有些教师和家长喜欢听奉承话,不希望学生违背自己的意愿,这也会促使一些学生掩盖自己真实的想法,去附和教师或家长的说法。因此,学生说谎有时是社会和成人说谎现象的一种反映。

另外,外界压力的存在也是学生说谎的具体条件,这种危机环境促使学生做出不同的选择。在这种条件下,不少学生会选择说谎。

学生说谎很多时候是出于一种自我保护的本能,可以理解。教师应该转变看待说谎问题的心态,多进行换位思考,具体分析学生的说谎情况。教师应该从营造宽松的诚信环境、树立诚信榜样、进行诚信教育入手,提高学生诚信为人的主动性和自觉性,以增进师生间的理解和信任,促进和谐、平等师生关系的形成。

(二)开展诚信活动,让爱说谎的学生找回自我

案例展示

江苏省特级教师、宜兴市城北小学副校长蒋静波认为,现在的学生大多是独生子女,在家长的娇惯下,很容易养成不良习惯,如说谎。因此,作为教师,要时刻洞察学生的思想动态,一旦发现学生有说谎的行为,要积极地帮助他们,如在班里开展诚信活动,使爱说谎的学生重新找回自我。

有一次,课代表向蒋老师汇报:"老师,小扬没交作业。""好,我知道了。你让他来我办公室一趟。"蒋老师刚向课代表吩咐完这句话,小扬已经主动地来到了蒋老师的办公室,并且张口就喊"冤枉",他说:"老师,我作业已经写好了,但早上来的时候忘记带了。要不,我下午拿来给你?"说完,他瞪着圆溜溜的眼睛,一脸无辜地看着蒋老师。看着他那天真无邪的眼神,蒋老师完全相信了他的话:"不用了,明天再拿来吧!"

可是第二天,小扬还是没有把作业带来。慢慢地,蒋老师发现,小扬总是隔三差五地拖欠作业。每次问他,他都有各种各样的理由,什么"昨天晚上我们家停电了""姑妈生病了,去医院探望,没来得及做",要不就保证"明天带来"。

爱说谎的学生的成长拐点

——营造诚实守信环境，让学生学做诚实人

通过向他以前的班主任了解，蒋老师才知道，小扬是一个经常撒谎的学生。比如，上课时他总是找同桌讲与课堂无关的话，老师还没有批评他，只是瞪了他一眼，他就马上说"老师，我没有讲话"，或"我刚准备讲，你就发现""我正和他讨论问题呢"……

还有一次，小扬逃学了一天，因为怕班主任责怪他，就在脸上涂了些痱子粉，装出一副弱不禁风的样子，来到班主任面前说自己病了，在医院打点滴，刚拔掉针头。见班主任不信任地皱起眉，小扬索性使出"绝招"，从口袋里抓出一大把事先准备好的药片。望着他那"苍白"的脸和那一大把药片，班主任相信了他。

听着小扬前班主任的叙述，蒋老师苦笑着点了点头，他对此也是深有体会。

在小扬刚分到蒋老师的班上时，学校要办理新的校证。按照学校的规定，学生持旧校证可免费更换新校证，而旧校证已经丢失的，就要交费补办。而拿不出旧校证的小扬对蒋老师说了一大堆理由，坚持自己应该是更换而不是补办。

当时蒋老师刚刚接触小扬，差点儿就信了他的话。幸亏小扬的原班主任及时告诉蒋老师——他的校证在上学期就已经遗失且一直未补办。而当蒋老师以事实驳斥他时，他虽然没有再坚持更换，但嘴里嘟嘟囔囔，表现出一副不服气的样子。

后来，蒋老师多次催促他把办校证需要的照片交上来，他却迟迟不交。每次理由都很充分——"还没去照相""照相馆的设备坏了""照相馆的师傅洗完照片忘了带回来""照相馆搬迁了""忘在家里了""忘了放在哪里了""夹在书里弄掉了"……

小扬不仅在学校说谎，在家里也说谎。有一次，小扬在网上看中了一件衣服，需要200元钱，于是他利用父母离婚后很少联系的空子，先找到母亲，撒谎说父亲准备给他买一件衣服，但是要200元钱，父亲希望父母两人各出一半。母亲相信了，给了他100元钱。他又找到父亲，把同样的话又对父亲说了一遍，并拿出母亲给的钱作证，父亲也相信了，也给了他100元钱。事后，小扬还在班上向同学们吹嘘自己的"能耐"。这也是蒋老师后来与小扬的父母沟通时，才知道的。

这就是小扬，撒谎对他来说已是家常便饭，并且他为说谎想出的理由

不犯错误的学生不是好学生
——把错误变为成功教育的拐点

基本上不重复,而且张口就来。蒋老师甚至怀疑小扬说谎已经达到了"自动化流水线"的程度,谎话似乎不用经过他的大脑就能源源不断地从嘴里冒出来。

有时在事实面前,他仍强词夺理地说:"我是未成年人,又处在青春期,犯一点错是可以原谅的,只要改了就行了。你们成人还不是老犯错误,为什么对我这个小孩子这么苛刻?"

蒋老师每次都将小扬的谎话记录下来,并与他的家长电话沟通,或者找其他同学调查证实,将事实的真相弄清后,再把他找来谈心,并将这个记录当面装入他的成长记录袋。可是,这些措施都收效甚微。

如果长此以往,说谎这个毛病肯定会害了他,到底怎样才能帮他改掉说谎的毛病呢?对此,蒋老师虽颇感头痛,但决定不再对小扬的这一行为置之不理。蒋老师经过一番细致的调查分析,终于找到了小扬说谎成性的原因。

原来小扬的父母在他很小的时候就离异了,这给他的心理造成了不小的伤害。小扬被判给了父亲,但父亲太忙,很少管他,只把他丢给年迈的奶奶照顾。奶奶一则精力不足,二则对孙子溺爱有加,便造成了他教育上的严重缺失。

小扬一开始说谎主要是为放学后晚归寻找借口,后来就为要钱挥霍寻找理由。由于奶奶心疼孙子,往往听信他的解释,满足他的要求。由于每每得逞,他便习惯了说谎,后来便发展到了说谎成性的地步。

对于小扬的说谎,客观地说,原来的一些教师也有一定的责任。比如,当发现小扬说谎时,教师只是简单地向家长反映,并没有进行深入了解,有时甚至只是粗暴呵斥,这样便让小扬产生了更严重的叛逆心理。

了解了这些,经过思索,蒋老师决定侧重对他进行诚信教育。

第一,开展诚信活动,淡化学生的心理防线。

为了纠正小扬说谎的不良习惯,蒋老师在班里积极开展"诚信工程"活动。蒋老师让班里每个学生都设计一个"诚信储蓄卡",让他们把每周自己说的谎话逐条登记在"诚信储蓄卡"上,然后进行对比、反思。蒋老师也会及时地在他们的"诚信储蓄卡"上做评价,特别是小扬的,不但给予评价,还给予鼓励。

与此同时,蒋老师还要求小扬不管做错什么事都不要说谎、找借口。

爱说谎的学生的成长拐点

——营造诚实守信环境，让学生学做诚实人

如果小扬说了谎，教师就对他的说谎行为进行调查澄清，但不评价、不批评、不惩罚，这样是为了逐渐淡化小扬的心理防线，使其养成尽可能讲真话、说谎后能主动承认的习惯。

第二，培养学生良好的消费习惯。

针对小扬经常借钱，并且有时借了不还的坏习惯，蒋老师要求班上的学生尽量不要借钱给他。如果小扬确实需要钱，则要写借条后到班主任处借。

有一次，小扬因为没有车费向同学借钱，可是大家都不愿意借给他，结果，小扬晚上步行近两个小时才回到家。这对他触动很大，使他意识到言而无信会让大家都不相信他。

第三，发挥学生长处，使其心理上得到替代补偿。

小扬很聪明，主意也多，于是蒋老师就让他帮助自己想班会主题，并采纳了不少他的建议，在总结时还特意表扬了他。另外，小扬的电脑操作比较熟练，蒋老师就动员他为家长会制作多媒体课件，为班级筹办网站、制作网页等。

在课余时间，蒋老师还利用电子邮箱与小扬进行交流，使小扬感觉和教师间的关系更亲近了。当他感受到蒋老师的信任后，和谐的师生关系也就转化为教育的影响力了。此外，蒋老师还让他了解了更多的心理健康知识，以帮助他逐步走出心理阴影，形成健全的人格，变得自信、乐观。

就这样，纠正措施施行了两个多月，小扬的说谎行为有了很大的改善：新学期学校重新办校证时，小扬承诺在一周内交照片，后来，他果然在承诺的时间内把照片交给了蒋老师；上课时小扬虽然仍有违反纪律的情况，但当教师注视他时，他已基本上能做到不还嘴、不找借口了；他的作业基本都能按时交上；在经济上，他还是有超支的情况，但已能做到将实际情况讲给家长听；他犯错后不再狡辩，甚至有时在教师不知情的情况下，还会主动向教师承认错误，并请求惩罚。

另外，小扬的学习成绩也有了明显的进步，除了被选为班里的"诚信公民"外，期中考试时名次前进了十几名。同时，小扬上课时也越来越积极、认真了，脸上的笑容也多了起来。

反思拓展

事实上，像小扬这样说谎的学生有很多，不但有"差生"，还有一些

不犯错误的学生不是好学生
——把错误变为成功教育的拐点

学习成绩优异的学生。为什么有如此多的学生加入说谎的行列呢？先听听来自学生的声音吧。

一位经常说谎、屡遭家长和教师批评的学生在向心理医生咨询时说："我也知道说谎的孩子不是好孩子。有时犯了错误，或考试考砸了，说谎虽然蒙混过关了，但为了使谎言不被揭穿，不得不用更多的谎言来掩盖；而如果不用谎言来掩盖，一旦被家长或教师发现了，不是责备就是教训。他们根本不问我为什么会犯错误，成绩是如何下降的。两相比较，我们只得心存侥幸，选择说谎。"

在一次家长会上，一位12岁的女生代表全班同学向在座的家长发出倡议："任何情况下，不许打孩子；遇到事情，给孩子三分钟解释时间；不要因为孩子一次考试成绩不好，就把以前的老账全翻出来……因为我是荷花，所以请别让我在春天开花；因为我是白杨，所以请别指望从我身上摘下松子来。"平心而论，学生的要求并不过分，但是，作为教师或家长，又有多少人能满足学生这些合理的要求呢？

这就是学生说谎的原因，出于"趋利""避害"这二者选一或二者兼有的心理。也就是说，说谎行为是一种对"利"的抉择，是人性的正常表现。从心理学的角度来说，学生说谎，用虚假的语言来掩盖事情真相，就是为了避免教师或家长的责备和谩骂。

现在很多教师或家长对学生的期望值过高，对学生的优点，特别是取得了较好的学习成绩后，又是表扬又是奖励；而对学生的缺点和不足，多是不管原因，不是责备就是惩罚，甚至体罚。学生撒谎，教师不能一味地责怪学生，不应将责任全部归结到学生身上，而要帮助他们查找原因、寻找对策，有针对性地加以辅导。

据调查，有55％的学生因"害怕父母或教师的批评"而说谎。所以，教师和家长都应对自己的教育方式负责，对自己的教育行为负责，对学生的说谎行为负责。如果学生说谎过于频繁而成为一种习惯，成为其个性品质中的稳定组成部分，就会影响他们良好道德品质的形成，影响他们的身心健康。

尽管说谎对学生的健康成长很不利，但教师仍然要明白，这是人的一种本能，我们必须正确认识这种行为的本质和心理属性。精神病学教授何诺德·戈德堡认为："说谎是人类正常发育和发展的一部分，它和讲真话同样重要。说谎的智力是人类区别于其他动物的一种重要能力。"由此可见，教师单靠枯燥的说教、粗暴的限制、夸大恶果的恐吓或制订几条规章守则，不可能达到制止学生说谎的目的。教师要具备相应的技能，灵活处理好在教育工作中遇到的学生说谎事件。总结起来就是，教师要做到"四忌"和"四要"。

1. 忌粗暴，要耐心诱导

教师不要粗暴地对待说谎的学生，不要动不动就叫家长或者是在其他学生面前让他们做检查。这样做会产生两种不良影响：第一，加重学生的对立情绪；第二，促使学生选择一种不良的解决问题的方式，甚至产生报复行为。

正确的做法应该是耐心诱导，尤其是面对低龄学生时，教师可以先给他们一些提示或是一个自我反悔的机会。如有一名学习很好的学生把别人的本子占为己有，并写上自己的名字，却不承认。对此，教师可以这样处理：首先告诉这名学生不诚实是一种很不好的品质，然后再质问他，作为一名学优生还向教师说谎，如果班级里的同学都以他为榜样，那么班级会成什么样？

如果他还丝毫没有认错的意思，教师则可以拿出已找到的确凿证据给他看，如对照其他作业本同这个本子上的字迹，这样就会让他的心理防线不攻自破，他自然就会承认自己的错误了。

2. 忌摆架子，要巧留面子

当学生说谎时，教师不可摆架子、板面孔，对说谎的学生进行讽刺、挖苦。这样做的危害极大，不仅达不到教育的目的，还会伤害说谎学生的自尊，影响师生间的关系。

正确的方法是要给学生留面子。对于一些小的说谎行为，比如，学生说忘记了做作业或做值日，教师不要过多批评，可以相信他确实忘记了，让他及时补上作业或值日就可以了，但要说好下不为例。这样做既给了他面子，又以实际行动告诉了他，忘记任何事情都是不应该的，每个人都应该对自己所做的事情负责。

3. 忌盲目，要会"冷处理"

对待经常说谎的学生，特别是在还没有找到其说谎的证据时，作为教师，千万不要凭经验武断地下结论，而要学会"冷处理"。这样做有利于弄清事件的真相，也有助于避免处理过程中的盲目性和武断性。

教师可以先进行一些了解工作，可以走访家长，也可以询问一些学生，等自己对学生的说谎事件有了正确的判断后，再做结论和处理。

某学校曾发生过这样一件事。学校让学生交50元钱的资料费，结果一个爱说谎的学生却向家长说学校让交500元钱。

东窗事发后，该生的班主任就采取了"冷处理"的方法。这位班主任先问该生向家长要500元钱打算干什么。该生低着头一声不吭。于是，班主任就暂时放弃了询问，让他回教室去上课。

然后，班主任向家长打听该生最近在家里的表现，同时还向一些同学了解情况，并让同桌在课间留心观察他，让同路回家的同学关注他，还经常对他讲述有关讲诚信的人受到别人尊敬和信任的故事，但不讲因没有诚信而失去尊严的故事。

结果不到一个星期，这名说谎的学生就对班主任承认了向一家小店赊账500元买高级游戏机的事实。

班主任陪同学生一起去小店核实后，与小店店主真诚交流。小店店主也感到很惭愧，认识到自己赊账给学生等于害学生。

从此，这名学生再也没有做过先赊账后向家长撒谎要钱的事。

试想，如果当时这位班主任盲目地一再逼学生说出要钱的原因，学生肯定会一而再再而三地说谎。如果家长不给钱而店主又催他还钱，真不知道会发生什么事。

4. 忌应付，要经常监督

虽然每个人都不愿意生活在被监督的环境下，但对于某些学生，教师还是要经常监督的，不能等事情发生了再去处理，过后又放任不管。比如，有的学生屡次向家长、教师说谎，在教育这样的学生时，除了要综合运用上面的几种方法外，还要对他进行经常性的监督。教师、同学和家长可对他进行联合监督，大家共同承担起帮助他改过自新的责任。在这种多方监督的环境下，他想说谎也没有机会。

总之，作为教师，要正确对待学生说谎的问题，当学生犯了错时，不应一味训斥、处罚，而要多些谅解和信任，这样才能增加学生改正错误的内在驱动力。也就是说，有时候宽容比处罚更有力量。

总而言之，教师应该用爱心去营造诚信、宽松、和谐的氛围，呼唤学生的良知，促使他们形成良好的品德，做一个人格健全的人。

（三）转化爱说谎的学生的策略

学生说谎不是个别现象，他们说谎的心理是千差万别的。因此，教师应该对学生的说谎现象进行具体的分析和研究，并根据不同情况选择不同的教育方式。下面是一些教师经过实践得出的处理学生说谎问题的有效策略。

1. 营造诚实守信的宽松环境

学生说谎多与其违纪行为联系在一起，教师在班级管理中可以倡导学生违纪后主动承认错误。对此，教师可以制订如下规则。

（1）对于情节轻微的违纪行为，犯错误后主动承认错误，并保证以后不再犯的学生，教师不予批评，不追究，不处罚，视同没有违反纪律。

（2）对于违纪情节较为严重，达到学校警告以上处分的违纪行为，能主动承认错误的学生，教师首先对其主动承认错误的行为酌情肯定，再适当减轻处罚。

学生的违纪行为有许多是能够自我矫正的，主动承认错误是一个自我反省的过程。教师要为学生讲诚信营造较为宽松的环境，让说谎的学生能切切实实感受到诚实守信的好处，从而提高改正错误的自觉性和积极性。

在实践中，可能会有极少数学生利用这一规则的漏洞，如经常性违反纪律而又主动承认错误，陷入"违反纪律—承认错误—免予处罚—再违反纪律……"的怪圈。对于这种学生，教师可以告诉他，这一政策对他不再适用，因为这属于个别现象，不会影响到诚实守信的宽松环境。

2. 立诚信榜样以进行诚信教育

学生说谎重在预防和教育，教师适时树立诚信榜样，进行诚信教育必不可少。榜样示范法的优点在于通过榜样人物的言行，把抽象的道德规范具体化、人格化，使教育具有形象性、感染性和可行性。

教师可以每月在班级中评选"诚信之星"，并给予公开表扬，向获得此荣誉的学生家长寄喜报，在学生的期中和期末评价中，将诚信这一优点予以特别强调，这能在班级中起到良好的导向作用。此举能使学生真正感受到这种荣誉的价值，从而形成争取诚信的动机。

此外，教师还可以利用班级集体活动的时间，开展以诚信为主题的班会，让学生参与讨论、发表意见，使其在思想的碰撞中明白诚信的重要性和说谎的弊端。

3. 先"冷处理"，再晓之以理

不可否认，在教师采取以上措施后，依然会有极少一部分学生违纪后不主动承认错误，并且用说谎掩盖。对于这部分学生，教师即使有确切的证据证明其在说谎，也不妨先相信学生所说的是"真话"，并按照其所说的"真话"进行处理。同时注意观察学生的表现，如果违纪行为已经改正，说明学生已经意识到自己的错误，教师就可以不再提及这件事。如果一段时间以后，学生的违纪情况没有改观，还以为说谎可以掩盖自己所犯的错误，教师就有必要与其谈话了。

谈话要在和谐平等的氛围中进行，教师要使学生明白，上次处理他违纪的时候他说谎了，教师当时就已经知道，之所以当时没有指出来，是考虑到他的自尊心，并且相信他已经认识到自己的错误且能自觉改正。教师可明确指出知道他有成为优秀学生的强烈愿望，但愿望不是靠说谎就能实现的，老师对他的信任现在并没有减少，但他必须为自己的说谎、违纪行为负责任。听到这些，学生容易从心里理解和接受教师，再批评或处罚，实效性就更强了。

4. 改变对待说谎学生的心态

妥善处理学生说谎问题，教师必须改变处理此类问题的心态。美国作家梅尔说："所有的人说的谎——小谎、大谎、善良的谎——都是为了确保社会安宁、心理舒适采取的必要手段。我们需要以谎言掩饰我们对生与死和许许多多我们不能理解、不能控制的事物的恐惧和焦虑。"

如果教师认为学生说谎是为了欺骗教师、逃避责任、违背诚信且不可原谅，并非常反感，那情绪就比较容易激动，处理问题就容易走极端。当遇到学生说谎时，教师不妨设想，学生说谎是一种自我保护的本能，是可以理解的。这样，教师处理问题时的心态就会平和一些，就更能站在学生的立场上，做到理解他的情感，并且让他知道老师理解他的感受。

5. 应对因虚荣而说谎的学生的策略

学生都比较爱面子，自尊心也比较强——男生特别喜欢在女生面前表现自己，而女生则多数较为害羞，害怕受到同学嘲笑；有些学习成绩较好的学生喜欢表现自己的优势，表现自己在各方面的才能；也有些学生在某一方面有特殊的才能，就把自己这方面的实力说得天花乱坠，从而满足自己的虚荣心……

这些类型的学生即使做错了事，往往也不敢承认，即使承认也是轻描淡写，不当一回事。因此，对于这些因虚荣而说谎的学生，教师最好单独约他们谈话，和他们沟通，以免刺伤他们的自尊心，同时针对他们某方面的才能，可让他们担任班里的一些职务，以满足他们的虚荣心。

6. 用时间和耐心矫正学生的习惯性说谎

习惯性说谎的学生的自我表现欲都极强，善于随机应变。他们大多缺乏良好的教育，从小就学会了说谎。这些学生一旦发现谎言被揭穿，还会不断地说谎，用新的谎言掩盖事情的真相，用新的谎言来支撑和巩固原有的谎言——这是一种典型的病态心理。

虽然这类学生只是少数，但危害极大。对于这类学生，教师要花些时间，耐心寻找他们说谎的根源，从根源入手，有针对性地制止他们的说谎行为。

7. 以爱和关注消灭学生说谎的动机

有的教师把注意力都集中在了"好学生"身上，而忽视了另一部分学生；有些家长忙于工作，忽略了对子女的关心和教育。这些学生长期得不到教师和家长的关心和重视，感到被冷落，为了引起别人的注意，就故意说谎。

不犯错误的学生不是好学生
——把错误变为成功教育的拐点

还有的学生性格比较内向,不善于交际,不被教师关注,为了排解自己的孤独、证明自己的存在,他们有时也会说谎。所以教师应该平等地对待学生,要对他们多一些关心,不要让他们产生说谎的动机。

学生说谎的心理是复杂的,教师对说谎学生的教育绝不能千篇一律,而应不同原因不同对待。在教育过程中,教师对学生应该多一些爱心、多一些信心、多一些耐心、多一些恒心,多开展一些诸如"诚信工程"之类的活动,以培养他们良好的诚信品质。

对学生说谎问题的处理关系到师生关系的和谐,关系到学生身心的健康发展。善待说谎学生,促进其身心健康发展,是"以学生为本"的教育理念的要求,更是教师与学生建立互信机制、提升个人魅力、增强班级管理实效性的必然要求,所以,教师要高度重视对学生说谎问题的处理。

爱说脏话的学生的成长拐点
——以班规约束，以榜样激励

（一）走进内心，深度把脉

很多学校的教师和学生都反映，学生说脏话的现象非常严重，不管是在教室、走廊，还是在放学或上学的路上，都可以听到学生出口成"脏"；不管是对待同学、对待教师，还是对待家长，学生都会习惯性地带出个"脏"字，甚至很多优秀学生也会自然地把一些"时尚脏话"挂在嘴上。

作为教育工作者，很多教师都深为现在学生的"出口成脏"感到不安。

镜头一：

乒乓球台两端，两个学生挥舞球拍打得正欢，那份投入、那份欢乐很让人高兴。然而很快高兴变成了惋惜：他们每打上一个好球，或者每出现一个失误，便会出现一声不堪入耳的臭骂，甚至"伤及"对方父母，但都毫无恼意，好像自己说的是一句再平常不过的话。

镜头二：

放学路上，两个学生相伴而行，那份亲昵把两人的友谊体现得极其充分。然而细听他们的交谈，就会发现他们几乎每一句话都要带上对对方父母的辱骂。虽为对骂，但毫无敌意，"骂娘"成了双方表示友好的形式。

镜头三：

寝室里，一群学生在高谈阔论，他们随意发挥，说得酣畅淋漓，但在表达时夹杂的污秽不堪的恶骂，让人耳不忍闻。

教师如果深入学生群体认真了解的话，会发现有相当一部分学生不仅仅是说脏话，而且是以相互辱骂为乐，到了是非不分、美丑颠倒，视污秽为圣洁，把丑陋当美好的荒唐地步，严重地败坏了学生的形象。

不犯错误的学生不是好学生
——把错误变为成功教育的拐点

学生说脏话的习惯究竟是如何形成的呢？为什么难以矫正？学生说脏话的成因可以概括为以下三个方面：

1. 从家长那里耳濡目染

很多家长都不会承认自己曾经教过孩子说脏话，因为他们本身也没有意识到自己给过孩子什么样的影响。比如，在孩子很小的时候，有些父母就会随心所欲地骂孩子，这些骂声有的可能是赞扬，有的可能是责备，还有的可能是漫不经心的逗乐，但所有的"骂"都是以一种脏话的形式呈现给孩子的。父母可能自己都意识不到，因为他们本身也习惯了"出口成脏"，而对于正在学说话的孩子来说，根本没有能力分辨父母的哪些话是可以学习的，哪些话是不能学的，当然只能是以简单模仿的形式全盘接受。由此看来，有些学生说脏话的习惯可能形成于幼儿时期，这为教师的转化教育提出了严峻的考验。

2. 社会上一些不良环境的熏染

学生在成长的过程中，不可避免地会接触到成人世界里各种各样的脏话，社会上各种骂人的语言经常会传入他们的耳朵。有人用脏话表示高兴，有人用脏话表示生气，有人用脏话表示心平气和，有人用脏话表示情绪激动，有人用脏话表示关系友好，有人用脏话表示仇恨攻击等，脏话的语言功能被发挥得淋漓尽致。置身于成人世界，学生便会自觉不自觉地模仿，久而久之，自然被熏染得满嘴脏话。

3. 学校教师的听之任之

虽然学生说脏话的问题非常严重，但并没有引起所有教师的足够重视。有的教师只看重学生的分数和名次，把说脏话看成无关紧要的小事，特别是对那些成绩优秀的学生，更是放纵，根本不会有意识地教育和引导。更有甚者，当学生学习不努力或者犯错误时，个别教师也会口出脏话，辱骂学生。

当今校园学生说脏话现象非常普遍，甚至有些学生感觉这是一种时尚。校园脏话大致可以分为以下四种情况：

一是纯粹的脏话，两个人打起架来，天上地下，无所不骂。

二是由于社会环境的影响和个人认识方面的偏差。一些学生，特别是男生，会错误地认为说脏话不是什么缺点，相反，是魅力的标志，粗鲁一点的男生反而更有吸引力。他们甚至误认为敢于说脏话，是勇敢和力量的象征。在一些学校，这种情况已蔓延到女生中间。

三是有的学生在与伙伴玩耍的过程中，觉得说脏话好玩，故意学说，结果习惯成了自然。

四是有的学生受环境影响，偶尔说一句脏话，是一种不自觉的行为。

这几种情况，既有主观认识上的问题，也有生活习惯上的问题。学生说脏话不仅反映了个别学生语言素质、道德水准、审美情趣低下，更反映了社会的文明程度低下。在全社会提倡加强公民道德建设的今天，作为教师，应该更加重视这个问题，将转变说脏话学生纳入素质教育的大纲中，仔细分析学生说脏话的成因，制订相应的措施，彻底纠正这一不良之风。

（二）"脏话小品"触动学生"文明"思考

案例展示

孙文录是哈尔滨市第70中学的一名班主任，同时兼任数学课老师。一次，在给学生上完课后，他将教学用的笔记本电脑忘在了教室里。课间休息结束后，他才想起电脑还在教室，于是立即到教室将电脑取了回来。当他打开电脑后发现，上面的录音系统仍在工作，原来，他在离开教室的时候并没有将电脑上的录音系统关上。

看到电脑上形成的音频文件，孙老师在好奇心的驱使下播放了这段录音。他想知道，学生在没有教师的监督下到底会说些什么。然而，从电脑中传出的声音让他吃了一惊。孙老师听到，学生的对话中充满了刺耳的脏话，如"你傻呀""你二啊""你有病啊""你太聪明了，智商都达到零了吧"这样具有侮辱性的话，还有一些脏话连成年人都很难说出口。让孙老师十分不理解的是，一些平时他认为很懂礼貌的学生，也说出了很多难听的脏话。孙老师简直不敢相信自己的耳朵，这些脏话根本不应该从学生嘴里说出来。

学生的脏话震惊了孙老师。这样的情况是不是只发生在自己的班级

不犯错误的学生不是好学生
——把错误变为成功教育的拐点

里?他随即在学校的其他班级进行调查,发现其他班也存在学生说脏话的现象。他又联系了其他几所中学的教师,对学生说脏话的情况进行调查。结果调查显示,学生在和同学进行交流时,说脏话的情况十分普遍;还有极少数学生,只要说话总要说出一两个脏字,否则就感觉不痛快。更让孙老师担心的是在调查中他还发现,有些学生说完脏话后,并没有意识到自己的语言有什么不妥的地方,反而认为这是一件很正常的事情,没必要大惊小怪。

怎样才能帮助学生改掉说脏话的毛病呢?孙老师开始思考这个问题,经过研究分析,他认为,小学阶段学校就开设了思想品德课,进入初中,学校开设了政治课,这些都是针对学生的道德教育开设的课程。然而,这些课程并没有让学生养成良好的语言习惯,要想帮助学生改掉说脏话的毛病,需要一种新的方法。

经过反复思考,孙老师想结合学校正在开展的生态体验式教育编排一个"脏话小品",让学生在小品中感受到说脏话是一件极不文明的事情。他的这一想法得到了校长的支持。

有了学校领导的支持,孙老师开始精心策划"脏话小品"。

为了尽量真实地还原学生说过的脏话,孙老师借来两支录音笔交给两名班干部,让他们悄悄录下同学平时说过的一些脏话,再将这些脏话串联起来编成小品。可是,就在"脏话小品"即将完成的时候,孙老师遇到了一个问题:小品中的脏话是用学生的原声,还是用配音?

孙老师认为,如果用学生的原声,小品则显得更加真实。可是作为一名教育工作者,他知道正处于青春发育期的学生自尊心很强,如果用学生的原声,很可能会伤害到他们的自尊心,同时,也不利于保护他们的隐私。最终,孙老师决定将小品中的脏话改为配音。

播放"脏话小品"的日子终于到了,孙老师早早地就开始精心准备。他首先请每位学生写出两句在和同学交往过程中听到的或者说过的不文明语言,然后,他将教室里的窗帘全部拉上,又将教室里的灯光调暗。随后他说:"请同学们听一段录音,听听这些语言和你们写的是否有相同的。下面请同学们闭上眼睛听,假设这些话所指的对象就是你,你做何感想?"此时,扬声器里突然传出了一句"你有病啊",紧接着又是一句"你是不是傻呀,这么简单的题都不会"。一句句脏话不断地传入学生的耳朵,而

爱说脏话的学生的成长拐点
——以班规约束，以榜样激励

这时学生们也正在想象那个被指责的对象就是自己。

一分多钟的录音很快就播放完了，让孙老师没想到的是，这段短短的录音却引来了同学们积极的发言。

一名学生说："这些话对我们的心灵有很深的影响，本来大家都是好朋友，在一起高高兴兴地玩玩闹闹，可是一骂起来就说一些很难听的话，让人听了之后很不舒服。这些话很不文明也显得人没有素质，久而久之，人们都会远离你，到时候你再后悔，再去向朋友道歉就来不及了。就像钉子钉在木板上，即使把钉子取下来，木板上还是会有一个洞。一个人没有知识不要紧，但如果失去了做人的素质，那同时也就失去了做人的意义。"

另一名学生也表示，听完这些话后，她觉得很生气，如果是别人这样对她说，她一定会十分生气，一定会去骂他，甚至会去打他；同时她也会想，自己是不是也有这样的问题存在，想到这里，她就会有一种自责感。她说他们现在都还是学生，说那样的话有损自己的形象，会使大家都讨厌自己，所以从现在起她要文明起来，说文明话，办文明事，这样才能融入集体，成为大家喜爱的人。

"脏话小品"触动了学生对文明的反思，全班一共有 25 个人发言表示一定要改掉说脏话的毛病。学生们还一起制订了"遇事冷静莫冲动，文明语言少冲突。同学交往要纯洁，不说脏字少是非。综合素质要提高，同学互助常提醒。学会使用文明语，幸福快乐伴我行！"的"班级语言文明公约"。不仅如此，还在全校推广对"脏话小品"的讨论，收到了很好的效果。

对此，第 70 中学的校长说："从小学的思想品德课考试到中学的政治课考试，所考的内容也只是有关道德的知识，这些考试并不能衡量出一名学生的道德水准。我们目前对学生进行的道德教育，是让学生通过体验，对平时的言行进行反思，从而提高自身的道德水准。"

反思拓展

案例中富有创意的"脏话小品"确实能真正触动学生的心灵，因为那些都是他们身边的语言。"你傻呀""你二啊"……当这些不文明语言及一些不堪入耳的脏话在安静的课堂上响起时，不少学生的脸红了，因为这些学生平时不以为然说出的脏话，在课堂上播放出来显得格外刺耳，他们不

不犯错误的学生不是好学生
——把错误变为成功教育的拐点

由得发出这样的感叹：今后再也不说了！

校长由沙丘也表示，以往德育工作中惯用的说教不易被学生接受，而这种体验的方式引起了学生心灵的震动，有助于他们从净化语言开始养成良好的行为习惯。

为巩固这堂德育课的效果，哈尔滨市第70中学还在教学楼里设置了文明用语提示，开展了校园文明DV大赛，并派出校园"小记者"进行暗访。这些措施极大地促进了校园文明建设，使校园脏话在第70中学失去了滋生的土壤。

用小品的形式曝光学生说的脏话，对于那些无意间说过脏话的学生能起到一定的警示作用，使他们的心灵受到触动。但是，从另一方面来说，这也是在强化一种错误的语言交流方式，所以需要谨慎；而对那些有意说脏话的学生来说，听到自己说过的脏话被呈现出来，可能一时会感到羞愧难当，但随着生活场景的变换，他们未必能够真正改变，对此教师应该辅以相应的措施加以强化，如组织一些文明建设活动；对大多数未说过脏话的学生而言，"脏话小品"可能成为一种不良的语言刺激，甚至使他们私下里错误地赞扬、模仿，所以教师需要更加关注这部分学生，不能"好心办坏事"。

杜绝学生的说脏话行为，除了学校的积极行动外，还需要借助整个社会的力量。如果整个社会环境不改善，任何单方面或者几方面的努力都有可能力不从心。就具体的办法来说，教师应当更多地去教而不是管，也就是应该适当地告诉学生这些脏话的真正意思是什么，如果让他们理解了这些话是不好的，甚至有恶毒的含义，很多学生就应该能够了解这样的话对他人会有怎样的伤害，从内心深处认识到说脏话是多么不道德、不善良的事。

如今的一些独生子女受社会和家庭的影响，在行为习惯上表现出很多问题，只"知书"而不"达礼"者不少。一些学生不懂得尊重他人，不懂得孝敬长辈，不懂得礼让，讲话粗鲁，态度蛮横。因此，教师对学生进行礼仪教育是非常有必要的。教师除了可以采取案例中的方法对学生进行教育外，还要通过制订文明公约、开设礼仪课等形式，对学生进行各种后续的"礼仪教育"；除了让学生学会如何正确与人交往外，还要让学生掌握一些现代社会的"注意事项"，如会场上应该有哪些礼节、商场购物时应该注意什么、上网应该注意什么等。

（三）让学生在情境中自我触动、自我矫正

案例展示

宜兴市善卷实验小学的任梅芳老师在教育说脏话学生上有自己独特的方法。

一次，学生小佳很生气地走到任老师的跟前说："老师，小敏骂人，说脏话！"

任老师思考了几秒钟后，很和蔼地告诉她："你先不要生气，回去吧，我会处理的。"

小佳很不高兴地回到了自己的位子上，认为老师没有马上对小敏进行批评是偏心。其实，任老师是在思考如何才能从认识到行为上改变小敏说脏话这一毛病，同时也给其他学生以警示。

任老师认为，改掉学生身上一些不起眼的小毛病、坏习惯，也不是那么容易的。有时候，含蓄比直白更容易深入人心，在情境中"露珠式"的教育常常能取得更好的效果，激昂的口号和画蛇添足的议论往往会让人扫兴，功亏一篑。苏霍姆林斯基曾强调："把自己的意图隐蔽起来，是教育艺术十分重要的因素之一。"因此，任老师想：何不设计一种自然的情境让学生自我触动、自我矫正呢？

第二天，任老师抓了一把糖走进教室。她让所有的学生放下手中的作业，要求大家都坐好。小敏见任老师进教室马上低下头。此时，任老师拿出了糖并举起来问："我今天买了糖，想吃的同学请举手！"很多学生举起了手，并且表现出想吃的样子，可小敏没有举手。

任老师补充说："举手的同学我是不给吃的，我今天最想给小敏同学吃，下面请小敏同学到老师这儿来。"小敏虽然不知道老师葫芦里到底卖的什么药，但很听话地走到了任老师的面前。

同学们都很专心地看着任老师，任老师剥开一颗糖说："小敏同学，老师请你先把这颗糖吃了。"小敏把糖放到了嘴里。至此，小敏还没有觉察到任老师的意图，眼睛中充满了疑惑。

不犯错误的学生不是好学生
——把错误变为成功教育的拐点

任老师接着说:"知道为什么让你吃糖吗?"

只见小敏的脸开始红了,并低声说:"知道。"

"那你给同学们说说是什么原因,好吗?"

"我说脏话了。"看得出,小敏已经认识到了自己的错误。

"好,知道就好。古人说得好,'人非圣贤,孰能无过?过而能改,善莫大焉'。"任老师接着说:"现在你告诉老师和同学们,以后类似的事情还会发生吗?"

"老师,以后不会发生了,我向你保证,绝对不会发生了!"全班同学都笑了,小敏也笑了,笑得如此灿烂。

反思拓展

学生在不断成长,没有一点"毛病"是不可能的,也正是因为他们时刻处于发展中,所以才有很强的可塑性。对于学生身上这样那样的"错误",教师要在采取教育措施或开展活动的过程中,将教育意图自然地隐藏起来,用心创设一种友好、亲切、善意的教育情境,使学生通过心灵的自我叩问来获得教诲。

众所周知,一个好的节目主持人能将台下的观众带动起来,让台下成千上万的观众随着主持人情绪的变化或悲,或哀,或怒,或喜;一首好听的乐曲,只要前奏一响,就能拨动听众的心弦,可谓是"转轴拨弦三两声,未成曲调先有情"。同时,教师创设引人入胜的教育情境,能牢牢地吸引住学生,让学生"心随我动",从而更好地达到感染学生、打动学生的目的,如案例中的任老师,让学生在"甜"中反思自己的行为,使学生如饮甘泉,使教育入情、入理、入耳、入心。

滴水穿石非一日之功,习惯不是短时期内可以形成的。教师让学生认识到自身行为的错误并有心改正后,还必须让其付诸实践,逐步养成良好习惯。为了引导学生把认识转化为行动,教师可以继续创设一些教育情境,让学生亲自做一做,并好好体会。如表演"当教师来我家的时候","我"应该起身迎接、向教师问好、让座端茶,送教师出门时说"再见,请再来";"得到别人帮助的时候","我"应说"谢谢""费心了";"打扰了别人的时候","我"该说"对不起""请原谅";"对方向我道歉的时候","我"要说"没关系"……这些表演要有生动的表情,文雅的举止,亲切、规范的语言。学生通过表演，可以加深对礼仪的认识，得到精神的享受，体会到文明礼貌之美。教师在此基础上再要求学生经常实践，坚持不懈，从而使学生逐步养成不说脏话的习惯。

另外，学生每天在教室里学习，这个环境无疑对他们有着潜移默化的影响。教室里窗明几净，一尘不染，讲台上书和作业本整整齐齐，室内物品摆放井然有序，生活在这样美好环境中的学生还会粗野吗？他们说脏话的习惯自然会得到抑制。美是需要人来创造的，教室的拖把、扫帚放在哪个角落才不会影响美观，学生喝水的瓶子放在哪里比较合适，雨天，伞挂在什么地方才不会使教室淌满水等，这些都要教师细心安排，给学生以指点。

学生说脏话是一种不良的行为习惯，教师要持之以恒地对学生循循善诱，创设合理的情境对他们进行说理教育和行为规范训练，使他们逐步养成良好的习惯。

（四）转化爱说脏话的学生的策略

对于说脏话的学生，教师根据不同的情况应采取不同的教育方式。恶意谩骂是一种个别现象，应该通过严厉的教育予以禁止；对故意说脏话的学生，也应个别教育；而针对大多数无意识地说脏话，已形成习惯的学生，应让他们懂得语言文明代表了一个人的素质、涵养和修养。具体来说，转化说脏话学生可以借鉴以下一些策略：

1. 帮助学生改善其家庭语言环境

家庭语言环境是学生说脏话习惯形成的主要源头。教师要时常与说脏话学生的家长沟通，提醒他们注意自己的语言，避免在孩子面前说话带脏字。同时，教师应引导家长关注自己孩子的成长环境，留意他们接触的同学和朋友的个人素质，并引导孩子多看内容积极健康的书籍，远离不文明的语言环境。

2. "禁"不如"导"，做好打持久战的准备

对于说脏话现象，教师采用严厉禁止的做法并不能治本，因为在短时

间内杜绝学生说脏话的可能性不大。教师应认识到，正处在青春期的学生，只是用说脏话的方式吸引同龄人的注意，这种行为并不代表他们内心真实的想法。教师应有长期引导的心理准备，要逐渐让学生懂得，什么是文明的交流。教师应相信，经过长期的努力，学生逐渐走出青春期之后，自然会放弃那些流于形式的"不良时尚语言"。

3. 为学生找一个宣泄情绪的途径

学生说脏话、骂人其实是一种宣泄，是他们表示不满、自我解压的一种方式。当前社会的语言环境很不文明，学生可以在街上看到成人骂人，可以在电视上看到某名人骂人，可以经常在网上看到各种不负责任的"脏话"等。这样的语言环境造成了学生对脏话的麻木，对说脏话没有羞耻感。因此，教师应该在班级营造骂人可耻的舆论环境，营造语言美的氛围；同时教师还要教会学生用正确的方式宣泄，让他们改变生气就说脏话、骂人的不良习惯，养成生气就运动、生气就唱歌等习惯。

4. 采取负强化以漠视应对

有时候学生说脏话可能是为了引起别人注意，或是已成为一种习惯，这种情况下教师越是批评他们越容易激起他们的强烈反感。面对这样的学生，不如采取漠视的处理方式，积极去发掘这些学生的闪光点并在班内通过各种方式传达——有礼貌的表达更受人欢迎。没有学生不希望得到他人的肯定和赞赏，尤其是希望得到敬重的教师的表扬。但这种改变需要一个过程，不可能一蹴而就，教师要耐心分析具体情况，重视自身的示范作用。

5. 在反思中营造文明班风

教师可以用开班会、留作业等多种形式，让学生反思自己的行为，并通过讨论营造文明的班风。比如，让学生结合社会主义荣辱观思考生活中的哪些做法是光荣的，哪些做法是可耻的，然后第二天开班会讨论。这样，学生自己就能总结出：以运动健身为荣，以饮酒吸烟为耻；以互助学习为荣，以自命不凡为耻；以爱护班级为荣，以破坏秩序为耻；以上课发言为荣，以上课说话为耻……在讨论中，学生大多会提到"以文明上进为荣，以陋习不改为耻"。

通过经常性的自我反思和全班学生的讨论，文明班风就会形成，而这种"争做文明学生"的班风对学生的影响将是巨大的。

6. 创设学校德育大环境

教师应积极配合学校，对学生说脏话问题予以高度重视，不能等闲视之。学校应动员全校力量，在校园内营造一个德育大环境，使学生懂得讲究语言文明，使他们明白什么是美好、什么是丑陋、什么是高雅、什么是粗俗，形成正确的审美观念；引导学生明确"出口成脏"的危害，清楚说脏话对自己心灵、人格、交际环境的副作用；通过多种教育形式破坏说脏话者的环境，使绝大多数学生消除以互骂取乐、表示友好的畸形心态，逐步形成无论谁说了脏话都会受到大家的指责、遭到大家的鄙视的氛围，从而使学生人人以语言文明为荣，以"出口成脏"为耻。

杜绝校园脏话不是一朝一夕的事，需要教师长期不懈的努力。对说脏话学生的教育，重要的是营造文明的校园环境、课堂环境，营造人人文明交流的语言环境，加强学生的行为养成教育，从文明礼仪的角度教会学生正确与人交往，让他们真正成为文明人。

不犯错误的学生不是好学生
——把错误变为成功教育的拐点

考试作弊学生的成长拐点
——树班级诚信之风,让学生正确对待考试

(一)走进内心,深度把脉

作弊现象在各类考试中都普遍存在,诸如"分不在高,及格就行;学不在深,作弊就灵"此类课桌义化段子,恰恰反映了校园作弊这一现象背后复杂的心理。作弊对学生的不良影响是众人皆知的,它不但影响学校对学生学习效果的考查,影响教师对学生的评价,更影响一所学校的诚信建设。对学生而言,作弊的负面心理效应对其心理健康成长极其不利。

1. 考试作弊学生的典型心理

(1)依赖心理。由于依赖心理而作弊,源于学生自我意识的薄弱。现在的学生大多数为独生子女,由于从小家庭、学校包办过多过细,使得他们对人生和社会缺乏思考,自我意识薄弱(自我意识薄弱的个体,往往没有健全的人格),对是与非、对与错不加分析,不以考试作弊为耻。在他们的世界里,作弊是他们应对考试的有效手段,对作弊有一种习惯性的依赖心理。

(2)功利心理。有的学生以帮助同学作弊来获得同学的尊重、友谊和某些承诺,甚至获得一些物质利益。这是学生典型的功利心理的表现。

(3)虚荣心理。有些学生平时表现不错,有的是学生干部,有的是校优秀学生,他们作弊不是为了过关,而是为了得到更高的分数以保持荣誉和评奖评优的资格,满足自己的虚荣心。

(4)盲从心理。由于一些学校缺乏健全的诚信体制和诚信环境,导致作弊在学校成为一种客观存在,而且为数不少。从心理学角度来看,人都有一种从众心理,看着很多人都作弊,有的学生也会效仿,美其名曰"赶

时髦"。

(5) 投机心理。少数学生不能严格要求自己，学习没有目标，学习不努力，到了考试时就动歪脑筋，利用各种手段作弊，想坐享其成。

(6) 讲义气心理。这类学生自身学习成绩相对较好，但是性格里有一股很强的同情心和侠义之气，面对同学的"求助"，不加思考，慷慨地伸出"友谊"之手，岂不知这是害人害己。究其原因，他们是把考试当儿戏，对作弊的危害性认识不清。

(7) 冒险心理。有些学生由于学习态度和基础较差，几个学期下来，成绩趋弱，这时面对来自家长或其他方面的压力，会不自觉产生作弊的冒险心理。

(8) 不平衡心理。有些学生看到别的同学考试作弊轻而易举，甚至取得了较好的成绩，便会觉得学习努力的反而不如考试作弊的，于是产生了不平衡心理，进而也加入到作弊的队伍之中。

2. 学生作弊行为的根源

(1) 周围环境的影响。作弊是一种不劳而获的行为，影响到考试的公正、公平，让一些认真学习、没有作弊却没考好的学生的自信心受挫；而作弊的学生可能会觉得作弊算不上违纪的行为，高分其实可以来得很容易，平时不用怎么学也可以考得好。这样的风气，严重的会影响到一个班的学风、一所学校的学风。

学生在刚入学的第一次考试中，很少有作弊念头，后来，慢慢地看到其他同学偷看别人的答案，并取得了高分，可能还受到了教师的表扬，于是也开始加入作弊的队伍，这就是周围环境的影响。

(2) 教师或家长的期望值过高。有时成人的期望值过高，学生凭自己的能力难以达到，而达不到的话，可能会受到教师或家长的指责，甚至责骂，于是只能通过作弊来实现目标。

有些教师也可能会纵容作弊行为，因为别的班也有作弊的现象，如果自己班不作弊可能总分和平均分会低于别的班，招致学校的批评。这样，在学校的大环境中，作弊变成了一种潜规则。

(3) 教师评价过于看重分数。很多教师会以分数论英雄，觉得即使这分数含有些水分也没什么。这种评价方法很容易操作，只要以分数高低为

不犯错误的学生不是好学生
——把错误变为成功教育的拐点

学生排队就行,作弊只要不让教师逮着就是好样的。这就促使那些作弊的学生不择手段也要得高分。

(4) 教师对作弊行为的惩戒太轻。由于作弊付出的代价小,很多学生变得肆无忌惮。一般考试,学生作弊被抓受到的处罚大多只是教育一下,而作弊让教师抓到并报告给学校的概率也是比较低的,有些即使报告给学校,也没有什么处罚。这让教师难以严格监考。

怎样做才能减少学生作弊的现象呢?教师应以学生的自尊作为突破口,采用班会等形式开展诚信教育,增强班集体的凝聚力,使学生产生作弊会给班集体带来羞耻的意识,从而杜绝作弊行为。

(二) 用宽容代替惩罚,让学生铭记诚信的价值

案例展示

吉林省吉林市永吉县北大湖镇中心校的优秀教师祖冬梅,在处理学生作弊行为上有自己独特的方法。

一次,考试正在紧张地进行,教室里鸦雀无声,祖老师静静地审视全场,发现学生个个平心静气,有的奋笔疾书,有的紧锁眉头。祖老师心里暗自慨叹:考,教师的法宝;分,学生的命根!什么时候考试能让师生同乐呢?

祖老师思忖着,目光落在坐在最后一排的娜娜身上,她正专注地看着试卷,长长的刘海遮住了眼睛,右手下意识地摇着钢笔,左手托着腮,手上好像缠着纱布。难道她手破了?祖老师心头一振,这个可怜的女孩,父亲早逝,母亲智力有障碍,还有一个瘫痪的姥爷,小小年纪就背负着家庭的重担,但是学习一直很努力。是不是做饭时伤了手?刚才怎么没发现呢?祖老师走过去,轻轻抬起娜娜的手,白白的纱布上渗出的血迹依稀可见。

可能是因为太专注了,娜娜吃了一惊,而让祖老师没想到的是:一张小纸条夹在她指缝间,上面密密麻麻写满了字。刹那间,一股怒火直冲祖老师的脑门,她竟然在作弊!祖老师马上产生一种要把作弊者"绳之以法"的冲动。突然,娜娜抓住祖老师的手,把浸着血渍的纸条塞进她的手

考试作弊学生的成长拐点
——树班级诚信之风，让学生正确对待考试

心，用乞求的目光望着祖老师，嘴里嘟囔着："我手破了，没能认真复习……"祖老师的心一酸，怎么办？祖老师把纸条紧紧攥在手心，念头一转，她轻轻地点了点头。

整件事不超过几秒钟，周围学生都还在认真地答卷，祖老师和娜娜像地下工作者完成了接头任务一样，心照不宣。可是从祖老师做出决定的那一刹，她已经后悔了："我这不是失职吗？纪律面前人人平等，难道出于同情就能让娜娜例外吗？"祖老师感到莫名的困惑。

考试终于结束了，祖老师回到办公室，慢慢地收拾着、思考着，刚才的一幕仍浮现在脑海里。忽然门外一个声音响起，娜娜低头走了进来。祖老师不知是生娜娜的气，还是生自己的气，板着脸说："你有事吗？"

"我，我谢谢您！"娜娜怯怯地说。

"谢谢我，谢我不抓作弊者吗？"一句话把娜娜噎得面红耳赤，呆站着不知所措，祖老师也突然意识到了什么，为自己的一时失言而后悔，急忙问："手怎么伤的？"

"昨天切土豆弄的，流了好多血，我很害怕，复习总走神，又怕考不好，于是……真的感谢您没有当众揭穿我。祖老师，我保证以后再也不作弊了！我回去好好复习，您给我一个补考的机会，不管我考多好，您给我记 60 分就行，因为您说过诚信是做人最起码的标准，求您答应我吧！"

望着娜娜噙着泪水的双眼，祖老师似有所悟：宽容不是纵容，保护学生的自尊心，培养学生的上进心，给学生一次改过的机会，可能胜过一百次简单的处罚！祖老师开始为自己的"失职"而欣慰，她拉住娜娜的手，郑重地点了点头。

经过认真复习，娜娜补考成绩很不错，得了 92 分，按照约定，祖老师在她的试卷上写上"92＝60"，并把"60"写得很大、很工整！

试卷发下去，望着同学惊诧的表情，娜娜骄傲地说："诚信是做人的最低标准，这是我的 100 分，60 分万岁！"经过这次事件之后，娜娜再也没有作过弊。

反思拓展

案例中，祖老师面对作弊学生，没有严厉训斥，只是用一种师爱、师情汇聚成了一股巨大的精神动力，让娜娜自觉认识到作弊行为的可耻。学

不犯错误的学生不是好学生
——把错误变为成功教育的拐点

生在考试时作弊是教师工作中经常遇到的事情，祖老师的"恰当处理"所产生的积极效果给我们这样一个启示：宽容胜过简单的处罚，它会让学生铭记"诚信万岁"的人生哲理。

易老师的学生小林现在是师范学院的大学生，在她上小学六年级的时候，有一次，为了使成绩一鸣惊人，在期末考试之前，竟在一天黄昏时破窗跳入了易老师的办公室窃取试卷。正当她寻找试卷之时，易老师走了进来，小林吓得抱头缩到办公桌下。

这时，易老师说："你不要露脸，也不要说话，你回答我的问题，只要点头或摇头就行。你来这里，是想找一件你想要的东西是吗？（小林点头）这东西属于你吗？（小林摇头）不属于我们的东西，不管自己如何喜欢，我们都不该拿，对不对？（小林点头）记住我的话，你走吧！小姑娘，明天你来上学，依然是一个天真可爱的孩子。"

后来小林当了教师，在回忆这段经历时说："如果易老师在班里揭穿我的行为，就不会有今天的我。"

祖老师和易老师处理学生作弊时的做法可以给我们以下四个方面的宝贵启示：

（1）不能讽刺、挖苦和当众宣布作弊学生的考试成绩为零分，做到尊重学生人格。

（2）不公开学生的作弊行为，要为作弊学生保密，以宽容的态度呵护学生的心灵。

（3）要循循善诱，促使学生自己去认识错误。

（4）不能因此而剥夺学生参加考试的权利。

考试，作为现行教育评价的重要手段之一，如何最大限度地发挥其积极作用呢？新课程的教育理念明确指出，教育评价的目的不应是甄别、选拔，而是促进学生的发展。因此，考试不仅要对学生所掌握知识的情况进行评价，更要对学生的道德水准进行评价。作为教师，无法左右升学考试的"指挥棒"，但在日常教学工作中应该有所为，应该去研究、去探索如何让考试促进学生的全面发展。

另外，教师必须学会宽容，因为宽容往往会产生意想不到的教育效果。宽容是对学生人格的高度尊重，它源自教师追求最佳教育效果的责任心和博大、理智的爱。俗话说"人要脸，树要皮"，假如剥去树皮，那么树必死无疑，如果不给学生留面子，他们肯定会自暴自弃。

从心理学角度看，教师对考试作弊学生的宽容会使学生产生积极的心理反应，如案例中的娜娜和小林。一是"愧疚感"，本来自己作弊的过错应受到惩罚，而教师却宽容相待，便感到愧对教师，产生强烈的内疚感，这是学生自我修正的强大心理动力；二是"感激情"，学生能体会到教师不当面戳穿自己的行为中所蕴含的真挚的爱，感激之情便会油然而生。"亲其师，信其道"，那么教师的指点、建议，学生便会欣然接受，这正是每一个教师所追求的教育的最高境界——教育无痕，无痕的教育。

学生作弊，一直都让教师很伤脑筋。究竟该怎么办呢？从案例中教师的做法我们可以得出这样的结论：要预防考试作弊，要转化考试作弊的学生，教师首先应认真分析他们作弊的心理动机，然后有针对性地进行耐心细致的教育。

学生作弊大体有两种情况：一种是无意作弊；一种是有意作弊。其心理动机大不相同，应区别对待。

无意作弊的，多是小学低年级学生，他们不大懂得考试在学习中的意义，不大了解考场规则，有的出于解答兴趣和好奇心而偷看他人的试卷，有的出于好胜，借机表现自己能够"帮助"较差的同学，有的完全是为了答完了好出去玩。因此，这些低龄学生的作弊行为，绝非是道德品质问题，教师不能生硬训斥，应该通过耐心的引导，使他们懂得考试的意义、考场的规则、作弊的危害，培养他们诚实的品德。这样，其考试作弊的行为就容易得到纠正。

随着年龄的增长，学生的作弊行为就多是有意作弊了，这种作弊往往是受错误意识支配的。具体地说，有的学生因为学习动机不端正，对分数认识不准确，在教师、家长和社会的压力下，觉得考不出高分就没有前途，就会受到指责和"白眼"，甚至遭到家长的训斥和打骂；有的学生，因为教师或家长教育不当，又受虚荣心支配，便用作弊来骗取高分，以达到超过某位同学的目的，或想得到"三好学生"的荣誉，给班集体"增光"；还有的学生属于是非不清、意气用事，为了所谓的"友谊"而帮助同学作弊……不管出于什么心理动机，这些学生都懂得作弊是错误的。

学生作弊的心理动机比较复杂，克服学生的作弊行为，关键在于对学生进行早期道德教育，讲清不管是有意作弊还是无意作弊，对他们良好思想品德的形成与发展都是不利的。教师也必须在工作和学习中为学生树立实事求是、尊重科学、为人诚实的榜样；同时要避免对作弊学生采取撕卷子、打零分、给处分的简单措施，因为这样做会影响学生的心理健康，造成师生感情上的对立。

（三）转化考试作弊学生的策略

学生作弊有一定的客观因素，如受社会大环境不正之风的影响，或学校现行教学考试模式的陈旧、监考教师执行不力、学生评价体系的不科学等……但引导学生正确认识作弊行为，杜绝作弊心理的出现，却是教师不得不面对的考验。在对学生作弊心理进行分析的基础上，教师应该有针对性地采取一些教育措施。

1. 帮助学生明确学习目的

教师可以通过各种形式，联系实际，对学生进行为什么要学习和考试的教育，使学生把学好科学文化知识与国家、人民的需要和个人前途联系起来，教育学生懂得实事求是的道理，从而培养学生刻苦学习的良好品德。实践证明，学习目的的教育，是消除学生作弊动机的前提。

2. 激发学生的自尊心与自信心

有作弊意识和行为的学生，往往是虚荣心代替了自尊心，侥幸心代替了自信心。因此，在指导他们克服作弊意识、战胜作弊行为时，教师必须向他们深入分析虚荣心的本质和危害，分析作弊的性质和作弊时的恐惧和侥幸心理对身心健康的危害，努力激发学生的自尊心、自信心，使学生鼓起克服虚荣心、摒弃作弊行为的勇气。

3. 培养学生正确的是非观

在对学生作弊心理动机的分析中可以看出，有的学生是由于是非不分而去作弊的。因此，教师要着重帮助学生克服"哥们儿义气""姐们儿情谊"的想法，使他们树立勇于向作弊行为做斗争的勇气。这样做，可以使对作弊的性质、危害认识不清的学生明确：帮助同学作弊，在思想品德上和学业上都是有害的。

4. 消除学生分数重压，改革评价体系

在现行教育体制中，以分数高低定奖惩的现象比较普遍，学生心理压力很大，不仅影响身心健康，也催生了他们作弊的行为。为了消除这种压力，教师不仅要改变自身唯分数至上的思想，改革学生评价体系，还要说服家长改变对分数的不正确认识，改变以分数高低定奖惩的做法。

有些学校已经相应制订出《对优秀生和进步较大学生的奖励办法》和《转化后进生奖励办法》等，效果很好。教师也要帮助学生懂得"分"不是"学生的命根"，会学习、能创造，才能终身受益。

5. 不断强化学生的自我意识，塑造诚信人格

所谓自我意识，简单地讲就是指一个人对自己的认识和评价。学生良好的自我意识应当包括自知、自爱、自尊、自制等。教师只有让学生在生活中不断完善自我意识，树立乐观、诚实的品质，才能达到塑造学生完美人格的目的。

6. 指导学生理智看待考试及其结果

心理学研究发现，挫折本身并不是导致情绪障碍和行为偏差的直接原因，人们对诱发事件所持的看法、解释、信念才是引起人情绪和行为变化的直接原因。很多学生对考试本身以及考试不及格等引起的后果存在错误的认识，认为考试只能成功不能失败，考试失败就意味着人生的失败，考试失败会对不起父母，考试失败就意味着前途断送，等等。这些认知偏差都需要教师不断地去转变和矫正，生活中有很多人生哲理，教师都可以用于对这类学生的教育，如"兵来将挡，水来土掩""塞翁失马，焉知非福""顺其自然，为所当为""谋事在人，成事在天""阳光总在风雨后"等，这些都可以让学生转变自己绝对化的、以偏概全的认识事物的模式。这样，他们也就能够以良好的心态面对考试及考试结果了。

7. 考试期间做好对学生的心理指导

很多学生都有考试焦虑、考场恐惧等心理问题，所以考试期间教师应

不犯错误的学生不是好学生
——把错误变为成功教育的拐点

做好学生的心理指导,确保学生以良好的心理状态去参加考试,从而避免学生作弊念头的产生。教师可以教会学生自我鼓励、自我积极暗示、科学用脑、有效利用生物钟安排复习时间,注重劳逸结合,学会焦虑时转移注意力,学会放松,积极咨询求助等。

学生作弊是一个老生常谈的问题,近几年来随着各类考试的增多,考试作弊有愈演愈烈之势。有人认为,作弊是极不道德的行为,损害了学校的声誉和其他学生的利益;也有人认为,不能把作弊的责任简单地推给学生,也不能简单地把作弊归结为学生的品质问题,学生作弊的背后有着更深刻的教育教学以及管理的问题,学校、教师都有责任。作为教师,应该清醒地认识到,作弊的产生与现行的学生评价体系有着密切的关系,学校在加强对学生的思想教育和人格品质培养的同时,也应关注考试内容、考试方式改革等问题,倡导科学的教学与考试方法,彻底根除作弊顽疾。

爱攀比的学生的成长拐点
——积极引导、升华比较行为

（一）走进内心，深度把脉

攀比之心，人皆有之。自古以来，人类从来就没有获得过针对攀比心理的免疫力。从进入群体生活开始，人们就主动或被动地置身于一个比来比去的情境中，几乎所有人都热衷于把快乐和痛苦的感受建立在这种狭隘的"比较"上。

攀比在心理学上被界定为中性略偏阴性的一种心理，即个体发现自身与参照个体发生偏差时产生负面情绪的心理。通常产生攀比心理的个体与被选为参照物的个体之间具有极大的相似性，导致个体过分夸大被尊重的需要，虚荣心增强，甚至产生极端的心理障碍和行为。根据产生的作用不同，攀比心理分为正性攀比和负性攀比。

正性攀比指正面的、积极的比较，是在理性意识驱使下的正当竞争，往往能够引发个体积极的竞争欲望并产生克服困难的动力。

负性攀比指消极的、伴随着情绪性心理障碍的比较，会使个体陷入思维的死角，产生巨大的精神压力和极端的自我肯定或自我否定。负性攀比最大的问题在于个体缺乏对自己和周围环境的理性分析，只是一味地沉溺于攀比中无法自拔，对人对己都很不利。

校园是一个小社会，必然会受到"大社会"的影响，攀比现象也就不足为怪了。学生之间的攀比绝大部分不是比学习、比勤奋、比文化素质，而是变着法儿比吃、比穿、比打扮。目前，这种攀比之风似有愈演愈烈之势，令人担忧。作为教师，有必要对此现象有所了解并加以重视，树立正确的教育理念，积极转变学生的负性攀比心理，使攀比成为学生走向积极上进的拐点。

那么，攀比是什么原因造成的呢？

1. 嫉妒心理导致极端攀比

嫉妒是一种极想排除或破坏别人优越地位的心理倾向，含有憎恨成分，具有明显的对抗性，极易引发个人的消极情绪，从而产生极端的攀比心理，严重的可能会危害到他人的利益。

一天的复习结束后，回到寝室的同学都会彼此交流一下复习情况。最近一段时间，小杨总忍不住拿自己和别人比较。当他听到有人说今天又做了多少套题，记了多少知识点，而自己却还在原地徘徊不前时，便会感到莫名的恐慌，甚至有点儿恨对方，心中暗暗诅咒对方考不好。虽然小杨也知道自己这样想很不对，但他就是控制不住自己。

更可怕的是，有一次，小杨竟然故意把复习考试的时间说错，害得几个被他视作竞争对手的同学没能按时参加考试。当时小杨觉得挺高兴，心里有一种痛快的感觉，但后来又感到很后悔，开始自责：难道我真的是一个很坏的人，忍受不了别人比自己强吗？

小杨的心理是典型的由于攀比而产生的嫉妒心理。学生之间很容易产生嫉妒心理，从而导致严重的负性攀比。教师可以让学生暂时远离极端攀比的环境，从而减少因情绪激动造成的非理性行为。

比如，案例中的小杨，教师可以让他在感觉到自己的真实想法的错误时，迅速离开可能产生是非的空间，如宿舍、食堂等，用阅读、上网等方式排解激烈的情绪，从而避免极端行为的发生。更重要的是，教师应该让小杨通过树立坚定的目标，重新认识自己，建立起对抗错误想法的心理防御机制。

2. 爱面子导致盲目攀比

人际关系学指出，当人们积极参加社会活动时，如果过分注重别人的看法，往往会强化从众心理，产生攀比心理。这种因爱面子而导致的攀比心理，表现在学生的学习生活中，就是对不切实际的学习目标的高追求。

飞飞的学习成绩在班上只能算中等，报考普通大学可能还有希望，但是报考名校就有点吃力了。可是大家都报考了名校，她觉得如果自己不报，会很丢人。飞飞的家人对此事也看得很重，总是和别人说她多么聪明、多么能干，他们多为她骄傲。因此，飞飞也不想父母因为她上不了名校在别人面前抬不起头来，虽然她心里很清楚，对于她来说，报考名校失败的可能性极大。但她又担心自己被别人比下去，遭受周围人的冷嘲热讽。这样的攀比让她觉得很累，简直就是一种煎熬，但又无法摆脱出来。

马斯洛的需要层次理论指出：尊重是人类较高层次的需要，处于生理、安全、情感和归属的需要之上。可以说很多努力都是建立在尊重的需要之上的。实现自我价值是要建立在对自我正确客观分析的基础之上的，否则只会因为过分追求面子而导致盲目攀比。如案例中的飞飞，教师应该指导她学会客观地评价自己，敢于面对自己的实际情况，选择力所能及的院校报考，千万不要因为面子而耽误了自己的前途。

3. 现代竞争机制导致习惯性攀比

考试对于学生来说应属于正当竞争，其正面意义往往会因为有明确的目标而让人信心十足、精力充沛。但这种竞争一旦成为压力，一些学生就会产生习惯性攀比心理，并伴随着一种疲惫的无能感。长此以往，学生的身心将受到严重伤害，心理方面主要会诱发抑郁症，身体方面则容易出现失眠、食欲下降、抵抗力减弱等症状。

小谈马上就要参加高考了，一直在紧张地备考。但最近只要一有人在她面前提起高考的事，她就很烦，听到别人的复习进度，她会变得更加紧张。这种心理状态已经持续了好几个星期，严重影响了她的睡眠质量。

睡觉的时候，小谈的脑子里老是习惯性地重复着一些画面，全是班里学习好的同学和以前做过的试卷，甚至经常做得零分的噩梦。她老是想，其他同学一定比她复习得好，考的分数一定比她高。复习的时候，她也很紧张，一旦做错题目就会沮丧很久。

在巨大的心理压力下，一些承受能力较差的学生会做出一些对自己不利的事情。对于即将参加高考的小谈来说，习惯性攀比无疑是一剂毒药，不仅影响了她复习的进度和考试的状态，甚至让她对自己的人格和能力产生了否定。

人格认知理论认为：不管事实怎样，人的认知才是关键，心理障碍的根源是认知偏差。在外部环境不变的情况下，改变认知就能纠正心理偏差。因此，面对爱攀比的学生，教师应该积极引导，使他们相信自己完全有能力改变现状。另外，要采取一定的心理调节措施，使他们将攀比转化为学习的动力。

（二）让比较成为学生成长的阳光

案例展示

丁丁的父母经营着一家生意兴隆的大酒店。丁丁从小就生活在富裕的家庭里，加上父母对他宠爱有加，所以他不仅顽皮淘气，还养成了随心所欲的习惯。特别是在学校，只要看见别人有比他好的东西，他就一定要得到，否则就大哭大闹，恨不得把整个家闹翻天。

一天，丁丁一直非常在意的同学牛牛一走进教室就开始炫耀他的手表，那是他爸爸去德国出差时给他带回来的。"牛牛，你的手表真漂亮！"丁丁有点酸酸地说。"当然了，这是在德国买的！"牛牛骄傲地将手一扬。丁丁看着牛牛一脸得意的样子，愤愤不平地说："有什么了不起的，我回家就叫我爸买一块瑞士的金表，那才是手表中的精品呢！"当天放学后一回到家，丁丁就闹着要父母给他买瑞士金表。

这样的事情越来越多，丁丁的父母感觉事情有点严重，他们发现丁丁只在物质上与同学攀比，学习成绩却一直上不去，于是他们开始求助于老师，希望老师能改变丁丁这种攀比的心理。老师了解了丁丁的情况后，知道了牛牛一直是丁丁攀比的主要对象，一个计划就在脑子里形成了。

老师找来牛牛和他的家长座谈。老师先指出牛牛作为班干部不该到处炫耀自己的贵重物品，让牛牛认识到自己的错误，并要求牛牛家长不要给牛牛买过于贵重的东西，因为虽然牛牛现在还没有很强的虚荣心，也不会刻意地去跟人攀比，但"娇宠"之后必会出现不良行为，反而害了牛牛。牛牛家长听了老师的话，就表示一定改正给孩子买贵重物品的习惯，并督促牛牛学会节俭。

老师听了牛牛及其家长的表态后，随即跟牛牛约定，作为班干部，不仅自己要改掉不良习惯，还要帮助同学改掉不良习惯。最后跟牛牛确定了帮助对象——丁丁。牛牛爽快地答应了，并跟老师制订了相应的"作战计划"。

爱攀比的学生的成长拐点
——积极引导、升华比较行为

第二天，牛牛卸掉了全身的"名牌"，来到学校。丁丁看到了牛牛的"寒酸样"，乐呵呵地走过来问："你家破产了?"牛牛爱理不理地瞄了丁丁一眼，说："我不想再跟你玩那些幼稚的攀比游戏了，有本事你就在学习上超过我!"丁丁很不服气地说："你是不敢跟我比了吧。"牛牛没搭理他。

第二天，丁丁穿了双新的限量版耐克运动鞋，很得意地来到牛牛面前："兄弟，这鞋你见过吗?"牛牛抬起头来，意味深长地说："丁丁，不要再这么肤浅了，好不好! 昨天我的英语成绩得了个A，你有本事就拿个B给我看看。"丁丁讨了个没趣，悻悻地坐到自己的座位上。一连几天，丁丁都在牛牛那里碰了钉子。

终于有一天，丁丁火儿了，朝牛牛嚷道："你英语好了不起啊，有本事我们来比数学啊，看期末考试谁的成绩好!"丁丁特意用自己最擅长的数学向牛牛发起了挑战。牛牛一听，心里一乐，但脸上没有表现出来，回应道："比就比，谁怕谁啊! 不许反悔哦!"

从此，丁丁和牛牛开始在学习上较劲。起初老师还担心丁丁只是一时冲动，过一段时间就又会恢复原样，但让所有人想不到的是，他们俩的"学习攀比"一直从初一持续到高中，并且已经不只局限在数学，而是在所有的科目上展开了竞赛。最后，他们不仅成了最好的朋友，还携手进入了同一所重点大学。

反思拓展

俗话说"独木不成林"，原野上单独的一棵树，有着完全自由的发展空间，长出来的却多是横丫斜枝，成不了良材。那些高、大、直的树，都是在成片的丛林里长出来的。原因何在? 那是因为"攀比"，每棵树为了自己获得更多阳光，都必须一心一意地向上生长。

不懂比较的学生，就好像丛林中矮小的灌木，很快就会被其他的树木挤占原本属于自己的阳光，甚至会渐渐失去生存空间。因此，教师不应把学生的攀比心理视作洪水猛兽，而应像案例中的教师那样，仔细权衡利弊，改"堵"为"疏"，让比较成为学生成长的阳光。

学生产生攀比心理的诱因有很多，教师应该明确攀比心理存在的两面性，从学生的实际出发，仔细调查，找出学生攀比的诱因和特性，正确引导学生，使其走向积极的一面，让不良习惯成为学生上进的拐点。

1. 攀比心理的两面性

（1）消极性。由于学生正处于成长发育阶段，在判断、分析、自我调节能力方面都不成熟，盲目攀比往往会演变为模仿和追随，甚至盲从，这必然会破坏学生的心理平衡。长此以往，攀比心理会给学生的身心健康带来消极的影响，使学生的自信心在攀比中逐渐丧失，不利于学生个性的发展。

（2）积极性。从某种角度来看，攀比心理是一种不满足于现状、不甘落后于他人而想超越他人的心理意识，在特定的情况下对学生的发展能起到积极的促进作用。

2. 外界诱导和发展特性

（1）外界诱导。学生产生攀比心理大多是因为受到外界因素的诱导，尤其是来自父母的言传身教。且不说五花八门的物质消费，单就学生的教育来讲，父母之间的攀比比比皆是，如比上什么兴趣班、特长班、贵族学校，等等。

（2）发展特性。学生都有表现的欲望，当他想得到别人的关注或感到没有受到足够的重视时，就会用好看的玩具、漂亮的衣服或受到的奖励等来吸引大家的注意。另外，学生的模仿力和好奇心都很强，喜欢新鲜事物，和同学在一起时很容易产生从众心理。这些心理因素都会引发学生的攀比行为。

3. 如何正视学生的攀比行为

（1）根据实际情况引导学生的攀比内容。

学生之间攀比的内容多种多样，包括比谁的玩具更高级、谁穿的衣服更漂亮等。作为教师，应引导学生把攀比的对象转到好的特长与行为习惯上，如案例中教师的做法。另外，教师既要重视对学生良好习惯的培养，也要把学生的攀比与他们自己的兴趣结合起来，因为学生感兴趣的往往是自己擅长的方面，这样做有利于培养学生的自信心。

（2）制订目标，让学生的攀比更切合实际。

给学生制订攀比目标时，如果定得过高，不但会使学生产生畏难情绪和过大压力，而且会让学生失去信心，影响其攀比的兴趣，甚至影响到其性格的发展。因此，教师应该针对不同的学生制订不同的目标，要适合学生的实际能力，要给攀比的学生创造更多体验成功的机会。同时，教师也可以把长远的、较高的目标分割成一个个循序渐进的小目标，让学生在收获自信的同时也收获快乐。

（3）开阔学生心胸，为攀比找到合适的位置。

在教学实际中，用攀比来促进学生的进步只能作为一种辅助手段。如果学生的攀比心理膨胀到一定的程度，如只为得高分和好名次而学习，总是以超越别人为最大荣誉，其行为也将进入另一个误区。教师应从多方面培养学生的兴趣，开阔学生的心胸，让其了解比较是为了进步，而进步不只是为了与人比较，更重要的是为了增加自己的知识与才干。

（4）让学生学会和自己比，不断激励自己。

每个学生都是独一无二的，学生的个性、特点各有不同，不能单纯从某个方面去比较。教师不妨用学生的进步与他过去的不足比较，用他所取得的成绩来激励他自己。

（5）重能力比较，更重创造力比较，让学生全面发展。

分数和名次固然可以在某种程度上反映学生的智力水平，但不是绝对的。教师要鼓励学生去发现新问题或提出自己的构想，并将其灵活运用在生活中。教师对学生的评价要有发展性、持续性，不要局限在学习成绩的小框框里。另外，教师在平时应该多鼓励学生接纳自己，发挥自己的能力，在未来的生活中让学生有多元发展。

（6）教师要承认并尊重学生的独特性。

教师只有接纳学生，承认他们的不同，他们才会自信地将自己的差异性、独特性最完美地展现出来，从而走出攀比的阴影。

学生中存在一定的相互攀比行为是正常现象，因为学生都存在一定的好胜心理，但过分攀比会对学生的成长产生不利影响，尤其是物质上的相互攀比会给一些经济条件不好的家庭造成负担。另外，相互攀比还会影响学生的正常学习，可能造成同学间的隔阂。因此，教师应对学生的攀比行为进行有意识的引导，倡导勤俭节约，使学生用健康的心态为人处世。

（三）转化爱攀比的学生的策略

攀比其实是很正常的一种心态，有时候这种心态的存在反而可以促使学生去努力，比如努力考一所好学校、努力获得奖项，等等。关键是教师如何去把握，如何去正确引导学生。

1. 把攀比引向良性竞争

转化爱攀比的学生要突破传统的"比"的内涵，强调竞争意识的培养，就是在比较的基础上使学生超越自我，激发学习热情，从而推动个人的发展。由于竞争的排他性和严酷性等特点，良性竞争也很有可能转化为恶性竞争。因此，在将学生的攀比行为引向良性竞争的过程中，教师要注重培养学生正确的心态和良好的品德，使竞争良性发展。

2. 转移不合理的攀比兴奋点

学生的表现欲望都很强，都具有与人"比"的欲望。然而，出于年龄等原因，学生不能真正理解"比"的内涵，使得他们竞争的兴奋点容易发生倾斜，热衷于外在的、浅层的、暂时的攀比。作为教师，应该看到，学生有攀比心理，说明他们的内心有竞争的倾向或意识，想达到别人同样的水平或超越别人。因此，教师要抓住学生这种上进的心理，改变他们攀比物质消费的倾向，引导学生在学习、才能、良好习惯等方面进行攀比。

另外，随着学生认知能力的发展，他们的品德修养也在逐步提高，教师要引导学生的攀比内容向内在的、深层的、精神的、长久的方向发展，如比知识、比品格、比智慧、比奉献等。这类的比较能够促进学生健康成长。竞争的目的不在于比的过程或比的内容，而在于通过比较增进彼此间的沟通和理解，促进学生自我反思、自我完善、自我成长。

3. 实施快速有效的"反攀比"

学生在攀比的时候，最典型的理论就是"别人都有，所以我也应该有"。因此，别人买了新书包，我该有；别人买了名牌服装，我也应该有；别人有了新式玩具，我更应该有。这时，不管父母怎么解释，他们都难以理解，非要不可。这是因为学生的心理和行为受情绪控制，不能理解人的需要是受一定条件限制的。对于这样的学生，比较快速有效的办法是实行"反攀比"。教师可以用学生已经有的玩具、物品或特长来和别人比，让学生知道自己有的东西别人没有，自己有的专长别人也没有。

4. 引导学生保持一颗平常心

攀比之风在学生中间会愈演愈烈，很重要的一个原因是大部分的学生没有一颗平常心。在家长的溺爱以及一些错误信息的引导下，学生总以为自己是最好的、最强的，而且事事要与他人比高下。这些学生的嫉妒心强，见不得别人比自己优秀。因此，培养学生的平常心，对遏制学生的攀比心理有着重要的价值。

在引导学生保持一颗平常心的过程中，教师良好形象的树立是关键。首先，教师要在学生现阶段的成绩表现等问题上保持一颗平常心，降低对学生的预期，实事求是地帮助学生确定自己的人生目标。其次，教师要让学生学会爱和理解，教育和引导学生爱同学、爱自然、爱劳动，提高他们爱与感受爱的能力，在爱中体会生命的价值和意义。

另外，教师还应该教育学生理解他人、欣赏他人，学会沟通、谦让和合作，改善同学之间的人际关系，提高团结协作的能力。学生有了一颗平常心，减轻了心理负担，就能很容易地从平凡的生活中、从点滴的小事中发现快乐、感受快乐、创造快乐，从而走出攀比心理的阴影。

心理学认为，人的任何一个行为都有一定的心理基础，攀比也是如此。人是在不断与他人比较的过程中认识自己的，也是在与他人比较的过程中不断前进的。对于学生而言，比较是不可缺少的，也是不可避免的。但怎样使这种比较指向积极的方面，避免负面影响，这是每一位教师必须重视和深入思考的问题。

有嫉妒心理的学生的成长拐点
——找准较量的"靶子"，使学生在品学上竞争

（一）走进内心，深度把脉

各个年龄段的学生都普遍存在着嫉妒心理。嫉妒是由于别人胜过自己而产生的一种抵触情绪，是力图超越对方的企求得不到满足时产生的一种心理状态。嫉妒者因担心他人优于自己，而憎恨、迁怒于人。嫉妒是一种自然感情，每个人都会有嫉妒之心。但如果处理不当，嫉妒会使人变得冷漠、孤僻、阴沉，甚至影响人际关系。学生之间产生嫉妒的原因主要有以下几个方面。

1. 常以自我为中心易遭嫉妒

很多学生喜欢以自我为中心，当他们考试取得了好成绩，甚至是吃了什么特别的东西时，都要在同学面前炫耀一番，有时还会在教师或家长面前说那些比自己表现好的同学的坏话。低年龄段的学生，归属感刚刚形成，喜欢结成小团体，他们无论是嫉妒他人，还是表现自己，都是不加掩饰的，所以经常会因嫉妒产生一些矛盾冲突。

2. 因各种目的产生嫉妒

年龄稍长的学生，人生价值取向已基本形成，嫉妒他人的行为反映了其心理需求，他们希望实现自我人生价值，希望获得别人的认可。因此，同学之间会因为名誉、地位、金钱、友谊等方面的得失、差别发生冲突，使得不到的一方产生嫉妒心理。

有嫉妒心理的学生承受能力较差，经不起挫折，他们容不得甚至反对别人超过自己，对胜过自己的同学轻则蔑视、重则仇视，有的甚至不择手

有嫉妒心理的学生的成长拐点
——找准较量的"靶子",使学生在品学上竞争

段地攻击、报复对方。

对学生而言,嫉妒是一条啃噬心灵的毒蛇,会对他们造成一定的心理或身体伤害,主要表现为以下几个方面。

首先,不利于同学之间的正常交往。

嫉妒会使人心胸狭窄、目光短浅,时间久了,会恶化与同学之间的关系。嫉妒的突出表现就是中伤别人,损害别人的自尊心,打击别人的进步,而这些都不利于同学之间的正常交往。嫉妒心理在特定的条件下会外化为各种消极的情绪、情感和有害的行为,甚至造成一些令人痛心的局面。

其次,危害自己的身心健康。

嫉妒会潜移默化地磨灭学生奋发向上的锐气。倘若一名学生长期处于嫉妒的心理状态之中,就会在内心深处产生一种压抑感,给自己造成莫大的痛苦。正如巴尔扎克所说的,"嫉妒者所受的痛苦比任何人遭受的痛苦都大,因为自己的不幸和别人的幸福都会使他痛苦万分"。经常嫉妒别人的学生,会把大好的时光都花在对别人优势的贬低上,将自己的苦恼系在别人的成绩上,结果将自己原有的斗志也消磨殆尽了,只剩下无穷的烦恼和痛苦。

嫉妒心理不利于学生人格的完善和心智的发展,作为教师,必须及时予以矫正、正确引导。

(二)避实就虚,让长处转移嫉妒的视线

案例展示

小莉从小当班干部,各方面表现都很突出,于是她便形成了处处想争第一的求胜心态。上高中时,在紧张的学习之余,女生也开始打扮自己了。然而小莉长得又矮又胖,脸上还有许多青春痘,看到班上的那些"窈窕淑女",小莉的嫉妒心理日渐强烈,特别是对同宿舍的同学小颖。

小颖虽然学习没有小莉好,但长得很漂亮,再加上为人平和,所以备受男生的瞩目。于是,小莉便千方百计地排挤小颖,引起小颖和其他室友的不满,从而导致小莉跟舍友关系恶化。

不犯错误的学生不是好学生
——把错误变为成功教育的拐点

为了能变得像小颖那样苗条，小莉开始控制食量，吃减肥药，最终因营养不良、精神恍惚，导致学习成绩不断下滑。为此，小莉非常苦恼。

小莉的老师了解到情况以后，觉得事情比较严重，不及时处理的话，对小莉的学习和生活可能会造成很大的影响。为此，老师找小莉进行了一次长谈，并针对小莉学习成绩一直突出这一长处制订了扭转小莉嫉妒心理的措施。

首先，以长处进行自我暗示。

老师告诉小莉，"金无足赤，人无完人"，人各有所长，万事超人前、样样不服输是不现实的。老师让小莉仔细想想自己值得自豪的是什么，并使小莉相信虽然自己容貌不出众，但在其他方面做得很好。

当小莉说对自己的学习成绩一直以来还算满意时，老师立刻用赞赏的口吻说："对呀，这才是你的闪光点，你要紧紧抓住这一长处，不断开发自己的潜能，不断提高自身的素质，而不是去跟人比美。"小莉听了老师的话，似乎明白了一些，但还是有些犹豫。

老师紧接着说："爱美之心，人皆有之，让你一下改掉在意别人的美貌的心理是有点难度的，但你能否听老师的话，每当出现心理不平衡时就进行自我暗示，对自己说'没关系，我学习成绩比她好，以后我更要好好学习'。另外，你也可以在内心修为上让自己变得更美！"

小莉听了老师的话，表示自己有时也很反感自己的嫉妒心理，可就是控制不住自己。她说她可以按照老师的方法试试，希望能逐渐克服自己的嫉妒心理。

其次，制订目标，用真才实学赢得别人的尊重。

为了能让小莉更好地克制自己的嫉妒心理，不再过多计较容貌问题，老师让小莉对自己近期的学习做了详细的计划，明确在期中和期末自己想达到的学习目标。他告诉小莉，如今的社会是广阔的、多元的，三百六十行，行行出状元，所以要贯彻"扬长避短，突破一点"的原则。

后来老师还让小莉将培根曾经说过的一句话——"每一个埋头沉入自己事业的人是没有工夫去嫉妒别人的，能享有它的只能是闲人"写下来贴在床头。小莉这么做了，并开心地对老师说："我懂老师的意思。学生应该向着自己的目标努力学习，不断开拓成才的道路，以真才实学去实现自己的人生价值，同时赢得别人的尊重。"

有嫉妒心理的学生的成长拐点

——找准较量的"靶子",使学生在品学上竞争

最后,学会宽容,化嫉妒为动力。

老师为了进一步帮助小莉改掉嫉妒的毛病,要求小莉学会宽以待人。他告诉小莉"一花独放不是春,百花齐放春满园"的道理,容貌是天生的,不可更改,但学习上的进步和优越是人人可以做到的,如果只嫉妒别人天生的容貌,就会让自己的学习不断落后,到时候,美丽的容貌无法获得,学习上又失去了竞争力,那才真叫得不偿失。

在老师的开导下,小莉决心将这种无谓的嫉妒化为学习的动力,在学习上不断进步,用成绩赢得同学的喜爱。

小莉经过一段时间的努力,渐渐改变了自己的想法,不再去嫉妒小颖,与宿舍的同学也相处得越来越融洽了,而且她的长处变得更加明显。老师看到她的改变很开心,小莉自己也越来越自信。

反思拓展

案例中的事情是很多教师在日常管理和教学中经常遇到的,这是学生嫉妒心理的一种典型表现。王安石说:"嫉生于不胜。"嫉妒心就是当自我与他人比较时,发现自己在才能、名誉、地位或境遇等方面不如别人而产生的一种由羞愧、愤怒、怨恨等组成的复杂的情绪状态。

像小莉这样的学生,充满了青春活力,争强好胜,不服输,这本是无可厚非的事,应该成为他们进步的一个动因。但遗憾的是,有的学生就像小莉这样因容貌不如人而产生嫉妒心理,进而影响了自己的学习。还有更多的学生可能是因为一时遭受挫折,主观愿望在客观现实中得不到满足而产生嫉妒心理,如在学习上过于争强好胜反而屡屡受挫,嫉妒之心便油然而生。如果嫉妒心过重,得不到调节转化,就会给学生带来极大的心理负担,使他们容易对人对事持否定或排斥的态度,以偏概全,严重影响他们正常的学习和生活,并形成一种恶性循环。

就像案例中的小莉,虽然"爱美之心,人皆有之",但由于对美的过分追求,使得小莉跟室友关系紧张,并导致学习成绩下降,这是很不值得的。正如一位哲人所言:"嫉妒心强的人以恨人开始,以害己告终。"因此,帮助学生驱走心灵深处嫉妒的阴影,早日和嫉妒说"再见",对于每一位教师来说,都是一种责任。

嫉妒属于心理上的障碍,它并非生来就有,而是在后天一定条件下逐

渐形成的。因此，作为教师，应该主动帮助学生正确认识嫉妒心理的起因和危害，并通过不断努力教会学生在感情的激流中驾驭理智的风帆，学会真诚待人，从而逐渐消除这种心理障碍。

教师应努力寻求有嫉妒心理的学生的长处，使其成为转化嫉妒心重的学生的拐点，在以下几个方面加以引导。

1. 帮助学生客观地分析和评价自己

嫉妒心理的产生主要是因为主体不能客观、全面地认识自己。因此，要消除学生的嫉妒心理，教师首先要帮助他们客观地认识自己，学会发挥自己的长处。人贵有自知之明，心理尚未完全成熟的学生有时还不能清醒、正确地分析和认识自己。在心理辅导过程中，教师要引导学生不要把自己看得过高，要针对自己的条件和能力来确定切实的目标，不要好高骛远地去做一些自己做不到的事。

2. 加强思想道德教育，帮助学生明确人生目标

嫉妒心理受人的理想信念、人生观和价值观等因素的影响。因此，要消除学生的嫉妒心理，还应加强学生的思想道德教育，使其明确人生目标，并坚持不懈地通过努力奋斗去实现自己的目标。

如案例中的教师在对嫉妒别人长得漂亮的小莉进行辅导时，首先帮助她树立了这样的观念——内在的美才是真正的美，学生的主要任务是学习，所以要争取在学习上更出色。这样，小莉的注意力就集中到学习上来了，而不会一味地去嫉妒别人的美丽容貌。

当然，克服嫉妒心理并不是容易的事，所以教师不仅要鼓励学生坚持下去，对学生的引导也应持之以恒，这样才能帮学生逐渐消除嫉妒心理。

3. 培养学生宽容、平和的心态

嫉妒心理的形成与学生的性格也有很大的关系。一般来说，虚荣心强、好出风头的人容易产生嫉妒心理。作为学生，应当克服自私心理，为别人的进步而喜悦；应学会与人分享，并把别人的进步和优越当做自己的奋斗目标。比如，教师在辅导嫉妒别人比自己考得好的学生时，可以激励他们以更大的干劲迎接这种挑战，把嫉妒变成同学间学习上的合理竞争。

有嫉妒心理的学生的成长拐点
——找准较量的"靶子",使学生在品学上竞争

嫉妒,是学生健康成长和人际交往的大敌,教师应像案例中的教师一样,努力帮助学生学会自我调节,保持心理平衡,发现生活的美好之处,形成积极向上的心理状态。同时,教师应用"条条大路通罗马""天生我材必有用"等格言警句引导学生以坦然的心态面对人生,以宽容的态度包容一切,成长为一名身心健康的合格人才和祖国的建设者。

(三)遵循内省法则,让学生自悟、自省

案例展示

新学期开学已有一个月,班里开始举行班干部选举活动。廉老师收齐选票后,发现近一半的选票上都写着这样的话:"兰兰太自私,我不同意她担任班长。"

廉老师感到有些奇怪。兰兰学习好,表现非常优秀,在开学初担任临时班长的一个月内,她工作主动积极,以身作则,且表现出非凡的组织能力。是什么事情破坏了她在同学们心目中的形象呢?

廉老师到学生中间了解情况,学生都说是听芳芳这么说才跟着写的。芳芳也是班里一名很优秀的学生,成绩和兰兰不相上下。两人常把对方当做竞争对手,彼此关注对方的成绩,你追我赶,营造了班级的"比、学、赶、超"氛围。两人还住在一个宿舍,平时看起来也没什么矛盾。芳芳怎么会做出这样的事情呢?带着疑惑,廉老师把芳芳叫到办公室询问具体情况。

"嗯,是我说的。"芳芳对此直言不讳。

廉老师有些惊讶,迟疑了一下说:"为什么说兰兰自私呢?能跟老师具体聊聊吗?"

"上次布置宿舍文化活动时,我们一起挂彩绢,作为舍长的我当然要负责这件事,所以我要求大家从宿舍的东边挂起,但兰兰自作主张从自己的床头开始挂。我说她太自私,她却说'人不为己,天诛地灭'。这不是自私吗?"芳芳理直气壮地说。

"哦,是这样。好,你先回去吧。"廉老师并没有对此事做任何评价。

后来,廉老师又向兰兰求证此事,兰兰淡淡地笑着说道:"是有这么

不犯错误的学生不是好学生
——把错误变为成功教育的拐点

回事,但我当时只是随便说了一句气话。"

芳芳就因为兰兰的一句气话而到处宣扬她自私,这是因为她认识片面、言行偏激呢,还是另有原因?廉老师静下心来分析后,认为是芳芳的嫉妒心理促使其做出了这种事情。于是,廉老师再次把芳芳叫到了办公室。

芳芳来到办公室,当她看到桌子上摊开的同学们的选票后,低着头不敢正视廉老师的眼睛。廉老师猜想此时她的内心一定正在进行着激烈的斗争,所以并没有直接挑明,而是希望通过引导让她进行自我反省。

接下来,廉老师开始与她进行思想上的沟通:"芳芳,你说兰兰太自私,你可以向老师解释一下什么叫自私吗?"

芳芳喃喃地说:"就是私心太重,什么事情都是以自己为中心,根本不顾及别人,甚至损人利己……"

"兰兰是不是这样的人呢?在班级中她有没有做过什么损人利己的事情?"

芳芳沉默地摇了摇头。

"兰兰先从自己的床头开始挂彩绢是否干扰了别人或集体的活动?"

芳芳再次摇摇头。

"那么,这是不是自私?"

芳芳又摇了摇头。

"那你仅凭兰兰一句话,就断定她自私,还要在同学间宣扬。这样做对不对?"

芳芳低着头,紧咬着嘴唇,眼里闪着泪花,哽咽地说道:"老师,是我错了……"

廉老师沉默了一下,问:"进入学校后,在跟兰兰相处的过程中,你感觉愉快吗?"

芳芳突然抬起头,不服地说道:"我在初中一直是班长,可进入高中以后,老师您只让我担任了宿舍长。我想不通为什么您只想到让兰兰一个人当临时班长。我看见兰兰就感到心里不舒服,她好像总显得趾高气扬。我跟她说话总感觉不怎么投机,常觉得耳朵里充满她对我的讥笑、嘲讽……"

她终于说出了自己这样做的原因——嫉妒。

有嫉妒心理的学生的成长拐点

——找准较量的"靶子",使学生在品学上竞争

"芳芳,你知道吗?你这是嫉妒心理作祟。"说着,廉老师找出有关嫉妒心理与行为透视的资料让她自己阅读,让她分析自己嫉妒的表现和造成的危害。

芳芳看得很认真,她边看边深有感触地引用书中的话说:"嫉妒是为自己准备的屠刀,嫉妒是一条啃啮心灵的毒蛇。要不是老师及时指出,我真不知会发展到何种地步。"

接着,廉老师又和她一起探讨了一些提高自我修养的方法,如让芳芳通过读书提高认识水平,学会用理智驾驭情感;自觉地以周围一些善良、乐观、人缘好的同学为榜样;积极参加有益于身心健康的文体活动,通过这些活动培养积极向上、活泼开朗、与人为善的性格。

后来,芳芳确定了需经常训练的内省调节法。她先是搜集或自编一些防治嫉妒心理的警句作为毛笔字练习的内容,在自己的床头、书桌前贴一些警句作为座右铭。在此基础上,当自己因与他人比较感觉不如别人而心里不舒服、忌恨别人时,要求自己冷静下来,省察自己的心理,同时默默地提醒自己:"我不能让妒火在胸中燃烧,我应将损人害己的嫉妒心理转化为催促自己前进的美慕心理,我应取人之长、补己之短。"这样,逐步摆脱嫉妒的羁绊。

此外,为了帮助芳芳摆脱嫉妒心理,廉老师还努力营造"团结拼搏、友好竞争"的班级氛围,比如,举办各种比学习、比献爱心的活动,让学生在多种活动中开阔心胸、提高心理适应能力;建立班委竞选制与值日班长制相结合的班集体管理制度,尽量让每个学生都有展现特长和锻炼能力的机会。

两个星期后,廉老师再次约芳芳到办公室。这次芳芳不像上次那样低垂着头、目光游离了,而是微笑着向老师打招呼。廉老师看出她的心态已有了很大的转变。

芳芳将自己准备好的"作业"摊开给廉老师看,廉老师将她的毛笔字作品浏览了一遍,作品内容大多是芳芳自己写的警句,每一句都有深刻的含义。从中,廉老师看出芳芳对自己的嫉妒心理已进行了深刻的反省,对问题也有非常深刻的认识。

欣赏这些语句时,廉老师仍存有一丝疑惑:芳芳是否已真正化解了自己的嫉妒心理呢?于是,他又和芳芳进行了一次思想上的交流。

不犯错误的学生不是好学生
——把错误变为成功教育的拐点

"芳芳,你已经找到了消除嫉妒心理的好方法,是吗?"

芳芳似乎早有准备,不假思索地说道:"是的,'肯定平衡法'!"

"'肯定平衡法'?是不是指要多看到自己的长处,以求得一种心态平衡?"廉老师略带欣赏又有些疑惑地问。

"不全是。是要想'你好,我也好'!"

"哦,给老师讲讲。"

"就是既肯定别人的长处,也肯定自己的长处。别人有长处,我也有长处,各有所长。"

"为什么要这样想呢?"

"我故意贬低兰兰,可能是因为我对自己不够满意,觉得她的存在威胁到了我的存在。其实不然,她学习成绩好,我学习也不差,我应该加倍努力赶上去才对;她做班长有威信,我做宿舍长也可以有所作为;她唱歌、弹琴比我好,我绘画、写字在班上名列前茅……当我肯定别人的长处时,就会由衷地去欣赏别人的优点,也就不会用自己的长处去比别人的短处,也不会夜郎自大、自鸣得意,有意无意地去贬低别人而抬高自己了。"

"芳芳,你说得很好!肯定别人,是为了取长补短;肯定自己,是为了扬长避短。这样,自己就会保持乐观向上、积极进取的精神面貌,对吗?"

"对,就是这样!"芳芳高兴地点了点头。

此后,芳芳一边努力学习,一边发挥自己的特长。在担任值日班长时,她还向大家展示了自己主编的《同心桥》小报,向大家宣传珍惜友情、克服嫉妒心理等方面的知识。同时,她担任了黑板报编辑组的小组长,平时还主动对同学的书法练习进行指导。

作为女生宿舍长,她与班长兰兰在工作上相互配合,有时还邀请兰兰去家里做客。两人早已经成了好朋友。

反思拓展

案例中,芳芳因为兰兰说了一句"人不为己,天诛地灭",而认定其是自私自利的人,显然是偏激的。芳芳学习成绩优异,初中阶段曾一直担任班长职务,由此可见,她应该有比较高的认知评价能力,她若能理性思考问题,应该会对兰兰做出比较客观的评价。因此,她绝对不是因为认知

有嫉妒心理的学生的成长拐点

——找准较量的"靶子",使学生在品学上竞争

片面而出现偏激言行。那么,唯一的解释就是廉老师所判断的那样——芳芳存在嫉妒心理。

芳芳嫉妒兰兰能当临时班长,而自己却不能,因为她认为自己并不比兰兰差。于是,她借题发挥,蓄意中伤兰兰,以损害兰兰的名誉来维护自己的虚荣心。

其实,每个人都有一定的嫉妒心理,学生当然也不例外,只不过和一般的嫉妒相比,学生的嫉妒心理有一些明显的特征。

1. 层次基本相同

大部分学生与自己嫉妒的人往往处在同一层次上,或是同一班级,或是年龄、学识、家庭条件差不多,接受同样的教育,奋斗目标相似,如案例中的芳芳和兰兰。

2. 认识片面

嫉妒他人的学生不能正视别人的优点和长处,更意识不到自己与别人的差距,往往用自己的长处与别人的短处比较,而且自视甚高,目空一切,不懂得自我反省。

3. 态度不端正

有些学生看到别人成功比看到自己失败还要难受,只想战胜他人,"欣赏"别人的失败。在此心态的支配下,他们为取得教师的信任而恶意诽谤他人;对同学的求教漠然置之;有好资料、好书籍独自占有,不愿与人分享;考试时不择手段,甚至毁掉、偷走比自己成绩好的同学的学习资料、学习用品等。

4. 言行公开

学生大都比较直率,有话藏不住,而且不注意措辞,一旦嫉妒心理产生,就会寻找机会发泄,或冷嘲热讽,或公开诋毁,而双方因此形成的隔阂也很难消除。

美国心理学家艾里克森认为,青春期是一个自我认定的时期,青春期学生正是从这个时期开始发现自己的内心世界的。在此期间,他们喜欢同

周围的人进行比较，开始注意别人对自己的评价；与此同时，他们的自尊心也明显增强。但由于其身心发展的不成熟，他们最容易犯的错误就是自我评价过高、自尊心过强。如果引导不当，他们就会走入妄自尊大、唯我独尊的境地，变得越来越虚荣。这种唯我独尊、追求虚荣的心理很容易与尊重别人的心理产生冲突。当身边的人有了较大进步时，这种唯我独尊的心理就会急剧膨胀，嫉妒心理自然也就产生了。

（四）转化有嫉妒心理的学生的策略

大多数学生好胜心很强，这也是有上进心的一种表现，本无可厚非，但他们往往喜欢与别人比较，尤其是跟同龄人比较，这种攀比一旦过了"度"，事情就会转向它的对立面。严重的就表现为一种仇恨心理，即所谓的"嫉妒"。

学生是祖国的未来，他们的世界观、人生观、价值观都处于形成阶段，可塑性极强。针对这些特点，作为教师，应该积极寻找转化嫉妒学生的拐点，帮助他们克服嫉妒心理。

具体做法如下：

1. 剖析嫉妒之害，为学生指明进取之路

由于受年龄限制，学生整体思维水平不高，教师在教育实践中应多采用举例说明的方法，为学生剖析嫉妒之害，一方面列举陷于嫉妒深渊，做出诽谤、中伤，甚至伤害他人的行为，结果毁灭自己、葬送前途的反面典型，如因嫉妒而残害孙膑终遭灭亡的庞涓、嫉妒诸葛亮不成反被气死的周瑜等，使学生引以为戒；另一方面，列举能控制嫉妒之心从而获得巨大成就的正面典型，如"将相和"中的廉颇等，为学生树立学习的榜样，引导他们正确看待别人的进步，正确看待荣誉，正确认识自己的优缺点，取人之长，补己之短。

此外，教师还可组织学生摘录有关嫉妒的格言警句，如"嫉妒是亡身的毒蛇""嫉妒是一种比仇恨还强烈的恶劣情绪"等，并结合学生实际，采取多种形式帮助他们理解这些格言，净化心灵，使他们学会与他人友好相处。

2. 营造关爱氛围，化解学生嫉妒心理

低龄学生的起点基本相同，在学习和各种竞赛活动中形成的差距相对而言并不大，他们嫉妒的主要对象是教师偏爱的某些同学。因此，教师在教育过程中应该做到公正和公平，普施师恩，遍洒师爱，切不可厚此薄彼。不仅如此，教师还应该对那些暂时落后的学生多一些关心，多一些鼓励，并采取具体的措施，帮助他们总结经验教训，改进学习方法，彻底改变落后面貌，从而消除其嫉妒心理产生的根源。

心理学指出，一个人的心理发展有阶段性的特点。青春期学生的心理特点是热情好动、模仿性强、可塑性大、受环境的影响大、个性不够稳定。因此，教师要主动关心学生的生活（更多的是指学生的精神生活），培养学生健康的兴趣爱好，竭力抑制嫉妒心理对学生的侵扰，使其形成良好的个性心理。教师可以多组织学生参加各种课内外文体活动，适当调节学生紧张的学习生活，开阔学生的视野，培养学生乐观向上、豁达开朗的品质，从而抑制嫉妒心理对学生的不良影响。

3. 充分肯定成绩，强化学生进取心

在帮助落后学生进步的过程中，教师要充分肯定他们所取得的成绩，尤其是对那些落后程度比较严重的学生，更应该用"放大镜"去寻找他们的闪光点和细微的进步，及时地给予肯定、鼓励、赞扬。这样就能使他们重新点燃希望，获得克服缺点、发奋进取的勇气和自信。

美国著名心理学家亚伯拉罕·马斯洛认为：及时发现并充分肯定一个人所取得的成绩，能使他产生"最佳情绪体验"，即"感到强烈的喜悦、欣慰、幸福……还会对别人，对整个世界产生爱意，甚至会有一种要马上做点事作为回报的欲望"。因此，对于有嫉妒心理的落后学生来说，教师的表扬、肯定、奖励等手段往往具有更大的作用。

4. 倡导竞争合作，优化学生人际关系

竞争是个体或群体为充分实现自身的潜能，力争使自己的成绩超越对手的过程；合作是指群体为了共同目标而相互协助以完成某项任务的过程。在教育过程中，这两者是对立统一、相辅相成的。由于认识上的偏

颇，很多教师对学生更多地强调竞争意识，而忽略了合作的重要性。实际上这正是导致学生产生嫉妒等不良心理的一个重要因素。

因此，教师要帮助学生优化人际关系，在组织学生进行适量和适度的竞争活动的同时，必须强调、强化与之互补的合作。合作有助于学生发展良好的个性，增强集体凝聚力，形成和谐的学习气氛。公平的竞争和友好的合作是治愈嫉妒的良药。

5. 教给学生抑制嫉妒心理的小方法

（1）弱点展示法。

让学生把自己的某些弱点展示给对自己心存嫉妒的同学，这样可以缓解和消除对方的自卑感。除了暴露弱点外，被嫉妒者也可以巧妙地向心存嫉妒的同学请教一些难题，并真诚地与之交流，化解彼此的对立情绪，缓解嫉妒心理。

（2）"酸葡萄"式调节法。

要求学生个体对自身心理与行为进行调整，以保持内心平衡。如有的学生非常想参加绘画兴趣小组，但没被选上，那么这名学生有可能嫉妒被选上的同学，这时教师可以让这名学生这样安慰自己："没被选上也没关系，可能是绘画教师不喜欢我的绘画风格，只要我喜欢自己的画就行了。其实参加兴趣小组也没多大好处，说不定还会耽误学习呢！"这种"酸葡萄"式的精神安慰，在某种条件下不失为一种自我心理调节的好方法。

6. 分析具体情况，采用不同策略

学生个体之间存在着很大的差异，有的学生虚荣心、占有欲强，会更容易产生嫉妒心理。对不同学生，教师要分析其嫉妒心理产生的原因，采用以下一些不同的教育策略。

（1）对因虚荣心强而产生嫉妒心理的学生。

这类学生爱表现自己，过分关心别人对自己的评价。当别人取代自己的位置成为大家关注的焦点时，就会产生嫉妒心理。对于这类学生，教师要帮助他们正确剖析嫉妒心理产生的根源，化嫉妒心理为竞争意识。

（2）对因独占欲强而产生嫉妒心理的学生。

这类学生恨不得将所有的好事（荣誉、成绩、表扬等）都揽在自己身上，一旦他人有一点好事，自己内心就不舒服。对于这类学生，教师要教育他们面对现实，树立克服嫉妒心理的信心和决心。而预防和克服嫉妒心理最理想的方法，就是要使学生清醒地认识到在各个方面都超过他人是不可能的，所谓"金无足赤，人无完人"，一个人由于主客观条件的限制，不可能一切都顺利、事事都领先。让学生学会正确分析自己的具体情况，确定适当的目标。

（3）对因耽于幻想而产生嫉妒心理的学生。

这类学生发现别人比自己强时，不是努力去赶超别人，而是在想象中安慰自己。当现实无情地击破他们的幻想时，他们便会产生嫉妒心理。对于这类学生，教师应当告诉他们要摆正自己的位置，希望自己比别人强是一种良好的愿望，但更重要的是自己的努力，如果自己不努力，只一味嫉妒别人的成绩和进步，则只能让自己处于更落后的状态，永远无法超越别人。另外，教师一定要激发起这类学生的积极性，让他们真正参与竞争，积极面对挫折。

（4）对因幼稚、不成熟而产生嫉妒心理的学生。

这类学生的心理年龄仍处于儿童期，他们不能全面地看待问题，经常走极端，又不能从失败中吸取教训。当他们的愿望不能实现时，就会产生嫉妒心理。对于这类学生，教师要教会他们全面地看待问题，让他们学会面对挫折，永不放弃。

一般来说，大多数人都有嫉妒心，它是人类的一种普遍情绪。有的心理学家认为嫉妒源于人的一种本能——竞争，其本身具有一定的生物学意义。如果对贤能者不服气、不认输，并非坏事，因为不愿甘拜下风正是努力赶超的前提。

但嫉妒的心魔是可怕的，嫉妒心理的克服也不是一朝一夕可以做到的，它有待于每一位教师和学生的共同努力。作为教师，平时要多关注学生的心理和情绪，当发现他们有了一定的心理压力时，应及时对他们进行心理疏导，必要时求助心理医生。只有让学生的负面情绪得到及时有效的宣泄，才会让嫉妒心理的重压与痛苦远离他们。

不犯错误的学生不是好学生
——把错误变为成功教育的拐点

自负的学生的成长拐点
——就事论理，以理服人

（一）走进内心，深度把脉

相信自己，对自己有信心，这是一种健康、积极的心态，是一种自信的表现。但凡事都有个度，如果过分自信，就变成了自负。

自负是自信的过度膨胀，是骄傲的代名词。

1. 自负的表现

（1）自视过高，与他人关系疏远。

自负的学生会认为自己非常了不起，别人都不行；他们很少关心别人，与他人关系疏远；他们时时事事都从自己的利益出发，从不顾及别人；对人没有丝毫的热情，认为人人都应为他服务。

（2）固执己见，唯我独尊。

自负的学生总是固执己见，觉得自己永远正确；他们总是将自己的观点强加于人，即使明知别人正确时，也不愿意改变自己的态度或接受别人的观点；他们总爱抬高自己，贬低别人，把别人看得一无是处。

（3）过度防卫，有明显的嫉妒心理。

自负的学生都有过度的自我保护意识，当看到其他同学取得一些成绩时，他们的嫉妒之心便油然而生，极力去打击别人、排斥别人，同时，用"酸葡萄"理论来维持自己的心理平衡；当看到别人失败时，他们就会幸灾乐祸，不向别人提供任何有益的信息。

2. 自负的成因

(1) 认识上的原因。

自负的学生往往忽视自己的短处，夸大自己的长处，缺乏自知之明，对自己的能力和学识评价过高，对别人的能力和学识评价过低，久而久之，就会产生自负心理。

(2) 情感上的原因。

一些学生的自尊心特别强，为了保护这种自尊心，他们在挫折面前常常会产生两种自我保护心理：一种是自卑心理，通过自我隔绝，避免自尊心进一步受损；另一种就是自负心理，通过夸大自我，获得对自卑的补偿。例如，一些家庭经济条件不太好的学生，生怕被家庭经济条件优越的同学看不起，会在表面上摆出看不起这些同学的样子，这种自负心理是自尊心过分敏感的表现。

自负对人们的影响并不都是负面的，尤其对于学生来说，在适当的条件下，教师可以让他们化自负为自信，激发他们的斗志，使他们树立战胜困难的信念。这需要教师在正确看待学生"自负"的基础上，积极引导，使自负心理对学生行为产生正面的促进作用。

(二) 借挫折就事论理，让自傲回归自信

案例展示

徐德强，湖北省特级教师，模范班主任，襄阳市第五中学语文教研组组长。他说，自负的学生一般个性都比较独立，所以与他们沟通时一定要深入问题的实质，把道理说到点上，就事论理，引导他们改变偏激的看法，正确对待得与失。

在徐老师班上，有一个叫亮亮的学生。他在学校里是一个风云人物，学习成绩一直稳居年级前三名，数学和物理还拿过省里的奥林匹克竞赛奖；体育也不错，是市长跑冠军，在学校运动会上常见到他飒爽的英姿；文艺方面，他还弹得一手好钢琴。总之，不管在哪个方面，亮亮都很出色，不但他的父母逢人就夸他聪明，各科教师也都很喜欢他，见面就夸他

不犯错误的学生不是好学生

——把错误变为成功教育的拐点

是"小天才"。

过度的夸赞让亮亮飘飘然起来,他常在班上自诩"上知天文,下通地理,中间横扫一大片",乃"当代之凤雏、卧龙也",狂妄得不得了。上课时,如果班里其他同学回答错了问题,他就会发出"嗤"的一声,或干脆夸张地哈哈大笑,让回答问题的同学很尴尬。他还经常在一些课上找些稀奇古怪的问题来"拷问"老师,如果老师回答不上来或稍有迟疑,他就会露出一副得意的神情。

有一次,他不知从哪儿找了一道题来问徐老师,徐老师不明就里,很为他的求知精神感到高兴。当徐老师看到这道题时,觉得这道题确实有一定的难度,涉及很多文学知识。徐老师便带着歉意说:"你这个问题有点难度,老师考虑一下再告诉你好吗?"

"哦,老师,您也不会吗?"亮亮故作惊讶地问道。

徐老师笑了笑,刚要回答,却突然发现亮亮的嘴角流露出一丝狡黠,徐老师立刻明白了,亮亮根本不是真心来问问题的,而是来试探自己是否具有满腹才学的。

又有一次,徐老师课间时到班里巡视,看到班里一群学生围在一起吵闹。他以为有学生在打架,急忙走上前,结果却发现是亮亮在向大家炫耀自己的功绩:只见他将一个大号塑料袋"哗"地往桌上一倒,掉出来好多奖杯、奖牌、奖状,十分耀眼。

亮亮脸上露出一副得意扬扬的神情,说:"这是数学竞赛一等奖,这是作文大赛一等奖,这是市运动会长跑冠军……"他一个一个地拿起奖状自顾自地介绍着,"你们谁得过这么多奖?"

"亮亮,你在干什么?"徐老师走上前问道。

"哦,没什么。我只是让他们瞧瞧我的'战利品',免得他们说我吹牛,不配当班长。"亮亮满不在乎地说。

"谁让你说我们是'草包'的!"有个同学不满地向他嚷道。

"你们本来就是'草包',还不让人说!"亮亮立刻回敬道。

这就是亮亮的个性,受不了一点委屈,也不容别的同学说他不好,自信得有些过了头。

此后不久,学校一年一度的"故事节"到来了。"故事节"要举办一系列的活动,其中自编故事并集结出一本优秀的故事书是最吸引学生的活

自负的学生的成长拐点
——就事论理，以理服人

动。为了让自己的故事能够入选故事集，各班的学生都踊跃投稿。最后学校从中筛选出100篇写得比较精彩的故事集结成书出版。

其中，徐老师的班里有10名学生的故事入选，但亮亮的故事落选了。阅读课上，同学们兴高采烈地看着《优秀故事集锦》，兴奋地念着入选同学的名字，开心地笑着。

就在这时，亮亮夺过同桌的书"啪"的一声扔到了地上，旁边的同学立刻喊了起来。

徐老师这时注意到亮亮怒目圆睁、满脸通红。"亮亮，怎么回事？为什么把同学的书扔了？"徐老师尽力用平静的口气问他。亮亮不吭声，徐老师连问了两次都没反应。

"林林，怎么回事？"徐老师转身问他的同桌。

"老师，亮亮是气他写的故事没有入选！"林林一边把书捡回来，一边回答道。

"看看其他同学写的故事，有许多地方值得学习，大家要互相取长补短嘛。"徐老师对亮亮说道。

谁知，亮亮却一把抓住林林手上的书，使劲地把书撕了，用不屑的语气说："什么破故事？还让我学习！"

看着亮亮因为气愤而言行失控，徐老师也有些生气，但他并没有发火儿，而是尽力让自己平静下来，以平和的口气说道："大家先自己看书，亮亮，咱们到办公室谈谈吧！"

来到办公室，徐老师搬了把椅子，让亮亮坐下，同时握住他的手，亲切地说："亮亮，现在咱们静下心来聊一聊好吗？"

亮亮眼圈微红，默默地点了点头。

"老师知道你很聪明，也常常得奖，这次故事落选心里很不好受，这些老师都理解。但俗话说得好，'胜败乃兵家常事'，偶尔的一两次失误更能让人警醒，知道自己的不足，然后才能更有目的地前进，你说对不对？"徐老师开始有针对性地给他讲道理。

"可是我的故事写得很好啊！如果不好，选不上也就算了，但明明有些同学写得不如我，为什么他们的能被选上，而我的却没被选上呢？谁都知道我的作文是写得最好的，我还获过市青少年作文大赛一等奖呢！评委们的眼光是不是有问题啊？"亮亮嚣张的气焰又上来了，一口气说出了自

不犯错误的学生不是好学生
——把错误变为成功教育的拐点

己心中的不满。

"哦，是为这件事闹情绪呀！"

"我就是不服！没选上我的故事就是对我的侮辱！"

"侮辱"一词竟然都出来了，徐老师决定直奔主题："你知道这次你的故事为什么会落选吗？"

"当然是评委的眼光有问题，要不就是评选过程不公平！"亮亮嘟囔着。

"亮亮，自己失败了不要总把责任推到别人身上。现在咱们就分析分析这件事：每次故事评选都有一个标准，评委们都是老师，在作品优劣的把握上不会有很大的偏差。你的文笔确实不错，但可惜的是故事立意不高。除了情节怪诞离奇得没谱外，还宣扬了一种暴力，这是不适合学生读的。"

"我这是有想象力！我爸妈平时就常夸我有创新精神！"亮亮辩解道。

"不错，写文章确实需要创新精神，但你的'创新'是什么？宣扬暴力吗？你是不是受了暴力动画片的影响啊？"

亮亮低着头，不说话了。徐老师看出亮亮的自负心理已经有了一些松动，于是趁势继续说道："老师知道你很有创新精神，但我们的'创新'应该站在正面的角度，宣扬一种积极的主题，你说对不对？"亮亮点了点头。

徐老师继续说："今天你把同学的书扔到地上，还把它撕了；对老师吼叫，说话蛮横无理。你说这些是不是有些暴力？"

亮亮又不吱声了。

"每一件事情的发生都有一定的道理，我们要学会用客观的态度看待它，不能意气用事。你的故事写得不错，只要把那些暴力的情节删掉，再提高一下立意，我想如果把它寄到青少年科普杂志社，说不定能发表。"

"真的吗，老师？"听到这里，亮亮立刻来了精神，两眼发亮。

"当然，把故事好好修改一下，如果有什么不会的地方，可以来问老师。"

"老师，谢谢你！刚才扔书和撕书是我不对，也不应该向您发火，对不起，老师！"亮亮站起来诚恳地道歉。

"好了，老师原谅你，但不许有下次！你不是常自诩为当代'卧龙'

吗？但诸葛亮还有'大意失荆州'的时候，下次再有不如意的事，要先想想诸葛亮，要学会正确地对待得与失，这样你才是一个真正的好学生，才不愧为当代'卧龙'。还有，回去后要写一份检讨，向同学道歉，你把人家的书都撕坏了。"

"嗯，我知道了，老师。"亮亮挠了挠头，感到很不好意思。

放学后，徐老师和亮亮的父母取得了联系，把这件事原原本本告诉了他们，并建议他们晚上专门就这件事和亮亮讨论讨论，还特别嘱咐他们别再盲目地夸孩子有创新精神了。

后来，亮亮的故事经过修改，果真发表在了科普杂志上。而在家长和老师的努力下，亮亮也渐渐改掉了自负的毛病，学会了坦然地面对自己的失败。

反思拓展

亮亮的行为正是他自信过度膨胀的表现：瞧不起同学、故意刁难教师、炫耀自己获得的荣誉、故事落选后不服气……这些表现都说明亮亮很自负，而是自负。亮亮产生自负心理，与他的家庭教育和学校教育有直接的关系，主要原因如下：

1. 过度的优越感

优越感首先来自家庭。孩子聪明，这是父母求之不得的事情。从案例中可以看出，亮亮是一个非常聪明的孩子，所以父母非常喜爱他，时常夸奖他。时间一长，亮亮就自认为很聪明、很了不起。

其次，亮亮的智力突出，在各类竞赛中经常得奖，他也因此积攒了一些自负的资本。有了这些资本，他就更坚信自己是班里的"中流砥柱"。

再次，周围的人如亲友、教师对他的喜爱、赞扬，同学对他的认可、拥护都在一定程度上助长了他的自负。

2. 家长与教师的纵容

聪明的学生在家长、教师的眼里容易享受到一种待遇：放大优点，缩小缺点。家长对孩子的聪明沉迷于欣赏之中，疏忽了引导；教师也是对聪明的学生一味赞扬，无原则地纵容他们。比如，案例中，父母逢人就夸亮亮聪明，各科老师也都很喜欢亮亮，见面就夸他"小天才"，这些都容易让他产生过分自信的心理。

3. 片面的自我认识

案例中的亮亮就喜欢忽略自己的短处，夸大自己的长处，对自己的能力评价过高，对别人的能力评价过低。而当一个人只看到自己的优点而看不到自己的缺点时，往往会产生自负心理。自负的人往往好大喜功，取得一点小小的成绩就认为自己了不起，成功时完全归因于自己的主观努力，失败时则完全归咎于客观条件。这些学生过分自恋，以自我为中心，把自己的举手投足都看得与众不同。

从案例中可以看出，要避免学生产生自负心理，教师平时应注意以下几个方面：

1. 对学生的评价要客观

当某个学生有了进步时，教师只需适当地夸奖就可以了，而不要一味地在学生和其他教师面前夸赞。当组织活动时，教师眼里也不能只看到某一个学生，而要多给其他学生机会。

此外，教师还要与学生家长多沟通，告诫家长不要不切实际地吹捧自己的孩子，尤其不要在别人面前没完没了地表扬。家长的过度夸奖，极易使孩子产生自负心理。

2. 给予学生适当的批评

教师与家长批评孩子时也要恰如其分，既不能以偏概全，也不能对错误视而不见，要客观地指出孩子的不足，帮助他们正确地认识自己。

3. 给学生创造遭遇挫折的机会

经历些挫折可锻炼学生的心理承受能力，使他们不至于过分自信，经受不住任何打击。

4. 多给学生一些接触社会的机会

当学生看到外面纷繁复杂的世界，接触到比自己更优秀、更具专长的人，认识到"人外有人，天外有天"时，就不会为自己的一点成绩而自负了。因此，教师应该多鼓励学生出去走走，参加社会活动，看看外面精彩的世界，不要坐井观天、夜郎自大。

过分自信的学生个性都比较强，除了不轻易认错外，还总能找到维护自己的理由，很容易触犯教师的尊严，所以在教育过分自信的学生时，教师千万不要先被学生的自负言行激怒。教师如果不明白这一点，认为用强硬的态度就可制服他们，那只会造成师生对抗的局面，不仅不能解决问题，还会使问题严重化。因此，不管自负学生的言行如何出格，教师一定要先稳住自己，心平气和地处理问题。

（三）以退为进，激励学生戒骄戒躁

案例展示

在四川省泸州高级中学校优秀班主任王刚老师的班里，有一个叫小毅的男生，他性格开朗活泼，处事有主见，对待朋友很讲义气，深得班里一部分学生特别是男生的拥戴。再加上他学习成绩优秀，又是学校篮球队的队长，一系列的资本让他很自负，认为自己什么都是对的，有些瞧不起别人。

小毅虽然各方面都比较优秀，但他所在的寝室经常被扣分，而且很多时候都是他这个舍长造成的，因为他的床铺总是很乱。寝室多次排名靠后让自负的小毅很恼火，他不但不从自身找原因，反而认为是管理员对他们寝室不公平，对管理员很有意见。对于小毅的这种情绪，王老师曾给他讲道理，进行批评教育，但每次小毅都找各种理由为自己开脱，一副不屑一顾的样子。

有一天，王老师正在办公室里备课，忽然传达室来电话，说是寝室管理员请他马上到某男生宿舍。王老师很纳闷：这也不是我们班的男生宿舍啊！

带着满脑子的疑问，王老师匆忙来到寝室，推门一看，发现小毅正坐在一张下铺的床上，而寝室管理员则站在他面前在询问一些事情。小毅对管理员爱搭不理，非常没有礼貌。王老师马上问发生了什么事。

不犯错误的学生不是好学生

——把错误变为成功教育的拐点

管理员气愤地告诉王老师，他来查房间的时候发现小毅在别的寝室里，又看到有扑克，就问他们是不是打扑克了、扑克是谁的、为什么午休时间还在别人寝室里。谁知，对于管理员的询问，小毅的态度非常恶劣，还出言不逊。

王老师听完很生气，真想把小毅直接送到政教处算了，但最后他还是克制住了自己的情绪，因为他知道这样做不但于事无补，还有可能使矛盾激化。他太了解小毅的脾气了，来硬的肯定不行，硬碰硬只能是两败俱伤。

这时，小毅打算向王老师申辩，但王老师制止了他，把他带出了寝室。一路上，王老师没有说话，而是在思考怎么解决这件事情。来到一个草坪前，王老师停住了脚步，他看着小毅，足足盯了3分钟。开始还有些不以为然的小毅在王老师的注视下，变得不自然了，他的眼神开始躲闪。

这时，王老师开口问小毅今天发生了什么事情。小毅一撇嘴，强硬地说道："他自找的！不就是一个破寝室管理员吗？"

看到小毅这种态度，王老师意识到今天的谈话可能比较困难。但无论如何，一定要改掉他这种自负的坏毛病，否则再想找机会教育他就更困难了。王老师了解小毅爱冲动的脾气，这时候若对他进行严厉的批评可能只会适得其反，所以王老师决定一改以前讲道理、讲原则的教育方式，采用以退为进的方法。

王老师看着他，用温和的语气说："刚才究竟是怎么回事？我相信你会和我说实话的。"

王老师的这种谈话态度可能让小毅感到有点出乎意料，他惊讶地看着王老师。王老师以鼓励的语气继续说："说吧，老师相信你。"

小毅沉默了几秒钟，一改刚才那种不屑的表情，慢慢把事情的经过如实讲述了一遍。

原来小毅是到以前同学的寝室里借两本书，由于和同学聊得兴起，就忘了时间。当管理员开门进来检查的时候发现了他，又看到旁边有扑克，就记下了他的名字，并且问他扑克是谁的。小毅本身就对管理员有意见，所以他对管理员的问话没有理睬，态度比较差，于是两个人就争吵了起来。他告诉王老师，他确实没有玩扑克，也没有干别的坏事，只是在那里和同学聊了会儿天，还说管理员是故意针对他。

自负的学生的成长拐点
——就事论理，以理服人

王老师知道，这次采取以退为进的方法已经奏效了。毕竟小毅没有像以前那样狡辩，而是实话实说了。王老师决定乘胜追击，以信任的语气说："老师相信你说的话，但我想问你一个问题，你知道学校要求休息时间每位同学要在自己寝室里的规定吗？"

他明显有点理亏，小声地说："知道。"

"那你为什么还不回自己寝室呢？还有，你有没有用难听的话骂管理员呢？"

小毅的眼神有点飘忽，过了一会儿才低声说："有。"

王老师紧接着问："骂人对吗？"

"不对。"小毅小声地回答。

"是啊，你骂人就不对了。咱别的先不说，既然你对别人不尊重，别人也很难对你尊重，如果刚才老师不分青红皂白就批评你，就是对你的不尊重。尊重别人是我们待人处事最起码的要求。就像现在，如果我不尊重你，就可能一句都不啰唆，让你直接和家长到政教处等待处理。如果你不尊重我，就不会留下来和我交流，而是转身就走。真是那样，问题能很好地解决吗？"

小毅摇了摇头。

"还有，任何职务都不分高低贵贱，我们要尊重每个人的职业。"这时，王老师知道以小毅的脾气和悟性，自己不需要再多说，点到为止就可以了，就接着问了句："对于这件事，你准备怎么解决呢？"

小毅顿了一下，然后坚决地说："只要不让我向他道歉，什么都可以！"

小毅那倔强自负的脾气又在作怪了，王老师只好再次以退为进。

"老师知道你是比较懂事的，我相信你会处理好这件事！"王老师以激励的语气说。

小毅点了点头，没说什么。

第二天，王老师碰到寝室管理员，问小毅有没有向他道歉。管理员高兴地说已经来过了，而且小毅的态度很好。

王老师听后很高兴，回到教室后，对小毅勇于认错的行为进行了表扬。后来，小毅的自负态度渐渐有所转变，也不再那么瞧不起别人了。

不犯错误的学生不是好学生
——把错误变为成功教育的拐点

反思拓展

学习好、篮球棒……这种各方面都比较优秀的学生很容易产生自负心理，认为自己无所不能，做什么都是对的，不把别人的意见放在心上。案例中的小毅就是一个典型的例子。

对于小毅自负的表现，王老师没有像以前那样讲道理、讲原则，而是采用了以退为进的激励方法，即暂时把学生的错误放在一边，用欣赏的眼光去挖掘学生身上的闪光点，并以此为契机，引导学生主动认识错误，促使学生不断地完善自我。

当看到小毅嚣张无礼地对待寝室管理员时，王老师虽然很生气，但并没有当着众人的面批评他，而是默默地把他带出了寝室，来到一个僻静的地方与他谈心。王老师先以信任的态度告诉小毅，对于今天的事，老师相信他会实话实说的。这种信任让小毅放弃了辩解，老老实实地讲述了事情的经过。王老师又一点一点地深入问题，让他主动认识到自己的错误。最后，王老师语重心长地告诉小毅，要懂得尊重别人，因为只有你尊重别人，别人才会尊重你，激励小毅戒骄戒躁。这种心平气和的谈话方式对改变小毅的自负心理起到了很大的作用，使得他最终主动向寝室管理员道了歉。事后，王老师又适时对他进行表扬，使他向好的方面转化。

自负心理在一些相对优秀的学生身上普遍存在。自负的学生常常目中无人，喜欢发号施令，做自认为正确的事情，而往往不考虑后果。像案例中的小毅，认为自己什么都是对的，有些瞧不起别人。

自负的学生常以一种俯视的姿态对待同龄人，一旦这种优越感占据上风，他在学习、生活中就很难与同学融洽相处，而同学对他那种高高在上、目空一切的态度也会越来越反感。久而久之，同学就会对他敬而远之，他也会被孤立起来。

一个学生如果长期处于自负的心理状态下，就会迷失自己，或者用言行攻击别人，维护自己；或者有意进行一些破坏性活动，以引起别人的注意；或者一意孤行等……这些问题必须引起教师的充分重视。

作为教师，应该学习案例中的王老师，用以退为进的策略先平抑自负学生的心态，激励其发挥自身长处，学会与他人平等相处，从而避免让自负成为其人生道路上的绊脚石。

（四）转化自负的学生的策略

学生自以为了不起，过分自信，是自我认知缺陷的一种表现，如果教师不及时正确引导，极容易使他们聪明反被聪明误。当学生表现出自负的言行时，教师首先要了解引起学生出现自负言行的原因，并根据不同的原因，对症下药。

1. 从思维盲点入手，就事论理

教师对自负的学生进行教育时要就事论理。自负的学生一般个性都比较独立，他们对事情往往都有自己的想法，但因为阅历较浅，考虑问题较偏激和自我。在对他们进行教育时，教师应立足于事情的根本，从学生的思维盲点入手，引导他们跳出偏激与自我的怪圈来看自己的言行，让他们意识到自己的过激行为是错误的。

就事论理对因聪明而过分自信的学生比较有效。一是因为这些学生对教师大道理的说教不屑一顾，二是因为他们的领悟能力一般都比较好，一旦他们觉得教师说的是事实、有道理，他们就比较容易接受，也会对自己的行为有所反省。教师要注意的是，这种方法在公平民主的谈话氛围中运用比较好。

2. 协同家长，转变学生思维

有些学生的自负心理主要来自家长的盲目夸奖。这类自负的学生有时面对教师的教育，思想一时转不过弯来。这时，教师可协调家长进行共同教育。

教师要把学生的情况如实反映给家长，让家长参与这件事情，共同做好学生的思想工作，促使学生承认自己的错误，从而获得解决问题的转机。

3. 让学生学会接受批评

自负者的致命弱点是不愿意改变自己的态度或接受别人的观点。让他们接受批评，即是针对他们的这一特点提出的方法。它并不是让自负的学生完全服从于他人，只是要求他们能够接受别人的正确观点，改变过去固执己见的处事方式。

4. 让学生学会与人平等相处

自负的学生往往自视甚高，无论在观念上还是在行动上都会无理地要求别人服从自己。教师应要求自负的学生在日常学习生活中与其他同学平等交往。

5. 提高学生的自我认识

教师要让学生对自己有全面的认识，既要看到自己的优点和长处，又要看到自己的缺点和不足，不可一叶障目。因此，教师应教育学生公正客观地认识自我，把自己放到大环境中去接受考察，从而认识到生活在世上的每个人都有自己的独到之处，都有他人所不及的地方，同时又有不如人的地方，不能总拿自己的长处去与别人的短处比较，把别人看得一无是处。

6. 以发展的眼光看待自负

教师既要让学生看到自己的过去，又要让学生看到自己的现在和将来，让他们认识到，辉煌的过去可能标志着你曾经很优秀，但并不代表现在，更不代表将来。

自负的学生言行一般都比较偏激、执拗，自以为是，不会轻易认同别人的观点，特别是对那些空洞的说教更不以为然。因此，教师在对自负的学生进行教育时，要深入寻找问题的根源，搞清问题的实质，把道理说得明白透彻，这样才能让自负的学生心服口服，慢慢消除他们的自负心理，让他们成为人格健全的学生。

马虎的学生的成长拐点
——锁定心神，培养学生专注力

（一）走进内心，深度把脉

现实中，很多教师常为这样的问题苦恼：有一部分学生平时总是粗心大意、毛毛躁躁，每到考试时常因马虎而丢很多分，虽反复提醒警告，但他们马虎的毛病总改不了……

一些教师可能会认为，学习时马虎是性格造成的，等学生长大些懂事些，这个毛病就自然消失了。但事实上，学习马虎是典型的心理问题，常常会带来注意力不集中、责任心缺乏等一系列不良后果，最终将变成制约学生发展的严重障碍。

学习马虎的原因是多方面的，要帮助学生克服马虎的坏习惯，首先要找到马虎的原因。一般来说，学生学习马虎的原因主要有以下几方面。

1. 不良的心理暗示

大多做事马虎的学生，都受到过诸如"对于我的马虎行为，大家是乐于接纳的"之类的不良心理暗示。

2. 学习基础不扎实

学生经常因马虎犯同类错误，往往是由于他们在这部分知识方面基础薄弱，需要巩固这部分知识。

3. 学习态度不端正

有些学生马虎是因为态度不认真，对学习缺乏责任心，理解知识时囫囵吞枣，做作业更是凑合了事；而有些学生马虎是因为急脾气，干什么都心急，忙中出错；还有些学生的马虎已成习惯，干什么事都毛手毛脚、马马虎虎。

4. 注意力不集中

学生注意力不集中，也会犯马虎的错误。

5. 思维定式的影响

有些学生喜欢做难题，却常常出现"难题会做，简单题做错"的状况，这可能是这些学生的思维定式影响了他们对问题的思考，使他们在解简单题目时，容易套用复杂模板，把简单的问题复杂化。

6. 对所学内容不够熟悉

有些学生马虎是因为没有充分掌握所学内容，做题时顾此失彼，出现错误。研究表明，对习题特别生疏时不易马虎，因为还不会，学生会特别小心仔细；对习题非常熟练时也不易马虎，熟到不假思索就能做对，如很少有人把自己的名字写错，就是因为太熟了，马虎不了；不够熟悉时才容易出现马虎的现象，看着题目一点都不难，可实际上对相关知识掌握得不是特别好，思想上就容易麻痹，出现错误。

7. 考试时有焦虑情绪

有些学生因考试时心理负担过重，过分紧张，会做的题也会出错，这是焦虑情绪造成的。

造成学生学习马虎的原因有很多，教师应针对不同情况采取不同的措施。比如，对学习态度不认真的学生，应主要帮助其端正态度，使之认识到马虎的危害，改变其不认真的态度；对性格急躁的学生，要训练他们的性格，改变他们急躁的习性；对那些对知识不熟悉的学生，应督促其多加练习，使其熟练掌握知识；对考试焦虑的学生，应减轻其心理负担，不要让他们把分数看得过重；对学习习惯不好的学生，应矫正其不良习惯，培养其严肃认真的学习习惯；等等。

（二）从细微处着手，培养学生良好的学习习惯

案例展示

夏青峰，小学数学特级教师，江苏省江阴市华士实验学校副校长、国际部主任、党支部书记。他常说："细节成就精彩，细节彰显魅力，细节决定成败！"

夏老师不仅在教学上讲究细节，在教育马虎的学生时也是从细微处入手，培养他们良好的学习习惯。

小博是夏老师班里的一名学生，他聪明活泼，长得虎头虎脑，两只大眼睛忽闪忽闪的，非常可爱。他上课很认真，回答问题非常积极，表达能力也比较强。夏老师很喜欢这个聪明又爱学习的学生，上课时经常让他回答问题，小博每次都没有让夏老师失望。

按理说，看小博的表现，他的学习成绩应该很不错，可不知为什么，在几次数学小测验中他的成绩都只是刚刚及格。夏老师很纳闷，凭小博的能力足可以拿八九十分，怎么才拿这么点分数呢？于是，他将小博叫到了办公室。

"小博，这几次考试你的成绩都不太理想，想过为什么吗？"夏老师问道。

"唉，其实我都会，就是马虎，下次考试我一定认真，保证考个好成绩！"小博满不在乎地回答。

"好，老师相信你，下次看你的表现！"夏老师心想，也许他是真的没有发挥好，只要能掌握所学的知识，成绩并不是很重要，所以也没有过于深究。

过了几天，班里进行单元测试，结果小博的成绩又是刚及格，夏老师开始意识到问题的严重性。他仔细查看了小博的试卷，结果发现在扣掉的几十分当中，有2/3是因为马虎、粗心而丢掉的分数，如小数点点错位置、抄错数字、少写单位、少答一道题等，都是一些不该犯的错误。

不能再让他继续马虎下去了，否则将会影响他一辈子，夏老师心想。于是他再一次将小博请到了办公室，他没有责怪小博，而是问了一个问

不犯错误的学生不是好学生
——把错误变为成功教育的拐点

题："小博，你知道'马虎'这个词是怎么来的吗？"

"不知道。"小博心不在焉地回答。

"想知道吗？"夏老师微笑着问。

"嗯，想！"小博好奇地望着夏老师。

夏老师就给小博讲了这样一个故事：

传说在宋朝，京城开封有一个画家，此人画画很不认真，粗心得很。有一天，他画老虎，刚画完虎头，就听一个人说："请给我画一匹马。"于是他就在虎头下画了个马身子。那人说："你画的是马还是老虎？"这位画家说："管他呢，马马虎虎吧。"那位请他画马的人生气地说："这么凑合哪行，我不要了。"于是转身走了。

可画家毫不在意，还把这张画挂在自己家的墙上。他的大儿子看见了，问："您画的是什么？"他漫不经心地回答："是老虎。"二儿子看见了，问他："您画的是什么？"他却随口说："是马。"儿子们没见过真老虎、真马，于是信以为真，并牢牢地记在心里。

有一天，大儿子到城外打猎，遇见一匹马，误以为是老虎，上去一箭就把它射死了，画家只好赔偿马主人的损失。他的二儿子在野外碰上了老虎，却以为是马，迎过去要骑，结果被老虎咬死了。画家痛心极了，后悔自己办事不认真、太马虎，把那幅虎头马身的画给烧了。为了让后人吸取教训，他沉痛地写了一首打油诗："马虎图，马虎图，似马又似虎。长子依图射死马，次子依图喂了虎。草堂焚毁马虎图，奉劝诸君莫学吾。"

这诗虽然算不上好诗，但这教训实在是太深刻了，从此，"马虎"这个词就流传开了。

讲完故事，夏老师看了看听得很认真的小博，问："听完故事，你有什么感受？"

"没想到，马虎竟然这么可怕！"小博感叹道。

"是啊，马虎不仅是一种态度，也是一种习惯，如果不及时纠正，不但会影响学习成绩，将来还会在工作中造成不必要的损失。"夏老师见故事对小博有了一定的影响，便顺势接着说道："有个孩子从小便有马虎的坏习惯，后来长大了成为一名建筑师。一次，他在计算建筑用料时，在砖的数量后面多写了一个"0"，结果工地的砖多运了9倍，盖完楼又用汽车往回运。仅这一项就损失了几十万元。你说马虎可不可怕？"

马虎的学生的成长拐点
——锁定心神，培养学生专注力

"嗯，确实可怕。老师，我以后一定改掉马虎的毛病。"小博低着头羞愧地说。

"好，咱们从现在就开始改，我相信你会做到的。"说着，夏老师拿出了小博刚刚考完的单元试卷交给他，让他把试卷中因马虎做错的题目订正过来，再找出马虎的原因，并记录下来。

订正完错题后，夏老师又让小博准备一本"记错本"，随时把作业和考卷上的错题记在本子上，有时间就拿出来翻一翻。

后来，夏老师又和小博的父母取得了联系，让他们在家里积极帮助小博矫正马虎的毛病，不要总是帮他检查作业，应当让他学会自己检查作业，这样才能让他认识到马虎的危害，克服马虎的毛病。

此外，夏老师通过观察发现，小博在做练习或考试时，不喜欢用草稿本，不论数字多大都用口算。对此，他严肃地要求小博准备一个草稿本，写作业或考试时先把草稿本放在桌上，两位数或两位数以上的四则计算尽量在草稿本上算，不要口算。

在对小博进行数学辅导的过程中，夏老师还发现小博的基础知识掌握得不扎实，对有的概念理解得模棱两可。他指出了小博的这些缺点，提醒他要重视对基础知识的学习，在平时加强练习，打好基础，因为马虎与认识含糊不清也有关系。

一个学期后，小博基本上改掉了马虎的毛病，养成了做事认真仔细的好习惯，每次做完作业或试卷，他都会认真地检查几遍。因此，他的学习成绩也很快提了上来，成为班上的优秀学生。

反思拓展

从小博的考试试卷中我们可以很容易地看出，他是个典型的"马大哈"，聪明却不认真，不是小数点点错位置，就是抄错数字，做题很粗心。有些教师比较在意学生聪明不聪明，但对学生的马虎问题不怎么放在心上，总觉得"马虎没什么，只要下次注意就行了"。殊不知，这是一个很严重的问题，学生学习时经常马虎，不仅会让他们在考试时容易丢分，也会让他们养成做任何事都不认真的习惯。

在学习中，学生并非对所有的知识都会出现马虎现象，而是对那些既相似又不同的知识容易马虎，如数字"6"与"9"，拼音字母中的"p"和

"q",汉字中的"已"和"己"等。由于许多知识本身就有易混淆、不好区别的特点,也给学生的学习造成了一些困难。尤其是低年级的学生,他们通常观察事物不仔细,往往只注意明显的部分而忽视细节。另外,学生对注意的分配能力也较差,经常顾此失彼。因此,如果学生本身就不认真,粗枝大叶,教师再缺少引导,他们就容易因马虎而出现错误。

学生学习马虎更多的是因为他们的学习态度不认真。态度不认真的学生普遍对学习不感兴趣,上课不注意听讲,课后写作业敷衍,应付教师的检查,这就不可避免地在学习上出现失误。如果学生学习认真,教师教学得法,是能够减少或避免学生因马虎而出现的错误的。

据调查,学生容易马虎是因为他们对相关知识理解不透、掌握不牢。由于一些教师在教学时没有抓住知识的重点、难点,对易混淆的知识比较不够,导致学生理解不透,在做题和考试时出现失误。比如,语文教师在教汉字的时候,如果不能让学生理解"形"与"义"之间的联系,而让学生死记硬背,就可能会使学生感知模糊、理解不透、记忆不清。

此外,学生在学习上马虎还与心理定式有关。有些教师对学生的马虎现象缺少应有的重视,平时对学生缺乏引导和要求,致使学生没有认识到马虎的危害。久而久之,学生便养成了粗枝大叶、不求甚解的马虎习惯。

(三)强化心理意识,从根本上纠正马虎的毛病

案例展示

方老师是一名优秀的数学教师,他在纠正学生马虎的毛病上有着自己独特的策略。他认为,小学数学教学的一项重要任务就是培养学生的计算能力,这对进一步的数学学习有着十分重要的作用。不少学生在实际学习中,做计算题差错多,准确率较低。大多数教师都会把这种错误归咎于学生学习不认真,没有掌握知识点。其实不然,学生在计算中出现错误的原因是多方面的,其中粗心、马虎是主要原因,教师在教学中应该根据不同情况,采取不同的对策。

现象1:在计算中,学生把"5"写成"8",把"0.39"写成"0.93",把"+"写成"÷"等。

马虎的学生的成长拐点

——锁定心神，培养学生专注力

学生产生这种错误是因为"感知不准确"导致马虎造成的。感知是客观事物的整体或个别属性通过人的感官在人大脑中的直接反映。学生感知事物比较笼统，不够具体，往往只能注意到一些孤立的现象，不能看出事物之间的联系，因而对事物的感知缺乏整体性。因为对相关知识感知笼统，一些学生在计算时注意力不集中，急于求成，造成观察不仔细，结果形成对数字、运算符号等的感知错误。另外，他们抄写数字、符号时，不看准就马马虎虎地下笔，结果"驴唇不对马嘴"，出现抄上一行串到下一行的错误。

现象2：学生在计算可提取公因数的数学题时，出现这样的错误：$43 \times 54 + 43 \times 36 = 43 \times (54 + 36) = 43 \times 100 = 4300$。

这种错误是强信息干扰所产生的。强信息在大脑中留下的印象深刻，当遇到与强信息相似的外来信息时，原有的强信息痕迹便被激活，干扰了学生的正常思维。如 $43 \times 53 + 43 \times 36$ 这类题，在提取公因数后，其余两数相加一般是 10 或 100，这是一个强信息。受其干扰，学生就马虎地想当然地认为 $54 + 36 = 100$。又如 $25 \times 4 = 100$ 是一个强信息，很多学生在计算 24×5 时受到干扰而出现 $24 \times 5 = 100$ 的错误。尤其是在特殊数据的刺激下，学生简便凑整的想法掩盖了运算顺序在头脑中的概念，引起错觉，如在计算 $275 - 275 \div 5$ 时，易出现 $275 - 275 \div 5 = 0$ 的错误。

现象3：在计算如 546×34 这样的题时，学生在竖式中把乘数 546 抄成了 456；在用竖式计算完 $207 \div 42 = 4 \cdots\cdots 39$ 时，横式上却写成了 $207 \div 42 = 4$，忘记了写余数 39；学习中强化了 $14 \times 38 + 86 \times 38 = 100 \times 38 = 3800$，将题目中的加号改为乘号后，仍会写成 $14 \times 38 \times 86 \times 38 = (14 + 86) \times 38$。

这些错误是由于学生注意力不集中导致马虎所造成的。注意是指心理活动对一定对象的指向与集中，也就是说，当人们的心理活动有选择地指向一个对象时，就是注意。而学生在注意的广度、稳定性、转移和分配上发展都很不完善。他们在观察题中抽象的数字、运算符号时往往只注意到一些孤立的现象，不能看出它们之间的联系，对事物缺乏整体观察，而且注意力集中的时间也很短暂，所以常犯抄错数字、写错符号以及漏写数字等错误。

现象4：在计算混合运算题时马虎，如 $1000 \div 25 \times 4 = 1000 \div 100 = 10$。

不犯错误的学生不是好学生
——把错误变为成功教育的拐点

学生这种马虎现象可以说是受到了负迁移的影响。就小学数学的学习而言，迁移主要是指先前学习的知识、技能对后来学习新知识所产生的推动作用，称为正迁移；如果已有的知识技能对学习新知识技能产生干扰，称为负迁移。如计算 $1000÷25×4$ 这道题时，正确的运算顺序应该是从左到右，但由于学生对 $25×4＝100$ 非常熟悉，就会错误地先计算 $25×4＝100$，后计算 $1000÷100＝10$，这就造成学生在运算顺序上的错误。

现象5：在进行退位减法的计算时，学生经常会马虎，如前一位退了1，忘了减1；同样，做进位加法题时又忘了进位，还有不用进位的却进了。特别是学生在做连续进位的加法、连续退位的减法练习题时，漏写加减的马虎现象较多。

这些错误都是由记忆不准确造成的。因为学生的记忆力还不成熟、记忆系统不够完善，所以在计算时常常会犯漏写的错误。

反思拓展

方老师认为，由于马虎屡屡出现计算错误是学生练习时普遍存在的一个问题。例如，案例中提到的不是看错数字，就是写错数字；不是抄错符号，就是漏写符号；或是加法忘了进位，减法忘了退位；把加法当减法做，把乘法做成了除法。方老师在教学实践中发现，除了教材、教学方面的原因外，学生的粗心大意与学生的心理因素也有着密切的关系。

1. 感知事物缺乏整体性

学生对事物的感知比较笼统、不具体，往往只注意到一些孤立的现象，看不出事物间的联系，因而头脑中留下的印象缺乏整体性。学生在进行计算时，常常会感知不全面，容易混淆相似、相近的数据或符号，造成差错。如将"$36÷9$"看作"$63÷9$"，将"$54＋5$"看作"$45＋5$"，等等。

2. 注意力不集中，容易分心

学生的注意以无意注意为主，特点是不稳定、不持久、范围不广，所以学生易被无关因素吸引而分心。在计算过程中，学生既要看，又要算，还要写，需要经常转移注意力，把注意力同时分配到不同的对象上，但学生注意范围不宽，要求他们在同一时间内把注意分配到两个或两个以上的对象上时，他们往往会顾此失彼，丢三落四，造成计算失误。例如，1/3－1/3和1/3×3的计算题，约有99%的学生能算准确；而把两题合起来时，1/3－1/3×1/3，有不少学生就会马虎地先算1/3－1/3而造成错误。

3. 思维定式的消极作用

以往的经验可以使学生运用已掌握的方法迅速解决与旧知识相关的问题，但是经常运用旧知识，则会形成思维定式，形成思维的障碍，对思维发展产生消极影响。消极的思维定式往往会影响学生对运算概念、法则、性质的正确理解，使他们马虎地认为"那就是这样的"，导致计算出错。如学生在初学小数乘法时，许多学生受小数加减法的影响，列竖式时把小数点对齐，而不是末位对齐，从而导致计算错误。

4. 情感因素的不良影响

急于求成的心理往往导致学生出现错误。当计算数目小、算式简单时，轻敌的思想会使学生产生一种亢奋而又松弛的心态，往往会造成马虎。当计算数目大、算式复杂时，学生的烦躁不安也会导致大意。也有学生在解题过程中百思不得其解，一旦顿悟，兴奋冲动，导致暂时性遗忘，忽视必要的检查，出现计算失误。如有的学生受到"简便计算"等强刺激作用，在大脑神经中枢形成兴奋中心，造成计算错误，如计算125×8÷125×8时，有的学生会出现这样的错误：125×8÷125×8＝1000÷1000＝1。

对于学生因心理障碍而出现的马虎现象，方老师经过实践，总结出了一些让学生克服心理障碍的策略。

1. 强化学生的首次感知

教师为学生提供准确、鲜明、生动的首次感知材料，扩大对象与背景的差异，突出概念的本质，努力调动学生的多种感官积极参与首次认识活动。如用彩色笔强化重点；以教师的重音刺激学生的听觉；对于那些容易混淆的数字与符号，如"6"与"9"、"＋"与"×"等，要提醒学生充分注意，从而达到强化首次感知的目的。

2. 培养学生的有意注意

学生的注意往往以无意注意为主,且注意的品质较差,所以学生在做不感兴趣而非做不可的作业时,注意力易分散。为使学生的注意力有意识地集中并保持,教师应要求学生计算时从审题、计算到书写,一气呵成,不东张西望、左顾右盼;同时,教师还可改变计算题的出示方法,如口算题的出示,将以往看一题算一题的方式改为先看一下题卡,然后马上收回卡片,再让学生报出答案,从而提高训练强度,强化其有意注意。

3. 帮助学生排除思维定式的干扰

在教学中,教师要把新知与旧知进行充分比较,以突出新旧知识之间的不同点和相同点,这样有利于把新知识纳入原有知识结构中,使原有知识结构得到完善,能有效防止因思维定式而出现的马虎现象。在实际教学中,教师还要经常变换练习形式,避免刻板、机械、单一的练习,拓宽学生灵活解题的思路。

4. 培养学生良好的学习习惯

学生具有良好的学习习惯是提高计算正确率的保证。要学生养成细心、认真计算的良好习惯,在计算教学中,教师可以要求学生做到以下四点。

(1) 书写规范,包括草稿上所列的竖式也要条理清楚;

(2) 看清数据、运算符号,明确运算法则;

(3) 仔细研究算式特点,想想可否利用运算规律、性质进行简便计算;

(4) 自觉检验,发现错误及时纠正。

因心理障碍造成马虎也是学生自己深恶痛绝的"痼疾",这样的马虎情况的出现,很多时候学生并不自知。马虎的毛病耗费学生的学习时间,干扰学生的学习,降低了学生的学习成绩。对此,教师应给予高度重视,可以借鉴案例中方老师的方法,进行有效防治,帮助学生克服此类毛病。

（四）转化马虎的学生的策略

学习马虎、粗心，是学生中存在的一种普遍现象，常常令教师感到束手无策。马虎、粗心看似是小毛病，但会给学生今后的学习、生活带来不必要的麻烦。教师应如何帮助学生改掉马虎的毛病呢？

1. 提高教学艺术，加强学生对知识的理解和记忆

教师要想使学生深入理解知识，正确区别容易混淆的知识，就必须提高自身的教学艺术。

比如，有一位语文教师在教学中写汉字"恭"时，为了使这个字给学生留下深刻的印象，他故意将"恭"字的下面少写一点，要求学生仔细观察，判断此字是否有误，然后再用红笔在此字下面添上鲜红的一点。这种色彩对比的运用，形成了强烈的视觉刺激，使学生在首次感知中就获得准确、生动、鲜明的印象，以后学生遇到这一类型的字，就可以尽量避免错误。

而对于学生容易混淆的知识，教师在教学时应注意用对比的方法加以区别。例如，汉字"荼"与"茶"，教师让学生区别这两个字时，应把相同的部分掩盖起来，突出不同的部分，就便于学生记忆了。

2. 为学生树立严谨治学的榜样

"其身正，不令而行；其身不正，虽令不从。"教师要求学生学习时不能马虎，首先自己应当有严谨、认真的治学态度。如果教师要求学生是一个样，而自己做的又是另一个样——做事马马虎虎，板书和作业批改丢三落四，那么学生也就不能心悦诚服地接受帮助和教育。因此，教师应给学生做出榜样，用自己严谨的治学态度来影响学生，使他们受到榜样的影响。

3. 提高学生对马虎危害性的认识

有些学生对马虎的危害性没有清醒的认识，认为马虎没关系，只是小事。有的教师对学生学习、做事马虎的情况也不重视，认为只要学生聪明

就行，马虎点没关系。这些想法都是错误的，教师应该让学生认识到马虎的危害，使他们从内心产生抵制马虎的意识。提高学生的认识，可以采取以下的做法。

（1）给学生讲有关马虎的故事，如给学生讲类似案例中的那种具有教育意义的故事。教师可以多找一些类似的故事，或自编一些故事来教育学生。形象生动的故事可以使学生在不知不觉中受到教育。

（2）讲科学研究及生产中因马虎所造成重大损失的事例，如案例中建筑师那样的故事，让学生通过现实教训认识到马虎的危害。如果宇航专家马虎，一个数据写错就可能造成上亿元的损失；如果工厂生产原料比例搞错，将会造成产品质量的大问题；如果农业上农药浓度搞错，就会使人中毒，使庄稼颗粒无收；如果医生马虎，给病人开错了药，就会危及人的生命；等等。

（3）讲述在学习中马虎所造成的危害。可以让学生结合自身体会讲，如因马虎在考试中失利。教师可以举例，如有的学生在高考中因马虎落榜、没有考上重点学校。

4. 提高学生的自检能力

有些家长怕孩子写作业出错，天天给孩子检查作业，这样做的结果是孩子养成了依赖家长的习惯，以为自己马虎点也没关系，反正有家长给检查呢。家长给学生检查作业，结果往往助长了学生不负责任、马虎的坏习惯。

因此，教师应积极与家长沟通，让家长对学生作业放手，提高学生的自检能力。如果家长不放心，可先让孩子自己检查，再帮孩子检查。家长发现了错误，不要直接告诉孩子哪里错了，而要说"你的作业里有错误，再去检查"。让他自己找出错在哪儿。久而久之，学生不但能提高自检能力，还能养成认真的好习惯。

同时，教师要教给学生自己检查作业的方法：

（1）正向检查法。这种方法是从审题开始，一步一步地检查，看原题是否看准了，有无错误理解；题目中已知条件是否都用上了，运用的概念、公式是否正确；计算是否准确；格式是否标准，等等。

（2）反向检查法。这种方法是从答案往回检查，用相反的计算验算。

如用减法验算加法、用除法验算乘法、用代入法验算方程等。

（3）重做法。把题迅速重做一遍，看看两次结果是否一样。如果不一样，就对比一下，分析错误在哪一步，是什么原因造成的，然后更正过来。

检查时要让学生根据不同的题目采取不同的方法。学生若能经常进行自我检查，就会熟练地掌握检查的方法，到考试时也能应用自如。

5. 帮助学生编一本"错题集"

学生学习马虎，经常出错，但对错误又不认真分析，很难吸取教训。很多学生改错题时，并不是找错在哪里、错的原因，只是把错题从头到尾再做一遍，对了完事，这样改错题实效不大。为了引起学生对错题的重视，教师可以帮助学生做一本"错题集"，具体做法如下。

（1）建立"错误档案"。让学生把作业、考试中的所有错题原封不动地抄在"错题集"上，留下"错误档案"。

（2）给错误画标记。让学生认真检查自己做的题错在什么地方，并用红笔在错误处画上横线。

（3）写明错误原因。让学生找出错误原因并写下来，要写具体，是概念不清还是用错公式，是没弄懂题还是计算马虎。因马虎出错的地方也不要只写"马虎"两个字，要写清怎么马虎的，是把"＋"号抄成了"－"号，还是把"3"抄成"5"了，越具体越好。

（4）改正错误，写出正确答案。

"错题集"可以先把学生的错题集中起来，到一定阶段教师可以组织学生做统计，统计因马虎而做错的题占错题的比例是多少，这时再教育才有利于学生正确认识马虎的危害。"错题集"可以使学生及时改正错题并找出原因，及时总结经验教训；"错题集"的"错误档案"便于教师分析学生的问题，进行有针对性的教学；同时，"错题集"还是一本好的复习资料，平时经常翻翻，可以提醒学生不要重犯"错题集"上的错误，到期末时学生重点复习"错题集"上的题，可以加强对薄弱环节的训练，使"错题集"成为一本参考书。

6. 教给学生审题技巧

不少学生学习成绩不好，并不是因为不聪明，而是因为对待学习过于

不犯错误的学生不是好学生
——把错误变为成功教育的拐点

粗心,教师和家长都会为这样的学生感到可惜,于是让学生大量做题,以为题做多了学生就能熟练,就会克服马虎粗心的毛病。可是题做得越多,错题就越多,马虎的毛病不但没有改,反而更加严重。殊不知,学生的粗心主要不在于做题,而在于审题。

那教师应该怎样做呢?

(1)让学生学会读题。对于因审题不清而出现错误的学生,教师首先应让学生把题读懂,看看题目给了什么条件,问的是什么。

(2)看看题里有什么埋伏。考试中的题往往涉及学生容易错的、容易混淆的知识,也就是说题里会打个"埋伏",这个"埋伏"对于马虎的学生来说是大敌。如果学生每次做题都认真审题,看看可能有什么"埋伏",就不会轻易上当。另外,认真审题还有一个好处,就是能使学生静下心来,克服急躁的毛病。

7. 用鼓励调动学生克服马虎的积极性

如果马虎的学生在考试中取得了好成绩时,教师要及时给予鼓励,使学生看到自己的进步,树立克服马虎的信心。

学生学习马虎是很正常的现象,但改正需要时间,教师不能操之过急,需耐心引导,逐步培养学生认真细致的学习习惯。叶圣陶曾说过:"教育就是培养习惯。"只要教师遇事多动脑、勤思考,根据学生的实际情况,采取相应的措施,坚持一段时间,学生自然会从"马虎王国"里走出来。

不做作业的学生的成长拐点
——尊重差异，分层布置

（一）走进内心，深度把脉

作业是教学的基本环节，有助于学生对所学知识的巩固、深化，有助于他们技能、智力的发展，是提高学生素质的重要载体。但传统的作业布置，往往要求学生在一定的时间内完成同一内容，期望达到同一目标，忽视了学生的个性特点，使得学生不做作业的现象屡见不鲜。

经常不做作业的学生大部分属于学习成绩比较差的，有些学生可能是基础差，不会做；有些学生可能很聪明，但不爱学习，干脆不写作业。但也有成绩好的学生经常不做作业的，他们有的可能觉得自己学习好，没有必要写作业，觉得写作业太浪费时间，这种学生一般来说都比较自负。

具体来说，学生不做作业主要有以下几点原因。

1. 整个教育环境使然

当下教育大环境是学生不做作业存在的客观原因：作业难度大，学生不会做；作业数量多，学生写不完。

2. 学生对学习不感兴趣

思想支配行动，一般来说，对学习不感兴趣，或讨厌学习的学生都不爱写作业。但学生若不写作业，所学的知识就不能得到巩固和强化，学习成绩也会越来越差，这样就会形成恶性循环。

3. 学生不能合理安排课余时间

有些学生贪玩，比如，放学了就去踢球，直到天黑才回家，把课余时间都用在体育运动上。虽说多运动是好事，但无节制的玩耍一定会影响学习。

学生的课余时间除了用于休息和娱乐，还要完成作业，而学生之间成绩的差距可能就是在这短短的课余时间里形成的。随着年级的升高，学生所学的知识会逐渐增多，如果不利用课余时间加以巩固，就不能消化、理解课内学习的知识，学习成绩就会逐渐下降。

4. 学生没有养成良好的学习习惯

从小培养学生良好的学习习惯是非常重要的。从学生入学开始，教师就应有意识地安排学生利用课余时间进行复习和预习，使学生逐渐养成认真完成作业的习惯。

有些学生从小娇生惯养，无拘无束，他们把课余时间全部用在娱乐和休息上。上学后，他们的心理年龄还停留在学龄前，"完成家庭作业"一时难以成为他们的自觉行为。

5. 教师的教育方法过于简单

面对不做作业的学生，很多教师教育学生的方法不外乎两种：要不找家长；要不就是让其留校补作业。

让家长配合教育学生的方法本来是正确的，但对很多学生已经起不了作用了。因为如今的家长大都溺爱孩子，在孩子的心中没有威信。另外，学生有可能讨厌教师向家长打"小报告"。因此，这种方法很多时候不但起不到教育的作用，还会让学生产生逆反心理，反感教师，更不利于他们完成作业。

至于留校补作业，这看起来像是一种惩罚，但在一定条件下可能会转变成"奖励"。教育心理学研究表明，如果教师对学生的某一种行为过多地表示关注和不满，那么学生的这种行为反而会持续下去，并且发生的频率会增加。因此，经常让学生留校补作业，从某种程度上来说，就是对学生不做作业行为给予了"奖励"，那他们的这种行为就有可能持续下去。

发展性教学理论认为差异是一种资源。因此，虽然学生不做作业的原因千差万别，但教师只要把握住"学生是有差异的"这一要点，在教学中尝试实施作业的分层布置，对作业量、作业难度和作业方式做适当的调整，力争让每个学生在适合自己的作业中都获得成就，获得轻松、愉快、满足的心理体验，就能将学生不做作业的行为消灭在萌芽中。

（二）分开层次，认真对待

案例展示

李永珍，湖北省武昌市水果湖第二小学的教师，湖北省特级教师。李老师不仅在教学上有出色的成绩，在教育不做作业的学生方面也有自己独特的方法。

有一年开学，李老师接了一个新班。据原来的班主任介绍，这个班有个叫小伟的学生，数学成绩很差，连续两个学期的期末考试成绩都是年级倒数第一。他从来不写作业，每天放学不是踢球就是上网。为此，老师多次找小伟的家长沟通，但家长也毫无办法。于是，老师便经常让他留校补作业，但这样的惩罚也并不奏效。

开学后第一次布置作业，课代表就向李老师汇报："老师，小伟没写作业！"

李老师把小伟叫到办公室，亲切地问道："能告诉老师为什么没写作业吗？"

"我昨天晚上病了，没法写。"小伟眨眨眼睛说。

虽然知道他在撒谎，但李老师仍决定顺着他的话说下去，因为她明白批评没有任何效果。于是，李老师问："今天身体好些了吗？"

"好了。"

李老师立刻接口说："那今天把作业补上好吗？"

"好。"小伟点点头。

结果在放学前，小伟真的把作业补上了。李老师顺势表扬了他几句，并半开玩笑地说："今天晚上可不要再病了。"小伟笑了笑，明白了李老师话里的意思。

第二天，小伟按时把作业交上了。但在这之后，他又开始不做作业了。

有一天放学后，李老师布置了几道练习题，以让学生巩固白天所学的

不犯错误的学生不是好学生
——把错误变为成功教育的拐点

知识,并明确要求:作业量少,但要保证质量。李老师还要求学生在第二天早自修时把作业交给小组长检查,小组长在进行大致的检查后,要在完成得比较认真的作业本上打个五角星。同时,李老师还告诉全班同学,第二天下午最后一节作业整理课上,她要对这些题做讲解分析。

到了次日下午的作业整理课,李老师来到教室进行分析讲解。当她问到谁认真完成了作业时,绝大部分学生都把手举得高高的。但李老师发现,小伟把头埋得很低,以躲避老师的目光。李老师心里很明白这是怎么一回事,但并没有作声,只是看了他一眼。

李老师并没有对小伟提出批评,因为她深知此时小伟已经做好了充分的准备:勇于承认错误,但事后还是我行我素!李老师决定通过集体的力量来唤醒他"麻木的心灵"。

于是,李老师平和地对学生说:"老师现在想请大家暂时等一等小伟同学,让他继续检查和修改作业,直到他的作业能够通过小组长的检查为止。"

学生对李老师这一反常态的举动都感到很惊讶,小伟更是丈二和尚摸不着头脑,不知李老师的葫芦里卖的是什么药。

李老师接着说:"但是,老师有个条件——小伟同学,因为你这项任务本来应该在昨天完成,那么现在的时间就算是老师'借'给你的。谁都知道,借了东西要及时归还,你在放学后就要把时间及时还给我和同学们,也就是说,你现在做作业花了多少时间,我们在课后就要一起再上多少时间的课。"

就这样,小伟开始补他的作业并检查、修改。他不时抬头看看挂在墙上的钟,只恨时间过得太快。而其他同学看他一时半会儿也完成不了作业,就干脆做起自己的事情来:预习下一课课文,阅读课外书籍……

时间在一分一秒地流逝,小伟从来都没觉得时间过得如此快过,尽管听不到同学们一句抱怨声,但是他明显得越来越焦急,丝毫没有平日写作业时的懒散与随便。这可能是他有生以来写作业最投入、最认真的一次。

等到小伟的作业全部写完,时间已经过了25分钟。按照事先的约定,接下来小伟就要还给李老师和同学们相等的时间,也就是说大家在放了学后还要留在学校上25分钟的课。在这段时间里,李老师检查了小伟的作业。她发现虽然小伟不爱写作业,却写得一手好字,作业非常工整、漂亮。于是，她趁机表扬道："小伟同学的字很漂亮啊！大家传看一下吧！"

同学们边看边议论，"比我写得好""佩服"……有的同学还冲小伟竖起了大拇指，李老师带头鼓起掌来。小伟本以为自己耽误同学们下课，同学们会责怪自己，但看到大家夸奖自己，他不好意思地用手挠挠头、摸摸鼻子，有些不知所措。

在接下来的一周里，小伟交了两次作业。李老师在他的作业本上真诚地写道："有机会给你批改作业，我太高兴了，这是你对我的奖励。不写作业不是你的错，你写作业一定有困难，会几道题就写几道题，老师不会怪你！"

第二周，小伟交了四次作业。经过认真观察，李老师发现，小伟每到交作业的这天，在课间时他一定会在她身边转来转去，盼望得到老师的表扬；上课时，他也能集中注意力听课。而他不交作业时，则会躲避李老师的目光。

一天放学后，李老师把小伟留下了。她说："小伟，你这两天的作业都能按时交上来，这非常好。我相信你能这样保持下去，做个让老师们、同学们都喜欢的好学生。今天，我想与你悄悄达成一个我们两个人之间的协议：如果哪天你觉得不能保证完成作业，你就提前跟我说，我就给你减少作业，别人做10道题，你做5道题，甚至更少，但条件是你一定要认真完成，好吗？如果你连续两个星期按时完成作业，还有奖励。"

小伟很高兴地接受了李老师的建议。

在接下来的日子里，小伟向李老师提出过几次减少作业的请求，李老师二话没说都答应了，但小伟自己觉得有些不好意思。后来，除了偶尔因为其他科目作业多而希望李老师适量减少作业外，他没再向李老师提出过减少作业的请求，而且每次都能完成得很好。他的成绩也因此有了很大提高。

李老师知道小伟在学习上很努力，所以总适时对他进行表扬与鼓励，让他感受到来自老师的关注与信任。

反思拓展

学生为什么会不做作业呢？这些不做作业的学生或许曾经按时、认真地完成过作业，并经常受到教师的表扬，但随着年级的升高，出于这样或

不犯错误的学生不是好学生
——把错误变为成功教育的拐点

那样的原因,他们的学习成绩落后了。最初或许是一门功课,然后可能是两门、三门,上课听不太懂,又没有在课余时间迎头赶上,以致学习越来越吃力,便不能独立完成教师布置的作业了。一开始,他们的作业也可能是在请教同学后自己做的,后来懒了,便抄袭,再后来便厌倦了,只要教师追得不紧,能应付就应付,能逃避就逃避,最后干脆不做了。

另外,还有可能是教师的原因。有的教师不注重钻研教材、提高课堂效率、在课堂上解决问题,而是热衷于通过挤占学生的课外时间来达到提高教学成绩的目的。课内不足课外补,布置大量的作业,而且多是机械、重复、没有什么新意的作业。这些作业整齐划一,要求也一样,没有掌握的当然要做,已经掌握了的也要做,且美其名曰"巩固"。由于没有分开层次,每个人的都一样,就为抄袭提供了土壤。学生完成这样的作业,既没有新鲜感,也没有成就感。久而久之,教师就成了"包工头",学生就成了"打工仔",作业就成了"包工头"分配给"打工仔"的任务……如果教师再不批改或者只是简单地看一遍,随便打上个"√"、写上个日期了事,就为学生应付作业、拖延交作业、不交作业提供了可乘之机,时间长了,在教师看来相当重要的作业,就成了学生眼中无所谓的"鸡肋"。

写作业一直是学生课外学习的主要途径,学生所谓的学习,也就是完成作业。其实,学生在课下完成作业的效果与在课堂上完成作业的效果有着天壤之别。从教学的角度来看,时间再紧,也要尽量当堂完成作业,因为"当堂"能保证学生的"独立",而放到课外,就很难避免学生抄袭、应付了。在课外作业还是"必需的"时候,如何让学生尽量认真地去完成课外作业,使其发挥应有的作用呢?作为教师,应该注意以下几点。

1. 要有设计意识

教师要尽可能地站在学生的角度想一想,他们喜欢什么样的作业,喜欢以什么样的方式完成作业。要把提高作业的新意当做一个目标去追求,要让学生在完成作业的同时有一种兴奋感,完成后有一种成就感。一句话,要让学生喜欢写作业,而不是厌恶写作业。

2. 留作业要适量

作业的量一旦突破了度,效果便会大打折扣。因此,在布置作业之前，教师要先做一做，看需要用多长时间，再以此为基准适当增减作业的量。一句话，就是要适度。

3. 对学生完成的作业必须检查

教师要对学生的劳动进行评价，认真的得到鼓励，马虎的得到批评，有创意的得到奖赏。这个反馈是极其重要的，因为没有人希望别人忽略自己的辛勤付出。一句话，准确及时的反馈是保证学生认真写作业的重要条件。

（三）深挖内因，让学生量力而行

案例展示

案例1：

韩老师班上有个男生叫扬扬，经常不做作业，韩老师为他费了不少脑筋。

扬扬活泼好动、性格外向、头脑聪明，但成绩平平，自觉性差。一百次作业几乎一百次不完成，而且有一百个不做作业的理由等着你。更令人气愤的是，每次他都与老师据"理"力争，把老师气得火冒三丈，他自己还像蒙受了天大的委屈似的掉眼泪。

无数次和扬扬的针尖对麦芒般交锋后，韩老师终于明白了扬扬不交作业的原因，他从小被父母包办代替做事惯了，养成了懒散的习惯。加上扬扬写字速度超慢，完成作业的时间是别人的两倍甚至三倍。而且扬扬自视很高，只想听夸奖，不想听逆耳忠言，所以屡教不改。

了解了情况后，韩老师决定改变策略，不再对他进行无效的指责批评。不论扬扬哪科作业没完成，都不再训斥他，而是利用上课时间或课间，心平气和地看着扬扬改错题、补作业。扬扬竖起来的刺没有了用武之地，时间一长，完成作业的次数竟多于不做作业的次数了。韩老师发现扬扬进步了就及时加以表扬，并适时找他谈心，先说优点再说缺点，指出他的症结所在，使他心服口服，最后他诚恳地说："老师，以后我一定尽力完成作业。"

不犯错误的学生不是好学生
——把错误变为成功教育的拐点

后来，韩老师还和各科老师商议对扬扬的作业"网开一面"，在数量上适度降低要求，但质量上决不放松，一段时间后视他进步的情况再慢慢提高数量上的要求。扬扬对韩老师的做法心存感激并更加努力。扬扬本就是个聪明的学生，一旦放下思想包袱，学习成绩也就直线上升了。虽然直到学期末扬扬仍然有没完成作业的不良记录，但家长和教师们都觉得他的进步特别大，不必急于求成，相信他在今后的学习中能继续改进。

案例2：

某校初中部学生的作业是放假前由语文组精心设计的，取名为"寒假语文作业系列套餐"。内容很丰富，有书法练笔、名著阅读摘录、春联集锦、灯谜集锦、节日作文等。教师估计学生在长达四周的假期里完成这些是不成问题的。

有些学生完成得确实不错，不但书写认真，而且很有创意，把"套餐"烹调得色、香、味俱佳，令人赏心悦目。但看到最后，老师不由得有些生气：有6个学生作业本的后半部分都是空白，总共12页的作业，竟然有8页没有完成。

课上，老师强忍着怒火对优秀作文进行了点评。下课铃响后，他喊了这6个学生的名字，让他们去办公室。先分析了假期的长度、作业的数量，然后着重强调了他们之所以完不成，主要是态度有问题，并把优秀作业一一展示给他们看，最后还对他们进行了一通极其严厉的批评，几个学生低着头，沉默着。在教师询问他们怎么办的时候，6个学生都表示回去后利用周末时间把作业补上。

但是，这6个学生的寒假作业几乎补了一个学期也没补齐，最后老师只好不了了之。

反思拓展

学生为自己的错误准备一百个一千个理由，恰恰是害怕指责批评。这是学生普遍存在的一种思想，根源之一就是很多独生子女从小习惯于被欣赏和赞美，若平时父母重视对其良好习惯的培养，还可以形成良性循环，不重视则会使孩子在进入存在竞争的集体环境后陷入尴尬境地。因此，一方面家长要关注和引导自己的孩子健康成长，另一方面，作为教师，要在教育学生时少些埋怨。

不做作业的学生的成长拐点
——尊重差异，分层布置

其实，很多时候，面对学生的错误，教师只是做表面文章，不去寻找深层次的原因，就很难让学生改正错误。在案例2中，教师只说明了假期时间和作业数量的对比，提这显而易见的事并没有什么教育意义，不痛不痒的主观态度评判作用也不大。教师正确的做法应该是先了解学生没完成作业的原因，然后逐个加以分析，区别教育，才能取得良好的教育效果。案例1中的韩老师，在了解了扬扬不做作业的原因的基础上制订相应的措施，很容易就将学生转化过来。

南斯拉夫有一部儿童电视片《爸爸，请你蹲下来》，片长仅3分半钟，却获得了国际大奖。影片讲爸爸领孩子到商店买东西，商店的商品琳琅满目，老板为照顾儿童的视觉，将玩具、巧克力等儿童商品摆放在柜台底层。这个孩子为了让爸爸买东西给他，就说："爸爸，请你蹲下来看。"其实，对于经常不做作业的学生，教师也需要"蹲下来看"。

"蹲下来看"是一种教育境界。如果案例2中的教师能"蹲下来"看，他就会去关注6个学生不做作业的原因，而不是笼统地批评教育一通。

曾有一位教师因为学生经常不写作业，苦口婆心地批评教育，几乎天天吃金嗓子喉宝，但当她"蹲下来"深挖学生不做作业的原因，并根据原因一一转化了他们后，她的嗓子奇迹般地好了。她最后给自己立下规矩，想批评学生时，就想一想他们还是顽皮的孩子，找一找他们犯错的原因。"蹲下来"，以"童心"看童心就能更清楚地看到学生不做作业的原因。

反之，如果教师对不做作业的学生一味地揪住不放，大张旗鼓地追究，只会强化他们不写作业的意识，这对于帮他们改正不良的学习习惯没有任何帮助。大多数不做作业的学生不是不会做作业，也不是不想做，而是管不住自己，容易放松对自己的要求。比如，他们在放学后想先玩再做作业，玩一会儿后还想玩，到最后干脆不做作业了。有过这样一两次经历后，他们就会经常不做作业。习以为常后，他们也就不胆战心惊了，变成了令教师们头疼的经常不做作业的学生。

对于经常不写作业的学生，教师不要忘了"蹲下来"看他们，多赞赏他们，这种小小的鼓励对他们是非常重要的，能使他们获得一种被关爱的情感满足。

（四）转化不做作业的学生的策略

每个教师都会碰到一些不爱做作业的学生，要想从根本上帮助他们改掉不做作业的坏习惯，就要根据他们不做作业的原因，有针对性地对他们进行教育。具体方法如下。

1. 尊重学生的内心感受，分层布置作业

由于已有的经验、智力、学习习惯等不同，学生在学习能力方面会形成差异。为了让学有余力的学生获取自由发展的空间，让中等学生也能得到充分练习，教师可以尝试对学习态度认真、知识掌握较快的学生减少作业量而增加作业难度，给予他们更多的自主学习机会；对写作业不够认真或知识掌握不够牢固的学生，可以适当增加作业量但降低难度。

在一堂英语课上，学生小仪没有完成上节课的作业，教师非常气愤，当着全班同学严厉地批评他："你今天要是再不做作业，就一直跟着我，我看着你！"下了课，小仪老老实实地拿着英语卷子跟教师去了办公室，认真地写起来。

这张卷子是教师让学生开卷做的，因为句子对他们来说有一定难度。但令教师诧异的是，小仪居然全都会写，根本不用看书。于是教师对他说："你写得真好，全都对了。那你怎么不写英语作业呢？"

小仪说："您要求抄的单词我都默写下来了，我不想再抄了，我觉得这是浪费时间。"

教师听了小仪的话一愣，但想想小仪的话也有道理，自己留抄单词的作业不就是为了他们能够默写下来吗，既然都会了，还有必要再重复机械地抄写单词吗？但是作为一名学生，还是应该按时完成教师布置的作业。于是教师对他说："小仪，教师很高兴看到你已经全会了，但是作为学生，应该按时完成教师布置的作业。而且，你一直都是全班学生学习的榜样，你要是总不完成作业，别的学生会怎么评价你呢？这样吧，既然你已经全会默写了，那每天抄单词的作业可以不写，但是你必须把单词默写一遍，必须保证全对。你觉得怎么样？"

小仪高兴地说："行，没问题，我保证全部默写正确。"

不做作业的学生的成长拐点
——尊重差异，分层布置

此后，他真的说到做到，再没有出现过不做作业的现象。

从案例中可以看出，教师一开始为了提高学生的成绩，忽略了学生的个体差异，没有考虑到学生的内心感受，但后来小仪的事最终使教师明白了分层布置作业的重要性。例如，巩固英语单词的抄写作业，对平时记忆生词较快的学生可以只要求抄写一到两遍，而对平时默写错误较多的学生可适当增加遍数。这样，既让每个学生的学习能力都得到适当的发展，又对他们良好学习习惯的形成起到了一定的促进作用。

2. 让学困生在体验成功中成长

心理学研究表明，每个人都具有不可估量的潜力，但只有在意识中肯定了自己的能力之后，才有可能充分发挥自己的潜力。同样，如果不做作业的学生从学习中获得了成就感，他们也可能产生出巨大的学习动力；与此相反，如果他们的学习总是失败，就会丧失对学习的信心，最终被挫折击垮。

对于学习困难的学生，教师可以留一些简单的作业，当他们完成或只完成一部分时，可适时地给予他们表扬和激励，使他们体验到成功的快乐。比如，每单元学完后，教师可安排一次阶段性测试。测试题目的设置除了要有趣味性外，还要特别注重安排一些较容易的问题。由于这类考试比较容易而且有意思，所以不做作业的学生也能取得不错的成绩。看到自己取得的成绩，他们心里就会无比喜悦，对今后的学习就会充满自信。实践表明，创造条件让学困生在学习活动中体验成功，可以激发他们的学习动机，增强他们学习的信心。

另外，表扬和激励是转化不爱写作业的学困生的重要方法。教师在表扬不做作业的学困生时，注意表扬要真实而具体，让学生乐于接受，表扬的形式可以多样，如果能将声音语言、文字语言、肢体语言结合起来，则能让学生感到真诚、贴心、愉快并乐于接受。

3. 视而不见，让懒惰的学生动起来

对于因懒惰而不做作业的学生，教师有时可以采取视而不见的方法。比如，在课堂上对完成作业的学生大加赞扬，或给一些物质奖励，而对不做作业的学生则不闻不问，让这些懒惰的学生感受到被冷落。而他们一旦

产生希望得到教师的重视和表扬的意识，就会不再懒惰，开始认真完成作业。

事实上，对于这类学生，教师如果只是横加指责或批评，不但会影响良好的师生关系，还会让学生产生不良的心理暗示，以为教师讨厌他们，从而形成破罐子破摔的思想。对于教师而言，视而不见并不是放弃学生，而是一种欲擒故纵的策略。

4. 合理规划时间，让贪玩的学生也能完成作业

很多不做作业的学生并不是不会写，而是太贪玩，以致耽误了作业。他们一般都比较聪明，完成作业对于他们来说并不是什么难事。因此，对于这类学生，教师要与他们的家长密切配合、联合监督，让学生该玩时玩、该写作业时写作业，要严格控制他们的时间分配，让他们逐渐养成合理规划和利用时间的习惯。

学生不做作业的习惯大多是长时间形成的，转化他们可能是一个漫长的过程，所以教师切不可急于求成。经常不做作业的学生，即使偶尔写作业了，也是进步，从偶尔写作业到一段时间经常写作业就是质的飞跃。在这个过程中，教师要让他们持之以恒地保持下去，就要做到持之以恒地关注他们、鼓励他们，让他们在完成作业的过程中享受成功。

顶撞教师的学生的成长拐点
——因势利导,构建和谐师生关系

(一)走进内心,深度把脉

一般来说,敢顶撞教师的学生,性格都比较倔强,脾气大,胆子也大,常会做出一些出人意料的事情。还有一些学生顶撞教师是存心的,这类学生往往意志薄弱、情感脆弱,时常躁动不安,摆出目空一切的架势,对教师出言不逊,故意和教师对着干,以顶撞教师来表现自己的"能耐"。

学生顶撞教师的原因大致如下。

1. 因受到不公正待遇而顶撞

人有时会偏心眼儿,教师也不例外。比如,好学生犯了错,有的教师和声细语,耐心教诲;而"后进生"犯了错,有的教师就大呼小叫,批评斥责。

教师对待学生不公正,使"后进生"产生了严重的逆反心理,他们认为教师很不公正,偏心眼儿,于是内心很不服气,从而常做出顶撞教师的行为。

尤其在处理同一件事的过程中,由于有些教师比较主观,出现"晕轮效应"(见一个学生学习优秀便认为其各方面都好)或"刻板印象"(认为进步的学生永远进步,落后的学生永远落后),在处理问题时,不公正地对待事件双方的当事人,激起一方的愤怒,从而引发学生顶撞教师的事件。

一次课间,学习委员向老师告状说:"杨某把我的本子扔到了窗外。"老师询问原因。学习委员说:"大概是因为我把他违反纪律的事告诉您的缘故吧!"

不犯错误的学生不是好学生
——把错误变为成功教育的拐点

老师一听，气不打一处来。在老师的印象中，杨某是一个学习糟糕、纪律散漫的学生，而学习委员是一个工作认真、学习优秀的学生。于是老师不问青红皂白，拽出杨某便是一顿劈头盖脸的训斥，由他扔本子的行为如何可恨，批评到他打击报复的思想如何肮脏。

杨某开始时还低头缩颈，一副"认罪伏法"的模样，过了一会儿，他的头慢慢抬了起来，眼里迸射出愤怒的火花，他突然大声喊道："难道她就没错吗？"

老师一下子愣住了，问："那你说说到底为什么扔她的本子。"

"因为她坐在外边，上下课总不让我进出。我已经忍她很久了！"

老师通过调查，结果发现事实正如杨某所说。

在这种情况下，但凡有点性格的学生都会做出顶撞教师的行为。教师本身就处事不公，怎能让学生服气呢？

2. 因不理解而顶撞

有这样一句话：理解万岁！而师生之间更是离不开"理解"二字。

学生李某，不但自己不好好学习，上课还经常捣乱，搅得周围的同学都不能安静学习，老师说他他也不听。老师想，如果把他的家长找来，获得家长配合，一起对他进行教育，或许他会有所收敛，说不定还会因此而改过向上。

于是，老师对他说道："再不好好学习就让你妈妈来把你领走，你别在学校念书了。"没想到这一句话却激怒了李某，他大声冲老师喊道："你不就会向我妈妈告状吗？不用轰，我还不念了呢！"说完甩手就走了。

老师本是一番好意，却换回这样一个结果。老师没有与学生好好沟通，反而用吓唬的语气说话，使学生误解了老师的用意。

因此，作为教师，一定要善于与学生沟通，要了解事实真相，不要以偏概全，不要总是用吓唬的语气与学生说话，否则学生理解不了教师的话，也不会接受教育，教师只能碰"钉子"。

3. 因不尊重而顶撞

马卡连柯曾说过，要想尽量多地要求一个人，就要尽可能地尊重一个人。人人都渴望被尊重，学生更是如此。他们不仅渴望得到家长、同学的

顶撞教师的学生的成长拐点
——因势利导，构建和谐师生关系

尊重，更渴望得到教师的尊重。

而有些教师往往忽略对学生的尊重，尤其在心情不佳的时候，更容易公开批评、大声训斥、讽刺挖苦学生。当这些行为严重挫伤学生的自尊心时，便会发生学生顶撞教师的事。

有一位教师刚处理完一起学生打架的事件，心中十分不快，一进教室，正好看见爱吃零食的小杨嘴巴又在动，于是气不打一处来，喊道："小杨，你给我站起来！"

小杨触电般迅速地站起来。

"我问你，你是人还是猪？"不等小杨回答，教师接着说，"你这样贪吃跟猪有什么两样？"

班里的同学"轰"的一声全笑了。小杨的脸由红到白，由白到紫，他抿紧嘴唇，瞪着教师，用坚定的语气说："我是人，不是猪！"

"你说什么？！"

小杨昂着头，用更清晰的声音说道："我不认为吃点零食就是猪！"

小杨竟然敢顶撞教师，这让教师更加生气了。

因为学生吃零食，就说其是猪，这种话太伤学生的自尊了，是对学生人格的侮辱。不管学生有什么错，作为教师都不应该说出这种话，否则只能换来学生的强烈不满，从而顶撞教师。

4. 为了引起教师的注意而顶撞

有些学生成绩比较差，又没有其他明显的长处，所以很难引起教师的注意，但这些学生又想得到教师的关注和鼓励，就只能通过故意顶撞教师这种极端的方式来引起教师的关注，甚至不惜伤害师生间的感情。

学生顶撞教师，一般都有心理上的原因，或情绪不好，或感到委屈，或个性偏激，或对教师有误解，等等。在排除教师自身原因并确认其顶撞举动属于学生错误之后，教师应及时与学生谈话，查找他们顶撞的原因，因势利导，对学生以心换心、动之以情。如果是学生心情不好，教师应当安抚；如果是学生有"冤情"，教师应当主持公道；如果是学生对教师有误会，教师应当解释清楚以消除隔阂。

不犯错误的学生不是好学生
——把错误变为成功教育的拐点

（二）冷静、沉着，以"冷处理"应对学生的"旺火"

案例展示

在一个班级中，难免会有一两个性格倔强、经常顶撞教师的学生，每当遇到这种情况，全国优秀教师、浙江省小学语文特级教师杨明明都会先告诉自己要冷静、沉着，尽量"冷处理"。

一天下午的班队活动课上，杨老师正在讲话，教育学生要养成好习惯。她刚说到"不要无故迟到"时，教室的后门就被推开了。杨老师和同学们不约而同地看过去，原来是小枫同学——他迟到了。

杨老师有点生气，这两天一再强调不要迟到，而身为班干部的小枫竟然带头迟到，太不像话了！因此，杨老师生气地问道："你干吗去了？为什么迟到？你不知道现在都已经上课好几分钟了吗？"

让杨老师没想到的是，小枫竟然也用强硬的口气回答："方便去了！"说完便重重地坐到座位上，还故意弄出很大的声响。那口气、那架势让全班同学都很吃惊，他们全看向杨老师，看她如何处理这件事。

杨老师顿时来了气，声音不由得提高了八度，大声斥责道："下课时你干什么去了？上课时间是不允许上厕所的，这是违纪。你还是班上的纪律委员呢！"

小枫理直气壮地回答道："下课时我那东西没来，它偏偏上课时候来，我有什么办法？"

"嘻嘻……"听到小枫的回答，下面有同学偷偷地笑了。

"你……"杨老师还从没碰到过像小枫这样当着全班同学的面顶撞她的学生，感觉很没面子。她不由得火冒三丈，以至于情急之下说出了这样的话："如果全班同学都像你这样还不乱套啊！原来你也和那些坏学生是一样的货色，算我以前看走了眼！"

小枫也毫不示弱，"腾"地一下站了起来，厉声说："我是人，不是货色！"说完，眼睛怒视着杨老师，一副要和杨老师干到底的架势。

其实杨老师刚说出那句话就后悔了，当时正在气头上，没想到那么顺嘴就说了出来。看着小枫愤怒的样子，杨老师知道不能再这样下去，否

顶撞教师的学生的成长拐点
——因势利导，构建和谐师生关系

则，谁都下不了台。她暗暗地告诉自己：要冷静，冷静，千万不要再发火儿。就这样，两人对峙了几秒钟后，杨老师挥手让小枫坐下。

她让小枫坐下后，并没有让这件事情不了了之，而是发动全班学生，来讨论小枫刚才的表现是对还是错，应不应该。在学生讨论的时候，杨老师单独把小枫叫出教室，和他进行了一番真诚的谈话。

杨老师首先放下架子，承认自己因一时气愤，说错了话，伤了他的自尊，请他原谅。杨老师主动承认错误的态度让小枫感到很意外，也很感动，他不由得低下了头。杨老师继续说道："其实在老师的心目中，你一直是个好学生，真的！而且你在同学们眼里也一直很不错，否则大家也不会选你当纪律委员了。你以前从没这样过，今天是因为心情不好吗？不妨跟老师说说，看我能不能帮上忙。"

小枫完全被感动了，眼里蓄满了泪水，哽咽地说："杨老师，是我的错，我不该迟到，更不该顶撞你。我当时心情不好。老师，你能不能原谅我？我向你保证，今后再不会发生这种事情了！"

杨老师看着他，把手轻轻地放在他的肩上，真诚地说："老师今天更了解你了，你还有知错就改的好品质！这可不是每个人都有的哦。我相信，今后的小枫在各方面都会更出色。"

听了杨老师的话，小枫破涕为笑，还恳求杨老师给他一次机会，让他能当着全班同学的面做检讨，既向杨老师道歉，也请同学们原谅他的这次过错。

回到教室，杨老师先叫学生发言，谈谈自己的看法。发言的几个学生都认为，小枫作为纪律委员不该无故迟到，更不该顶撞老师。在同学们的批评声中，小枫羞愧地低下了头。

看到这种情况，杨老师及时打断了学生的发言，因为杨老师认为如果批评过猛的话，会再次伤害小枫的自尊。接着，杨老师先诚恳地向全班学生道歉，说自己刚才因一时之气说了不该说的话，伤了学生的自尊心，请学生原谅老师；同时也请求学生理解，老师也是常人，也会有情绪，也有讲错话的时候，并希望他们以后能时时监督老师。杨老师还提出了对他们的要求和希望，希望班上每一个学生都能成为优秀的学生。

杨老师的这番话让全班学生都感到意外和感动。话毕，小枫第一个鼓掌，全班学生都报以热烈的掌声，并以一种信任的眼神注视着杨老师。紧

不犯错误的学生不是好学生
——把错误变为成功教育的拐点

接着,小枫主动站起来,作了深刻的检讨,检讨完毕后,他还鞠了个躬,请大家原谅自己的过错。杨老师带头鼓掌,几乎同时,班上响起了雷鸣般的掌声。

就这样,杨老师和小枫的这场冲突平息了下来。这次事件使学生看到了杨老师的真诚,拉近了师生间的距离,还维护了教师的威信,真可谓"一举三得"!

从此以后,小枫在学习上也更加积极了,其他学生也更加热心、主动地投入班级的各项工作中,班上再也没发生过学生顶撞教师的事情。

反思拓展

学生在上课时间上厕所,教师问几句也是很正常的,但小枫态度却很强硬,还回答说"下课时我那东西没来,它偏偏上课时候来,我有什么办法",摆明是故意和教师对着干,也难怪教师生气。

但反过来一想,教师生气不正上了学生的"当"了吗?因为有些学生脾气倔,教师越生气他们越高兴。案例中的小枫当时就是这种心理。从案例中我们可以悟出这样一个道理:当学生犯错误时,教师不要在还没了解事情真相时就对学生横加指责,这不但会破坏教师在学生心目中的形象,降低自己的威信,还极易使学生产生对立情绪,非但不能起到教育作用,还不利于以后班级各项工作的展开。

作为教师,面对顶撞自己的学生时,一定要保持冷静,不能火上浇油。

在教育教学过程中,由于种种原因,我们经常会遇到学生在语言或行动上顶撞教师,有时甚至形成横眉冷对、势不两立的对峙局面,不仅恶化了师生关系,而且对教学产生了极为不利的影响。

对于学生顶撞教师的情况,有些学校做了明确规定:顶撞教师、不服从管理就是严重违纪。但却没有说明何为顶撞教师,如何界定这种行为,也没有说明教师在教育工作中该如何把握教育学生的尺度。事实上,许多教师都不能很好地把握这个尺度。当学生犯错后,一些教师往往不够冷静,常在事情没有搞清楚之前就匆忙做出判断,甚至根本不容许学生有任何辩解,便劈头盖脸地加以指责、批评。这样一来,难免在盛怒之下造成"冤假错案"。

顶撞教师的学生的成长拐点

——因势利导,构建和谐师生关系

可以想象,如果有一些学生因不服气而反驳教师,就会被定性为顶撞教师,很可能因此受到严厉的处分。但学生若真的是被冤枉的或者事出有因,教师没有听学生的解释就加以处分,这会给学生的心理造成什么样的影响呢?况且,敢于顶撞教师的学生,其性格大都很倔强,脾气也大,教师不分青红皂白的指责势必导致冲突更加激烈。因此,对顶撞教师的学生进行教育时,教师一定要先耐心细致地了解其顶撞背后的原因。

案例中,杨老师认识到自己的过错,能够主动先认错,是冰释前嫌的好办法。但有一些教师认为,做教师就得有教师的威严,哪能动不动就"低声下气"地向学生认错?诚然,教师有威严是好的,因为威严是一种无形的威慑力量,有威严的教师往往能较好地管理学生。但威严是建立在教师良好的道德修养基础之上的,不讲道理的怒发冲冠不是威严,而是盛气凌人,是很难让学生心悦诚服的,更不会有好的教育效果。

还有一些教师过分看重自己的面子,受不了学生的当众反驳,认为那样就在学生面前丢了面子,威严扫地,若不狠狠地惩治他们就不能挽回自己的颜面。其实,这样做反而降低了教师在学生心目中的威信。面对顶撞自己的学生,不妨学学案例中杨老师的处理方法。

1. 冷静对待,忌意气用事

发生顶撞事件时,教师首先要镇定、冷静,对待学生要因人而异、因环境而异,让学生先冷静下来,课后再在办公室或其他场合对学生进行劝解。

2. 找台阶下,忌僵持不下

当学生在大庭广众之下顶撞教师,尴尬局面就要出现时,作为教师,应迅速找个借口巧下台阶。这是摆脱窘境的有效方法,不仅可以防止师生对峙局面的形成,也能使学生对教师的豁达大度产生认同和感激,从而转化其态度,认识到自己的错误。

3. 放下架子,忌居高临下

在遭到学生顶撞时,教师以居高临下的态度严厉地训斥学生,是教育的大忌。因为学生在这种时候一般都带有抵触情绪,如果教师再用严厉的

不犯错误的学生不是好学生
——把错误变为成功教育的拐点

态度对待他们，无疑是火上浇油，只能使情况变得更糟。

正确的做法是，教师要主动与学生求"同"，让学生感受到教师的一腔热情，从而真心地承认自己的错误。

4. 以退为进，忌咄咄逼人

其实当教师与学生形成对峙局面时，教师适当地示弱，也是一种好的教育方式。此时，教师可适当地表示对学生的某些想法的理解和肯定，使学生觉得教师是通情达理的，从而转变自己的态度。

对于一些经常在课堂上和教师对着干的学生，仅仅靠课堂上的随机处理是远远不够的，需要教师在课下做深入调查，分析其原因，适当的时候，要找家长进行配合，切忌把他们当成"害群之马"。

（三）心平气和，有理才有力

案例展示

早上，周老师依然早早来到教室，各小组长正忙着交作业。

"老师，阿武的《习题精选》又没有准备好！"数学课代表向周老师报告。

又是他！周老师真是气不打一处来。要知道开学至今，阿武可是"劣迹斑斑"，各任课老师多次向周老师"控诉"他的"罪行"——上课睡觉、作业完不成、作业交空本子、上课忘带课本、上课说话做小动作……为此，周老师没少找阿武谈话。怎么今天又没写作业？周老师不觉皱起眉头来，开学至今一个月了，竟然连数学练习册都还没准备好！真不知道他平时作业是怎么完成的。

于是，周老师快步走到阿武面前，厉声问道："阿武，《习题精选》还没有买到？都一个月了！"

阿武抬了抬眼高声说："我星期天才买了《教与学》。"瞧，他还有理了！

"那你把《教与学》交上来！"周老师稳了稳情绪说。

"我还不知道可以做哪里……"

顶撞教师的学生的成长拐点

——因势利导，构建和谐师生关系

"那你先交上来，我看前面做好的。"周老师紧盯着他的眼睛说。

"我……我……"阿武半天说不出一句话。

周老师劈手夺过阿武手上的《教与学》，随手一翻，竟然全是空白。"怎么全没写啊？"周老师有点沉不住气了。

阿武却赌气地说："我又不知道写哪里！"

好啊，自己还没批评呢，他倒先冲自己发脾气了，周老师真想厉声呵斥他一顿，但想想还是先强压住怒火，让前面的学生看看哪些地方可以写，圈出来。前面的学生迅速圈好递给周老师，圈出来的地方还真不少。于是，周老师指着圈出来的地方给阿武看，并问道："这怎么解释？"

阿武却没好气地说："反正我不知道写哪里！我星期天才买的！"

这么迟才买来，不仅没写还强词夺理！周老师更生气了，厉声说："阿武，你怎么说话呢？"

"你为什么对我这么凶？"阿武反驳道。

嘿，自己还都没发表意见，他倒恶人先告状了！还这样的态度，简直目无尊长！但周老师还是努力稳住自己的情绪，对阿武说："你先跟我出来！"

周老师和阿武一前一后来到办公室。阿武不说话，板着脸，周老师也不说话，只是冷眼看着他。现在阿武肚子里肯定窝着火，周老师决定先不发表意见，如果此时开口，自己也容易失去理智。就这样，周老师和阿武僵持着，过了几分钟，周老师打破僵局："阿武，有心人做事千方百计，没心人做事千难万难！为什么都一个月了，全班就你还没有准备好《习题精选》？"

阿武一听，歪着脑袋大声嚷嚷："你对我父母说话都那么和气，为什么对我就这么严厉？"

一下子，周老师只觉得浑身血液直往脑门冲，这就是自己平时辛辛苦苦教出来的学生？想想自己平时对阿武可没少花时间啊，当他成绩波动时，自己常与他聊天，教他学习方法；当他与同学发生矛盾时，自己总是晓之以理、动之以情；当他心情沮丧时，自己还常常鼓励他……周老师一下子无语了，因为他从来不知道自己的努力在眼前的这位学生眼里竟然是如此的不值一提！

周老师马上做出决定：请家长。此时，阿武显得很委屈，开始抽泣，

不犯错误的学生不是好学生

——把错误变为成功教育的拐点

周老师也开始冷静反思。

阿武的母亲来了，第一句话就是："阿武，快向老师道歉！"阿武却倔强地甩开母亲的手。

"老师，我的孩子在家脾气不好，性格太急躁，说话语气很冲，老师不要见怪！"阿武的母亲急切地说。

"我不需要孩子违心的道歉！而且今天我请家长来的目的也不是为了听一句道歉！"周老师开始有点激动。

"我知道，我知道！"阿武的母亲很是焦急，但是阿武依然拉着脸。

"还是先让孩子冷静一下，想想今天老师为什么叫他出来，为什么要批评他！"周老师面向阿武的母亲说道。

阿武被母亲拉到了办公室外。

坐在椅子上，周老师思索着刚才发生的事情，意识到自己的错误，意识到人的性格决定人的命运的道理。联系阿武从初一至今的情况，周老师脑海里浮现出有关阿武的比较典型的三件事。

第一件，一次与同学打球起争执，阿武哭哭啼啼地到周老师面前告状，说同学骂他、打他，而对自己的过错却闭口不谈。

第二件，上课不带课本，理由是父母让他把书带回家，结果他忘记带来了，责任好像在父母，与己无关。

第三件，数学补课时，戴耳机听音乐，理由是同学让他听他就听了。

种种迹象表明，阿武最大的问题出在他从来不懂得承担责任，总是推卸责任，对自己是自由主义。而家长对此并没有重视，长此以往，他就意识不到自己的错误，习惯了有问题就往别人身上推……

正在沉思中，阿武已经和母亲站在周老师面前了。"阿武，快向周老师道歉！"母亲急切地催促道。此时的阿武低着头，依旧不说话，只是眼里含着泪水。周老师冷静了下来，意识到自己请家长的决定有多么仓促。于是他先请阿武的母亲离开，然后让阿武和自己面对面地坐下，沉默片刻，周老师告诉他："当你对老师出言不逊的时候，老师可以有几种处理方式：一是当着全班同学的面狠狠地批评你；二是一言不发，从此不再管你；三是请你到办公室好好谈谈。那么你愿意接受哪种方式？"

也许是因为周老师此时的情绪比较平和，阿武受了感染，也变得平静了一些，他不好意思地低声说："当然是第三种。"

顶撞教师的学生的成长拐点
——因势利导，构建和谐师生关系

于是，周老师就势提醒他："那你刚才为什么就不理解老师的用意呢？"阿武此时面露愧色。周老师接着说："阿武，你现在静静回忆一下刚刚发生的事情，你觉得你的问题出在哪儿？"

阿武默默地看着地面，也许是因为静下心来思考了，当他抬起头的时候，他真诚地对周老师说："老师，我真的太冲动了，我只考虑到我的面子，只想蒙混过关，所以不假思索就出言顶撞您，特别是您请我妈妈来的时候，我觉得我很没面子，回家肯定会挨骂，所以一气之下……老师，真的对不起！"

接着，周老师和阿武一起实事求是地分析了问题的根源，周老师把自己的意见如实地反馈给阿武，并指出长此以往会给他带来怎样严重的后果。因为有理，所以有力，听着老师的话，阿武的脸上渐渐露出愧疚的神情。此事，算是圆满结束了。

现在，阿武再也不会无故不做作业了，周老师还老远就能听见阿武响亮的问候声。

反思拓展

案例中，当周老师与阿武倾心交流后，阿武认识到了自己的错误，也很后悔自己的冲动，可见，叫家长其实并不能从根本上解决问题，真正疏导学生的应该是后来师生间心平气和的谈话。当时，周老师就为自己的这一做法感到庆幸：幸亏及时调整了心态、平和了情绪，及时补救，才扭转了事态的发展方向。

纵观案例中事件的前前后后，有几点是需要教师关注的。

第一，当学生出言不逊顶撞教师时，教师千万不能首先考虑自己的面子，与学生正面冲突，即使教师能在气势上压倒学生，但是问题依然没有解决。相反，教师应该冷静下来，不要忙着做结论，换位思考一下，分析学生顶撞自己是出于何种原因，这样，教师选择的教育方法才有可能是有效的。

第二，"冷处理"的方式可以让学生在内心先评价自己的行为，认识到自己存在的问题，教师再与之交谈，可能会收到事半功倍的效果。

第三，师生平等并不代表学生对老师说话可以肆无忌惮，可以出言不逊。作为教师，应该利用合适的机会、采用适当的方法对顶撞教师的学生

不犯错误的学生不是好学生
——把错误变为成功教育的拐点

进行教育,应该让他们明白尊敬师长是做人起码的要求。

在教学实践中,教师难免遇见学生顶撞教师的现象,而学生顶撞的原因也各有不同,要想顺利解决师生冲突,教师保持冷静的头脑、良好的心态是关键。只有如此,教师在遭遇顶撞时才能冷静、及时地找到原因,对症下药。

1. 面对吃软不吃硬的学生

这类学生做错了事,教师要是声色俱厉地训斥、不讲方式地当众批评,反而会激起他们的逆反心理,跟教师对着干。对于吃软不吃硬的学生,教师应先退一步,对事件进行"冷处理",之后再坐下来,心平气和地对学生进行说服教育,切忌采取粗暴批评的做法。

有的教师误认为,对那些不服软的学生一定要拿出师长的架子,也就是说给他们点颜色看看。其实,当学生与教师发生冲突时,只要教师能及时控制住自己的情绪,表现出大将风度,学生顶撞教师的现象就可以避免。这样处理,既表现了教师的风度,也使教师在学生心目中树立了正面的形象。

有个学生在谈到与教师顶撞的心情时说:"我知道自己错了,可看到老师板着脸,一副训人的架势,我就烦了,于是我就下决心与老师对着干。如果老师用心平气和的态度对待我,我就不好意思再顶下去了。"

2. 面对厌学的学生

对于厌学的学生来说,除了家庭的问题外,学习基础差、学习跟不上也使他们比较自卑,从而出现顶撞教师的行为,以显示他们的"强大",或以期引起教师对他们的关注。顶撞教师的行为其实是一种自卑心理在作祟。

对这类学生,教师要给予更多的关心和爱护,让他们感受到教师的爱和集体的温暖。教师要适当把标准放低一些,把要求放宽一些,根据他们的实际情况,运用适当的教学方法,千方百计地培养他们的学习兴趣,使他们也能感到成功的欢乐。

3. 面对自尊心受到伤害的学生

当受到教师的批评时，有些学生会认为失了面子、伤了自尊，是教师故意跟他们过不去，所以对教师极端反感、抵触，从而做出顶撞的行为。

有些教师在处理事情的时候，不分青红皂白，动不动就指责、训斥、批评学生，这很容易使学生与教师产生对立情绪。有时教师急风暴雨式的训斥，不但暴露出了自己教育手段、师德修养的不足，也损伤了学生的人格。特别是对于个别性格内向、感情脆弱的学生来说，他们受到的打击会更大。

因此，当学生顶撞教师时，教师一定要先保持冷静，尽量把师生间的矛盾淡化，学会"冷处理"，以便找出原因，认真分析，妥善解决问题。这样做的另一个好处是，给学生留有余地，使他们有时间思考、判断自己的行为，从而自觉地提高认识、改正错误。

只有心平气和，教师才不会被学生的顶撞行为所激怒，才不会失去理智，做出让学生更加难堪的事情。只有像案例中的周老师一样，面对顶撞自己的学生及时调整心态，以冷静面对"吃了枪药"的学生，才能让矛盾化解在和谐的氛围中。

（四）转化顶撞教师的学生的策略

在教学过程中，教师难免遇到一些不听话的学生，有的学生还会顶撞教师，甚至让教师下不了台。当这种情况发生时，教师应注意以下几点。

1. 保持清醒、理智的头脑

学生年龄小，知识少，头脑简单，自控能力差，在接受教育的过程中，偶尔顶撞教师，这是可以理解的。此时，教师应努力克制自己的不良情绪，让自己的心情尽快平静下来，头脑尽快冷静下来，要想到这是对自己师德修养、教育机智、爱心的一次考验。只有这样，教师才能避免自己做出过激行为，使情形进一步恶化。

反之，如果教师头脑发热，想到的是自己的面子、自己的威严受到挑畔，对学生大声呵斥，其结果无论是对学生还是对教师都是极为不利的。

2. 认真反思，切实改进教育方法

面对学生的顶撞行为，教师在冷静下来之后，应静下心来反思。

一是要反思学生。教育家乌申斯基说："如果教育学希望从一切方面去教育人，那么就必须首先从一切方面了解人。"这种了解包括学生的家庭背景、学生最近的思想状况以及反常举动，如学生是否碰到了什么不顺心的事，是否与父母发生过争吵，是否与同学发生过争执，等等。

二是要反思自己。这种反思包括在教育观念上自己是否确立了以人为本的教育思想，是否真正把学生当做有思想、有感情、有独立意愿的个体；在语言上是否对学生使用了尖酸刻薄、挖苦讽刺的话语，对学生自尊心造成了伤害，侮辱了学生的人格；在行为上是否存在过激行为，体罚了学生，摧残了学生的身体等。

只有全面反思，教师才能在了解情况的基础上，做到因人因事而异，有的放矢，据情施教。如果学生性格孤僻内向、不善言谈，教师可以用书信交流的形式与学生沟通；如果学生性格外向开朗，教师可采用当面谈话法与学生交流；如果学生性格暴躁，教师则可采用"冷却法"，待其冷静之后再与其谈心；如果学生性格较刚，教师可运用以柔克刚的方法，推心置腹与学生恳谈；如果碰到性情特别古怪的学生，教师还可另辟蹊径，采用曲径通幽的办法，请与其关系好的同学或家长出面协调等。

只要教师遇事肯动脑筋，肯想办法，就一定能找到打开学生心扉的"金钥匙"，从而达到化干戈为玉帛的目的。

3. 构建和谐的人文教育环境

教师在化解学生顶撞行为的过程中还应构建一种和谐的人文教育环境。

一是在思想上要关怀学生。当他们窘迫时，教师不妨说几句话为其解围；当他们神情沮丧时，教师不妨说几句鼓励的话；当他们自卑时，教师要用表扬提升他们的自信。总之，教师要给学生以思想上的启迪、精神上的安慰、情感上的感染，让他们扬起理想的风帆，树立远大的理想。

二是在学习上要关心学生。当他们遇到问题没有思路时，教师要耐心启发，及时予以指导；当他们作业出现错误时，教师要帮忙认真分析原因，并辅导纠正；当他们在课堂上跃跃欲试、想举手发言时，教师要热情鼓励，让他们有展示才华的机会。特别是当他们取得了一点成绩时，教师更要及时表扬，让他们体验到成功的喜悦。学习上的关心，可以让学生体验到一种受尊重的满足，享受到一种被关心的愉悦。

三是在生活上要关爱学生。"感人心者，莫先乎情"，情感是融洽关系、化解矛盾的"润滑剂"。当学生生活拮据时，教师可以为其提供小小的资助；当学生衣着单薄时，教师可以用自己的衣服为其御寒；当学生生病住院时，教师则更要以慈母般的关爱去探望他们、关心他们。只有让学生体验到教师的真爱、真诚、真心，才能让学生产生与教师情感上的共鸣。

4. 时刻检查自己的决定是否正确

当遇到学生顶撞时，教师不要一味地压制学生，教师的话不是圣旨，学生有意见或不从，也不一定就意味着学生不听话。

有位班主任发现自己班卫生区分数比较低，他马上到教室要求学生重扫。有一个学生当时表示不干，该班主任就说："扫也得去，不扫也得去！"并把学生都赶出了教室。事后，他了解到学生打扫卫生时比较认真，只是后来经过此处的学生丢了一些垃圾才被扣了分。他意识到自己调查不够，没弄清事情的真相就批评学生是不对的，便诚恳地做了自我批评，及时化解了师生矛盾。

另外，学生年龄小，与教师在认识问题的角度、处理问题的方式上也有非常大的差异，教师认为不对的地方，学生不一定认为错。因此，很多时候，师生双方只有沟通才能解决问题。学生提出意见时，教师也要耐心听取，给予积极响应，这也是良好师生关系的表现。

5. 批评教育要讲究方式方法

在批评学生时，教师要尊重学生的人格，态度应和颜悦色。讥讽学生，特别是在公共场所，不仅容易伤学生的自尊，让学生反感，达不到教

不犯错误的学生不是好学生
——把错误变为成功教育的拐点

育目的,而且会使学生恼羞成怒,顶撞教师,让教师下不了台。

一位班主任在上课时发现前排有两个学生在睡觉,他连叫了几次,两人都照睡不误。于是班主任按照规定记下他们的名字,还说这两位不知到哪里梦游了,学生们听了哈哈大笑。这时一位学生醒来,坚持说自己没睡,只是趴在桌子上。一时场面有点僵,这位班主任就说:"那是老师搞错了!"他划掉了记下的名字,说:"希望你们不要再趴在桌子上了,以免老师误解你们。"这位学生一听这话脸就红了。以后班里上课睡觉的现象少了很多。

在对待学生顶撞的问题上,只要教师始终保持清醒、理智的头脑,认真进行分析,及时改进,并积极构建和谐的人文教育环境,就容易化解矛盾、消除隔阂、增进互信,从而形成和谐、融洽的师生关系。

性情急躁的学生的成长拐点
——"磨"出静气,"磨"出平和心态

(一)走进内心,深度把脉

诗人萨迪说:"事业常成于坚忍,毁于急躁。"急躁常使人不能冷静地审视客观条件而任意行事,其结果往往是事倍功半,甚至事与愿违。遇事急躁,缺乏耐心,沉不住气,这种不良情绪在学生中也较为常见。

1. 性情急躁的学生的表现

通常情况下,急躁的学生常有如下表现。

(1)不论做什么事,兴趣来了马上动手,既没认真准备,又无周密计划,而且一开始就急于见成效,遇到困难后更是烦躁不安。

(2)在等候消息时心情格外急切,坐立不安。

(3)处理矛盾和问题时,易鲁莽和冲动。

(4)盲目行动,往往事与愿违。

(5)在学习上表现为好高骛远、急于求成,有时很想把成绩搞好,但又缺乏耐心,无法持续付出努力,一段时间后成绩没上去,就急得不知如何是好;特别是努力后成效不大,就耐不住性子,想要放弃。

2. 学生急躁情绪产生的原因

(1)自我认识不够,眼高手低。

每个学生内心都渴望取得优异的成绩,这无可厚非。但是,有些学生不能正确认识自己,基础没有打好就想着拿好的成绩,当期望值与自身能力形成巨大差距时就会产生急躁情绪。

（2）缺少磨炼，不能及时调节心理。

人生路漫漫，不可能一直一帆风顺，遇到挫折的时候如果不能正确面对并及时调整自己的心态，那么急躁情绪就会滋生蔓延，愈演愈烈。另外，由于现实情况与目标不匹配、期望值过高产生的急躁情绪又会妨碍学生持续努力，最终影响其目标的实现。因此，教师应让学生明白，"通过'突击'立见成效，不经过奋斗就一鸣惊人"的想法是很不现实的。

（3）对问题认识不够全面。

急躁与个人的认识有关，当一个人认识到问题很紧迫、很重要时，往往会产生急躁心理。有些学生遇到问题就会觉得特别严重而变得心神不宁，甚至出现情绪紊乱。

（4）不能冷静分析事情的原因。

有些学生在急于求成的情绪支配下，做事情操之过急，没有深思熟虑，也不等准备工作做好便开始行动，这样当然很难把事情做好。而遇到挫折时，他们往往又不能冷静地分析原因，而是带着更加急躁的情绪开始下一步的行动，结果遭遇更大的挫折，时间长了，他们便会对自己丧失信心。

现实学习、生活中，爱发脾气的学生往往都是性情急躁的学生。愤怒容易使人失去理智，做出伤害自己或他人的事情。因此，教师帮助学生学会控制急躁情绪是很有必要的。

（二）循序渐进，用计划"磨"学生的急躁情绪

案例展示

鞠老师作为高级教师、优秀班主任，在潜心研究教学的同时，时刻关注着学生的心理健康。对待脾气急躁的学生，她认为教师一定要有足够的耐心和毅力，因为这些学生不是一朝一夕就能够转变过来的。

新学期开始，为了帮助班上学习差的学生早日把成绩提高上来，鞠老师决定实行"一对一帮困法"，就是从班里选出几个成绩好的学生，让他们和成绩差的学生结成对子，一对一地对他们进行帮助。

当鞠老师把这个消息告诉大家的时候，大家表现得都很积极，纷纷举

性情急躁的学生的成长拐点

——"磨"出静气,"磨"出平和心态

手说:"老师,我去!""老师,选我!"……

看到同学们情绪高昂,鞠老师很高兴。她从中选出了包括班长小梅在内的几名"尖子生",然后又让学困生自选"小老师"。但让鞠老师惊讶的是,没有一个学困生选小梅。这是怎么回事呢?小梅的成绩在年级中可是响当当的,一直名列前三名,应该说是班上学习成绩最好的学生。为什么成绩如此好的她,人缘却如此差呢?

带着疑惑,鞠老师开始暗中观察小梅的各种举动,结果发现没人选小梅完全是因为她的性格。小梅的性格很急躁,是个"急性子",事情稍不合自己的心意就会着急。有一次,有个同学问她问题,刚开始她看上去很高兴,认真地为这名同学讲解习题。但她讲了一遍后,同学没有听懂,又问了一遍。这下,小梅就急了,她烦躁地说:"哎呀!你怎么还不明白?不就是这样的吗?你怎么就那么笨呢!"然后,她不管那个同学听不听得懂,很不耐烦地噼里啪啦讲完第二遍。这让问问题的同学心里很难受,也很尴尬,所以当她讲完第二遍后,同学就假装听懂了,停止了询问。

小梅不光给同学讲题时容易急躁,平时做事情时也是如此,不是把这个同学的杯子弄碎了,就是把那个同学的钢笔弄丢了;有时骑车急匆匆的,下车就走,经常忘了锁,到现在已经丢了两辆自行车了;跟同学争论问题,时间一长没有结果,就不耐烦地说:"算了,我不跟你吵了,急死人了,反正也说不明白!"跟同学一起走路,如果同学遇到什么事停了下来,她也不耐烦地催促:"能不能快点,怎么这么磨蹭啊?"就这样,朋友们一个个都离她而去,尽管她很热心,但谁也不愿请她帮忙。

后来,鞠老师在跟小梅的妈妈聊天时了解到,小梅不光在学校脾气急躁,在家也一样。自己想要的东西,如果不能马上得到就会又哭又闹。有时妈妈让她去超市买点东西,她从来不把话听完,就嚷着"知道了,知道了",然后快速地跑了出去。结果到了超市傻眼了,原来没听清妈妈说买哪个牌子的,于是只好又回家问妈妈。问清后走了,可走到半路又回来了,原来是又忘记拿钱了。父母一直为她急躁的毛病着急,不知道什么时候她才能稳重起来。

小梅在班里是学习尖子,为人又比较热情,喜欢帮助人,所以鞠老师一直认为她是一个各方面都比较优秀的学生,不需要老师过多地关注。但没想到,她因为脾气急躁,在班上"得罪"了很多同学,身处"孤家寡

不犯错误的学生不是好学生
——把错误变为成功教育的拐点

人"的地位。这样长久下去,势必会对她的心理产生影响。因此,鞠老师决定帮助小梅矫正她的性格缺陷,让她真正成为各方面都优秀的学生。为此,鞠老师特意询问了心理专家,然后采取了以下一些措施。

首先,让学生学会事前做准备。

每当在做一件事情之前,鞠老师都会耐心地嘱咐小梅一定要做好事前准备,保持心情平静。为了让她能做到这一点,鞠老师告诉她,在做事之前,可先提出一些问题。比如,"对这项工作,我已经有把握了吗?""准备工作周密吗?""这项工作将会遇到哪些困难?我已经有了适当的对策了吗?"……这样多提出几个问题,有助于让小梅因急躁而发热的头脑冷静下来。

其次,加强学生的计划意识训练。

鞠老师告诉小梅,在完成一项任务前,必须先订个计划。比如,期末考试要到了,可以把每天用几个小时复习、都复习哪些科目安排一下,做到心中有数。这样,复习起来就不会毛手毛脚,也不会刚拿起数学课本又想起今天的英语单词还没背,刚背两个单词又想起明天有小测验,最后什么都没做好。虽然小梅的学习成绩不错,但在这方面也常犯急躁的毛病。因此,让她做事常订计划,有助于她养成良好的做事习惯。

经过半年多的努力,小梅有所改变,不再动不动就向同学发火儿了,人际关系也有了明显的改善。但鞠老师并没有就此打住,而是在此后又多次找她谈话,教她针对不同的情况采取不同的措施。每当她有所进步时,鞠老师都给予积极的鼓励和肯定。通过鞠老师坚持不懈、循序渐进的开导,小梅变得待人接物稳重了,朋友也慢慢多了起来。

反思拓展

在现行体制下,有些教师往往只关注学生的成绩和分数,认为学生只要学习好就各方面都好,学习好的学生就是各方面都不错的学生、让教师放心的学生。事实上,有不少学习不错的学生都有性格方面的缺陷,如脾气急躁,或自负、自卑,这往往会影响他们的人际交往和以后的成长。

如案例中的小梅,学习成绩在年级排在前三名,是教师眼中的"天之骄子"。对于这样的学生,教师都是引以为傲的,是作为榜样向其他学生示范的,可谁会想到她在人际交往中会如此失败呢?如果鞠老师不是实行

性情急躁的学生的成长拐点
——"磨"出静气,"磨"出平和心态

"一对一帮困"活动,也许不会注意到她的急躁脾气,更不会发现她把同学都"得罪"了。

因此,作为教师,不能只关注学生的学习成绩,更要关注学生的个性特点,特别是一些教师眼中的"骄子",更应观察他们的不足,以便及早发现,及时矫正。

性情急躁的学生往往没有耐心,如案例中的小梅,没有耐心给同学讲习题,她总觉得自己讲解一遍,别人就应该马上明白。但要知道,每个人接受知识的能力是不一样的。小梅可能头脑聪明,无论什么知识教师讲一遍就能懂,所以她理所当然地也要求别人具有这种接受知识的能力,而一旦别人不具备这种能力,她就立刻失去了耐心,语气和表情就表现出不耐烦。每个人都有自尊,谁受得了别人给自己脸色看呢?时间长了,大家自然不愿意再向她问问题,甚至连朋友也都离开了她。究其原因,急躁的性格主要有以下几个成因。

1. 性格类型使然

急躁与性格类型有关,追求完美的人易急躁。追求完美的人充满理想,有进取心,试图超越他人,因而能努力克服困难,学习或工作比较勤奋,自觉性强,总是觉得时间非常紧迫,从而表现出急躁。这类人往往智商较高,能力较强,成绩较好。

2. 家长过于溺爱

家长的溺爱会使孩子失去独立性,形成依赖心理,而依赖心理是急躁脾气形成的土壤。有的家长事无巨细地代替孩子去做,事事姑息迁就,使孩子养成依赖家长的不良习惯。这些孩子一旦离开家长的怀抱,就不知所措,如果在学习和生活上遇到不称心的事情时,就容易急躁。

3. 个人缺乏对困难与挫折的认识

有些学生的兴趣爱好很容易更换,当他们对一件事情感兴趣时,常常表现出极大的热情,可是由于知识的欠缺或是其他原因,结果往往因为不得要领而导致失败,兴趣也随之减弱,他们不久又对另一事物产生兴趣,但因为同样的原因,结果也是失败。如此一而再、再而三地反复,加上他们又缺乏应对困难和挫折的能力，导致这类学生遇事变得烦躁不安，日久天长，也就养成了急躁的脾气。

4. 学习、生活环境不安静

当今学生的学习负担普遍偏重，其身心承受着很大的压力。如果有相对安静的学习环境，他们还可以静下心来全力学习。但有些学生常常处在唠叨、酗酒、赌博、吵架、打闹的环境中，使得他们难以静下心来学习，如果长期处于这种环境中，他们会变得一看见书本就烦躁不安，从而养成急躁的脾气。

另外，急躁还与学生的家庭环境有关系。例如，在家排行老大的学生易急躁，因为父母对他们的要求过于严格，做什么事都要快、要好，要给弟弟、妹妹做出榜样，久而久之就变得容易急躁。

5. 做事缺乏计划性或计划性过强

一般来说，做事缺乏计划性和计划性过强的人容易产生急躁心理。做事缺乏计划性的人，东一榔头，西一棒槌，什么都没少做，但什么都没做好，这势必导致他们手忙脚乱，着急上火；计划性过强的人，做起事来则显得十分机械，总有一种过分的紧迫感，一旦前一个计划没有及时完成，马上就会焦急起来，因为这势必影响下一个计划的执行，导致他们做事总是匆匆忙忙，焦躁不安。

（三）转化性情急躁的学生的策略

莎士比亚曾说过："过于匆忙，也同迟缓一样，会导致可悲的后果。"因此，教师有必要帮助学生克服急躁心理，培养良好的做事习惯。

1. 让学生认识到急躁的危害

只有充分认识到某事的危害，学生才可能产生自觉去克服它的动机与力量。因此，教师应让学生认识到急躁给人带来的一些不良后果。

一是看书时，有的学生走马观花，一目十行，但事后一回忆却不知所云，做作业或考试时也是错误百出。

二是骑虎难下，使自己处于尴尬境地。有些学生喜欢说风就是雨，美其名曰"雷厉风行"，一旦有个新奇的想法，就不顾客观条件如何，鲁莽上阵，不做冷静的、全面的利弊与可行性分析。其结果往往是半途而废，不了了之，甚至让自己下不了台。

三是常感情用事，易发脾气，不计后果，不顾别人的自尊心与个性特点，强求别人与自己保持统一，从而使人际关系难以协调，有时好心也得不到好结果。

四是容易使自己心情不愉快，影响自己的身心健康。

2. 引导学生制订合理的计划

在完成一项任务之前，教师要引导学生学会制订合理的计划。比如，期末考试要到了，教师可以让学生把每天用几个小时复习，都复习哪些科目安排一下，做到心中有数。这样，学生复习起来就不会毛手毛脚了，自然也不会太急躁。

有时候可以让学生对计划进行模糊处理，也就是说，做事时一方面要有计划，另一方面计划又不可过于完备。这样可使学生的行动既有计划性又有自由度，克服了因无计划而手忙脚乱和因计划性过强而缺乏灵活性的弱点。

教师让学生制订计划时，要力求从整体上把握，不要拘泥于一些细节。在执行计划时，可根据具体情况增加或减少一些内容，能使生活、学习显得有条不紊。

3. 让学生形成冷静慎重、三思而行的习惯

教师要让学生认识到世界的复杂性，懂得不可能什么事情都会按个人的意愿行事，任何一件事都可能受到其他因素的制约，有时光靠"急"是解决不了问题的，反而易将事情弄糟。让学生遇事要冷静地思考，慎重地决策，全面地分析各种可能出现的情况，耐心地处理，尽量避免一些偏差，提高学习的效率。如果条件暂时不成熟，要让学生尽量做到：一是尽可能创造条件，二是耐心等待时机，三是对不具备可能性的事马上更改目标或途径，以避免浪费精力。

4. 引导学生适时进行自我暗示，消除或淡化急躁心理

教师应让学生学会在做任何一件事时，在心中暗示自己"沉着""冷静"，在弄清楚该做什么、怎样做之后再动手，这样才会取得明显效果。如当急躁情绪出现时，让学生提醒自己"要冷静点，急躁能解决问题吗？心急只会让事情变得更糟"。也可请他人在发现自己有急躁情绪又没意识到时，及时提醒一下，从而帮助自己恢复情绪常态，以避免产生急躁心理和行为。

5. 联合家长转化性情急躁的学生

（1）督促家长培养孩子的独立性。

著名儿童心理学家黄翼曾指出："世俗父母，常不知青年应该独立，辄以子女脱离掌握为自己的损失……长欲其依依膝下，诚恐其羽成飞去，此种爱大有害于子女，实为最自私自利之爱。"因此，教师要与性情急躁的学生的家长多沟通，告诉他们：作为家长，孩子能做的事情不要包办代替，多鼓励孩子做有益的事情，并且不要怕孩子失败，以此培养孩子形成独立做事的能力。只有这样，才能提高孩子分析问题、解决问题的能力，遇到不如意、不称心的事情才不至于被打垮。

（2）让家长为孩子营造良好的学习氛围。

作为教师，有责任告诉家长，在孩子学习时，家长要尽量为他们创造一个安静的学习环境，不要让他们产生急躁情绪。另外，家长应注重提高自身的修养，为孩子克服急躁的毛病做出榜样。

（3）让家长协助培养孩子办事的计划性、条理性。

教师可以让家长监督孩子做事的计划性和条理性，比如，孩子的衣物，让他们自己分类收拾；家里的东西用完后就放回原处；让他们学会制订学习计划和作息时间表，并督促他们每天按计划学习……

学生只有在生活上和学习上做到有条不紊，才能提高做事和学习的效率，消除由于不必要的忙乱而产生的急躁情绪。

性情急躁的学生的成长拐点

——"磨"出静气，"磨"出平和心态

6. 对天生急躁的学生的应对策略

（1）及时正确地引导学生。

当学生因失败而处于心情紧张、激动的状态时，教师首先要使学生平静下来，帮助他们找出失败的原因，树立自信心，使他们确定并坚持自己的兴趣爱好，从而使情绪保持稳定。

（2）提高学生克服急躁情绪的自觉性。

教师一旦发现学生有急躁情绪，应马上提醒或劝慰他们，告诉他们"心急吃不了热豆腐"，给他们讲些由于急躁而产生不良后果的事例，提高他们克服急躁情绪的自觉性，从而改变他们的急躁个性。

（3）通过具体活动磨炼学生的耐心和韧性。

在学生学习之余，教师可有意识地组织学生参加练字、画画或围棋等活动。在一笔一画的练习中，在细致观察的描摹中，在步步思考的揣摩中，让学生修身养性，磨炼耐心和韧性。

7. 教学生掌握一些自我控制情绪的方法

平时教师应多让急躁的学生抽时间待在一个安静的房间里，集中注意听一个单调的声音，如钟的嘀嗒声；或专注于一种意念，做一些简单刻板的动作，如用大拇指与其他手指重复接触等，从而使学生达到精神放松并能控制自己情绪的境界。

除此之外，还有一些训练学生自己控制急躁情绪的方法。

（1）以冷制急法。

这要求学生一是在重大行动前耐心地做好周密准备，以便心情平静地展开行动；二是时刻保持清醒；三是对不利情况冷静分析，采取恰当的对策，改变和消除不利条件，切忌不顾一切蛮干，让事情变得更糟。

（2）行为条理法。

面对容易急躁的学生，教师应让他们做好坚持不懈地克服急躁情绪的精神准备，让学生从点滴入手，培养自己平和的心境，逐渐建立一套新的行为规则，督促自己过有秩序的生活，进行有秩序的学习，培养行为的计划性、条理性，使生活充满节奏感。

（3）预期时间法。

有的学生没达到预期目标就容易急躁，看到收效不明显也会急躁。这些都是他们预期目标设定不恰当的结果，而急躁情绪又会妨碍学生做持续的努力，最终影响目标的实现。因此，让学生确立合理的、适度的预期目标十分必要。

面对性情急躁的学生，教师首先应转变旧的教育观念，不能只向学生传授知识，而忽视对学生健全人格的培养。

学生性情急躁的毛病不是一天两天形成的，它是长时间积累下来的结果，而纠正这一毛病也不是一朝一夕就可以取得成效的，所以教师要有足够的耐心和毅力，不断地努力，逐步去转化他们。

成自然，一时无法改正。很多时候，他们自己也很苦恼。其实，这类学生迟到的习惯不是改不了，只是需要时间。

（3）性格问题。

这是少数学生经常迟到的原因。个别学生属于慢性人，行动迟缓，做事总是慢吞吞的，即使是心里很着急，看上去也是手忙脚乱，但无论什么事情总不能按时完成，因而也不能按时到达。

（4）厌学情绪。

这部分学生的学习成绩不理想，他们心理压力较大，有厌学情绪，觉得上学没意思，从而产生了即使迟到也无所谓的思想。

（5）作息时间不合理。

学生正处于长身体的阶段，每天至少需要8个小时的睡眠时间，否则就会产生精神萎靡、食欲不振、头晕脑涨等症状，即使是按时起床，也会感到昏昏欲睡，总想再多睡一会儿。这也是部分成绩较好的学生经常迟到的原因。

经常迟到的学生似乎没有时间观念，经常在上课铃响过几声后才急匆匆地跑进教室。但这类学生并不一定都是"差生"，有些"尖子生"也经常迟到。"尖子生"自恃学习好，根本不把迟到当回事，如果教师说两句，他们就把嘴一撇，眼一瞪，强辩几句，为自己寻找迟到的理由；态度好点的"尖子生"也是"这个耳朵进，那个耳朵出"，该迟到还是迟到。因此，教师对迟到要有足够的重视，不要让这一看似无关痛痒的错误拉了学生成长的后腿。

（二）情通理达，以心换心

案例展示

学生迟到是一种常见现象，有个别教师常用罚站或责骂的方式来惩罚这些迟到的学生，而江苏省江都市实验小学的优秀班主任、特级教师苏必华却从来不这样做，她总是对学生很宽容，坚持用情感渗透法去教育学生。她认为只有情通理达，才能收到以心换心、顽童成金的效果。

在苏老师的班里，曾经有两个经常迟到的学生。

经常迟到学生的成长拐点
——让迟到的"执着"成为上进的毅力

（一）走进内心，深度把脉

在学生的各种纪律问题中，迟到是一个严肃而不容忽视的问题。虽然迟到看起来不是什么大事，但仔细想想我们就会发现事实并非如此，它可能会带来非常严重的危害：由于担心迟到，学生很可能会违反交通规则，如横穿马路、闯红灯等，从而对学生的生命安全造成潜在危险；学生的迟到还可能会影响到教师上课的心情，从而影响到一个班级学生的学习……

那么，造成学生迟到的原因主要有哪些呢？

1. 客观原因

偶然因素是引起迟到的最常见、最正常的原因，诸如天气不佳、生病、交通事故、交通工具故障、自然灾害、道路堵塞等，都可能耽搁时间，而且有些因素具有不可预见性和偶发性，也使得迟到现象不可避免。

2. 主观原因

（1）思想认识问题。

这是绝大多数经常迟到学生的根本原因。这些学生认为，迟到是个人行为，是小事情，即使是迟到一会儿也没关系，反正又没妨碍别人，别人也管不着。教师如果不及时纠正他们的错误认识，他们迟到的毛病也就难以改正。

（2）习惯问题。

这是相当一部分学生经常迟到的原因。这些学生由于从小养成坏习惯，做事磨磨蹭蹭，干什么事情，只要不到最后时刻，从来不着急，习惯

经常迟到学生的成长拐点
——让迟到的"执着"成为上进的毅力

一个是飞飞,飞飞是一个"迟到大王",说起他的迟到史来那真是有些久远了。从上学以来,他就很少有不迟到的时候,有段时间甚至天天迟到。而即使是到了学校,他一天也至少要迟到两次——总是上课几分钟后他才急匆匆地进教室,偶尔有一次不迟到也是踩着第二遍铃声飞一般地冲进教室。凡是教过他的教师没有不为他头疼的,虽多次找他谈话,却毫无效果。不过,飞飞虽然常迟到,但对待学习却很认真,是一个很有上进心的学生。

另一个经常迟到的学生是小雯。开学第一天,苏老师第一次给这个班上课。她扫了一眼教室,发现小雯的座位上还是空的,看来她又迟到了。苏老师早就听说这个学生经常迟到,没想到自己在第一节课就遇到了这种情况。

过了大概10分钟,小雯才一摇三晃地来到教室门口,看不出一丝着急的样子。苏老师皱了皱眉,但什么也没说,只是示意小雯赶紧回到座位上,然后继续上课。

苏老师是怎样帮助这两名学生的呢?

首先,以情感人,让上进的学生改正缺点。

对于飞飞迟到的毛病,苏老师决定从他爱学习、上进心强等特点来进行突破。她将飞飞叫到办公室,亲切地对他说:"飞飞,我知道你迟到可能有某些原因,但我们这儿毕竟是学校,作为学生就应该遵守学校的规定,你说对吧?"

飞飞眨着大眼睛,轻轻地点了点头。

苏老师接着说道:"你迟到的次数按学校的规定要被停学了,但老师考虑到停学对你学习上的影响比较大,所以这次就不上报了。但你若还是这样违规,对班级的影响很不好,学校那边我也无法交代,你看这样好不好,以后每天早上和中午我打电话叫你起床。"

飞飞听到苏老师这个建议,感觉很惊讶,他以怀疑的语气问道:"老师,您真会打电话叫我吗?"

苏老师很认真地说:"当然,为了你好,我以后会坚持这样做的。你不相信老师吗?"

听到苏老师的回答,飞飞有些不好意思地说:"不是不相信老师,只是从来没有老师对我这样说过,每次他们都只会训斥我。老师,您放心,

不犯错误的学生不是好学生

——把错误变为成功教育的拐点

我一定不会再迟到了,您也不用打电话了,看我的表现吧!"

第二天早上,苏老师犹豫着要不要给飞飞打电话,最后她还是决定相信他。结果,飞飞按时到了学校。

苏老师趁热打铁,对飞飞说:"老师相信你,以后我也不给你打电话,但是你要用自己的行动证明给我看哦!"

"是,教师,我保证不会再迟到!"说着,飞飞调皮地做了个鬼脸。

从那以后,飞飞真的没有再迟到过。

其次,以热情的关怀感动学生。

对于小雯,苏老师也是把她叫到了办公室。当小雯来到办公室时,苏老师看到的是一张无所谓的脸——显然小雯已做好了挨批评的准备,对于批评她似乎已经麻木了。

"来了,小雯,快坐!"苏老师起身为她搬来一把椅子。

"哦,谢谢老师!"苏老师的举动让小雯有些吃惊。

"小雯,昨晚是不是又睡晚了?"苏老师微笑着问道,她并没有直接问小雯为什么迟到,而是以委婉的语气表示了自己的关心。

"嗯……是的。"小雯再次露出吃惊的表情,她喏喏着答道。

"以后要早点睡,不要学习太晚了,对身体不好。"苏老师继续表示自己的关心,"你知道吗?我曾经在你扔掉的纸里发现过这么一句话:自己大了,应该懂点事,别让大人再操心了。你能这么想,老师很欣慰,这说明你是个懂事的孩子。"

听到老师的夸奖,小雯低着头,脸红了。

第二天,小雯提前到了学校。

苏老师又试着在小雯身上寻找她的闪光点。虽然她老是小错不断,但是在一次劳动中,苏老师却发现她很积极,又是拖地,又是搬凳子,又是倒垃圾,不怕脏不怕累。最让苏老师吃惊的是,这一切居然是在她那天身体不怎么舒服的情况下进行的——这是后来她妈妈打电话替她请假时,苏老师才知道的。

苏老师很感动,于是在第二天总结大扫除的劳动情况时点名表扬了她,结果换来了热烈的掌声和小雯腼腆的笑容。

从那以后,小雯再也没有迟到过。

经常迟到学生的成长拐点

——让迟到的"执着"成为上进的毅力

反思拓展

从案例中可以看出,苏老师转化经常迟到学生的方式很独特,也是非常有效的。而与之相比,有些教师则这样对待迟到的学生:

有一位学生迟到了,站在教室门口。

教师问:"今天你为什么又迟到了?"

学生回答:"我家的钟慢了。"

教师生气地说:"你就会狡辩,我不是提醒你要提前 10 分钟到学校吗?"

学生委屈地答:"我是比我家的钟提前 10 分钟来的。"

教师大发雷霆:"你还在狡辩,就是不想承认错误!"

学生带着哭腔说:"我真的是提前 10 分钟来学校的……"

教师打断学生的话头,厉声说:"你每天都是这样!"

学生张开嘴还想申辩,但嗫嚅了几下又闭上了,眼泪流了下来。

……

这是学生迟到后,教师对其进行教育的一个典型情景。在教师带有"逼供"性质的质问下,学生无言以对。从对话中可以得知这名学生一定经常迟到,而且可能每次都在为自己找理由开脱,所以教师才会对他的辩解置之不理,大加训斥。可这似乎并没有什么效果——教师面对没有承认错误的学生,非常生气;学生见教师不理解,非常难过。

如果这位学生这次真的是因为钟慢了而迟到呢?那岂不是冤枉了他?教师在他没有做错的时候批评他,岂不是把他往更大的错误上推?而学生也可能会这样想:"不管我有没有错,老师都说我错了,反正老师都不理解我、不信任我,我就干脆'破罐子破摔',故意天天迟到,看你能把我怎么样!"这样一来岂不是背离了教育的初衷?

教育的最终目的应该是使学生得到发展、得到提高,只有立足这一点,教育才是真正的教育。而如果教育使教师和学生都受到伤害,这样的教育又有什么意义呢?

学生迟到,教师启发引导、批评教育都是正常的,而且是必要的。但如何批评,通过批评要达到什么目的,教师要心中有数,不可感情用事。特别是对经常迟到的学生,教师更要保持冷静,教育时要就事论事,切勿由迟到扩展到其他缺点。也就是说，教师既要把学生的一贯表现联系起来看，整体关照学生思想行为的发展变化，更要独立地分析每一个事件，找出学生迟到的原因，然后对症下药。

另外，对经常迟到的学生，教师要善于等待教育时机，并不是学生一迟到，就要找他们谈心或批评教育，可等他们的错误积累到一定程度时，再抓住一个环节进行突破。这样则可收到令迟到成为学生成长拐点的教育效果，使教育事半功倍。

在具体处理迟到事件的过程中，教师要注意以下几点。

1. 莫让体罚成为遗憾

从飞飞和小雯的案例中可以看出，飞飞是一个几乎天天迟到的学生，而小雯也是习惯性迟到，他们都可以被称为"迟到大王"。那么，他们是不是都是故意迟到的呢？显然不是的，飞飞有可能是因为某些原因，比如，起床晚或洗脸刷牙磨磨蹭蹭，而小雯则可能是故意的。为什么这么说呢？因为来到教室门口的时候，小雯仍是不紧不慢，丝毫也不着急；而飞飞虽然也迟到了，但显然他不希望落下课程，所以会飞一般地跑进教室。这说明两个人对学习的态度是不一样的。其实，学生迟到无非是由以下几个原因造成的：

（1）认为这节课听不听都一样，所以晚点去。

（2）这个教师讲课太差了，与其在教室里睡觉还不如在家里多睡会儿。

（3）晚上睡觉太晚，早上起来迟了。

（4）路上堵车，耽误了时间。

（5）身体不舒服。

（6）因为家庭琐事耽误了时间。

面对迟到的学生，个别教师经常采用不问原因就点名批评或罚站的方法。这一方法显然不是好的教育方法。有这样一位教师，就是因为不问缘由罚站学生，让自己悔恨终生。

这位教师的班里有一个名叫丽丽的女学生经常迟到，教师多次找她谈心，希望她不要迟到，要养成守时的好习惯，却没有任何效果。

有一天早晨，丽丽又迟到了，这位教师很生气，就让她站在教室外

经常迟到学生的成长拐点
——让迟到的"执着"成为上进的毅力

面。大概5分钟后,才让她进了教室。进来后,丽丽走到自己的座位前想坐下,这位教师却说:"谁让你坐下?再站一会儿。"

丽丽流泪了,但仍然顺从地站在自己的座位前,并拿出书和大家一起读。直到早读结束,丽丽总共站了15分钟。

两节课后,丽丽来向这位教师请假,说头晕,想回家休息。教师听后很吃惊,问她是不是因为早晨站太久了。丽丽说不是,平时就头晕,是老毛病了。

第二天,丽丽的母亲来学校请假,说丽丽病了,需要一段时间的治疗和休息。教师感到自己做得有些过分,开始自责起来:也许丽丽当时已经病了,可自己竟不问缘由,罚她站了那么久!

于是教师问丽丽的母亲,丽丽究竟得的是什么病。她母亲含糊地说:"也没有什么大不了的,就是……"见她不明说,教师以为她可能有什么苦衷,也就没有往深处问。

过了两个星期,丽丽的母亲来到学校,找到该教师,说丽丽的病情比较重,要休学治疗。教师在吃惊的同时,内心深处也暗暗庆幸总算甩掉了一个包袱,可以不用再管她迟不迟到了。

半年之后,丽丽返校复学,降到了下一个年级学习。在校园里遇到这位教师时,她总是胆怯而有礼貌地打招呼。

在几个月后的期中考试中,刚考完最后一科,有个学生跑来告诉这位教师:"丽丽今天早晨……死了……"这位教师不禁一颤,手中刚收上来的一叠试卷滑落到地上。20分钟后,这位教师和几十个学生赶到殡仪馆。丽丽的母亲迎上来,用哭哑了的声音对这位教师说:"您这么忙还赶来,感谢您和同学们了。"

这位教师心情沉重地说:"太突然了,根本没有想到。"

丽丽的母亲流泪说:"丽丽6岁就患上了白血病,医生说她最多能活3年。为了让她过宁静美好的生活,我一直没有告诉她,也没有告诉任何人。在许多人的关心下,她奇迹般地活了8年。谢谢您啊,老师,丽丽在最后几天,还在说她想念您,想同学们。她复学后一直不喜欢新的班级,多次说她想回到原来的班级。可是,她就这么……"

丽丽母亲的话让这位教师心如刀割。在丽丽纯真的心灵中,尚不知道她想念的教师曾为她休学而暗暗高兴。这位教师忍不住哭起来。这是他参

不犯错误的学生不是好学生
——把错误变为成功教育的拐点

加工作以来，第一次也是唯一一次因愧对学生而流泪。

当天晚上，这位教师含泪写下了一篇近5000字的文章来纪念丽丽。从此以后，这位教师发誓：决不再对迟到的学生罚站！

这是一个让人痛心的教育故事。这位教师在不了解原因的情况下，就对迟到的学生进行惩罚，以致让自己终生悔恨。因此，教师对于经常迟到的学生，一定要有适当的教育方式，切不可不问缘由就根据自己的臆断施行体罚。

2. 以尊重促进理解

联合国教科文组织下属的一个工作机构曾经在日本东京组织了一次国际中小学教师、学生联欢活动，共有20个国家和地区的410位教师、学生参加，其中教师208人，学生202人。联欢活动历时6天，先后开展了5项活动，其中有一项活动就是关于各国教师如何处理迟到学生的。

这项活动很简单，就是各国教师对主持人的问题做出回答。这个问题是：

大杰克和小杰克是孪生兄弟，都是14岁，正在学校读书。他们的家离学校比较远，家长给他们配了一辆轻型汽车作为交通工具，让他们开车上学、回家。这兄弟俩由于晚上贪玩，早上好睡懒觉，经常迟到，教师、家长虽多次批评，但他们还是我行我素。有一天上午考试，尽管教师事先警告他们不许迟到，但他们因在路上玩耍，还是迟到了30分钟。教师查问原因，他们谎称汽车在路上爆胎，到维修店补胎贻误了时间。教师半信半疑，但没有发作，等他们进教室后就悄悄到车库检查他们的汽车，结果发现四个轮胎都蒙着厚厚的灰尘，没有被拆卸的痕迹。很明显，补胎是他们编出来的谎话。

主持人问："假设你是杰克兄弟的教师，你将如何处理？"

208位教师认真思考，积极作答，都在规定的半小时内交上了答卷。主持人经过认真分析整理，从208份答卷中归纳出25种处理方式。

中国式的处理方法：一是当面进行严肃批评，责令写出检讨；二是取消他们参加当年各种先进评比的资格；三是报告家长。

美国式的处理方法：幽他一默——对兄弟俩说："假设今天上午不是考试而是吃冰淇淋和热狗，你们的车就不会在路上爆胎。"

经常迟到学生的成长拐点
——让迟到的"执着"成为上进的毅力

日本式的处理方法：把兄弟俩分开询问，对坦白者给予赞扬奖励，对坚持说谎者严厉处罚。

英国式的处理方法：小事一件，置之不理。

韩国式的处理方法：把真相告诉家长和学生，请家长对孩子严加监管；让全班学生讨论，引以为戒。

新加坡式的处理方法：让他们自己打自己的嘴巴10下。

俄罗斯式的处理方法：给兄弟俩讲一个关于说谎有害的故事，然后再问他们"近来有没有说过谎"。

埃及式的处理方法：让他们向真主写信，向真主叙述事情的真相。

巴西式的处理方法：半年内不准他们在学校踢足球。

以色列式的处理方法：提出三个问题，让兄弟俩分别在两个地方同时作答。三个问题是（1）你们的汽车爆的是哪个胎？（2）你们在哪个维修店补胎？（3）你们付了多少补胎费？

……

主持人把这25种处理方式翻译成几种语言，分送给参加活动的202名学生，请学生评选出自己最喜欢的处理方式。结果，91%的学生选择了以色列教师的处理方式。为什么以色列教师的方式最受欢迎呢？因为它的批评教育带有游戏性质，学生不难堪。也就是说，学生也需要被尊重。

而在教学实践中，有些教师非常反感学生迟到，不管是什么原因，只要迟到，就罚学生在教室门口站着，不让学生回座位，以示纪律的严格。其实教师应该明白，一般情况下，学生是不愿意迟到的。如果一个学生偶尔迟到了，一定有他的原因，这时教师应和颜悦色地询问他为什么迟到，如果是客观原因，诸如堵车、生病等，可以不必深究。切忌不分青红皂白，一看学生迟到就批评，这样做只会使偶尔迟到的学生不敢进教室，以至逃学。

有一位中学教师为了让全班同学都不迟到，就来了一个别出心裁的"惩罚"——谁迟到了就给大家唱一首歌。这样不但达到了教育的目的，也尊重了学生的人格。

让迟到的学生轻轻地走进教室，是对学生的谅解、宽容、尊重。事实上，学生迟到的原因很多，真正因玩耍或故意捣乱的极少。可有一些教师见学生喊"报告"，就装着没听见，或借机训斥一番，让学生在门口站很久，以致影响了学生的学习。

让迟到的学生悄悄走进教室，也是对其他学生听课时间的珍惜。因为学生喊"报告"，教师追问原因，会打断教师讲课和学生听课的思路。对此，有的学校规定，凡是上课迟到的同学，不管什么原因都不用喊报告，自己直接开门悄悄地到自己的座位上。这一规定使晚到的学生在带着歉意的目光和教师交流后，急忙投入课堂学习、思考的氛围中；下课后，他们则会主动找教师说明迟到的原因。

（三）转化经常迟到学生的策略

学生迟到在学校是一种很常见的现象，对于学生来说，也是一个很不好的习惯。学生迟到的原因各不相同，所以教师在具体教育时，应该针对不同的原因，进行不同的教育，做到因情况施教。

教师怎样转化经常迟到学生呢？下列方法可以参考。

1. 让学生明白准时到校的重要性

学生，特别是低龄学生，他们可能还意识不到上学迟到会有什么严重后果，或者他们还不了解准时的重要性。因此，教师首先要告诉他们准时到校的重要性，让他们明白守时体现了个人的较高修养，在人的一生中将会起到很大的作用。

2. 不让迟到打断教学进程

教师可以告诉学生，如果迟到了，要安静地走进教室，坐到自己的位子上，并且设法跟上教学的进度。当有迟到的学生到达时，不要给他们太多的注意力，更不要因为迟到而打断教学对其进行批评，教育可以在课后进行。

3. 让迟到报告表发挥应有的作用

对迟到的高年级学生，教师不必让他们喊"报告"，可让他们安静地进入教室，在下课后拿一份迟到报告表，填完后放到教师的桌上。

在这份表格中，要让学生写上日期、到达的时间以及迟到的原因，并可在表格下方写上一句口号，比如，"在今后的日子里，我将尽我最大的努力准时进入教室"，最后让学生签字。

教师要检查所填表格的准确性，如果觉得有必要，可以和学生当面讨论一下迟到的问题。另外，还有一个办法，教师可以让迟到的学生把日期、时间以及他们的签名写在班级的"迟到簿"中。

4. 和经常迟到学生的家长谈谈

教师应让家长知道学生准确的上学时间，并且告诉他们，经常迟到，将会面临哪些学习上的困难。

教师可以向家长询问学生早上的例行程序，并提出一些方法，改变现在容易迟到的模式，让学生能够早点走出家门。例如，学生如果因为早上要花太多的时间来收拾学习用品而经常迟到，教师可以建议家长头天晚上督促学生做完这件事。

5. 让学生明确迟到的后果

当某个学生迟到的次数累计到一定数量的时候，教师可以让他在课间休息的时候留在教室里，或者在放学后留在学校里。对这些学生进行处罚时，教师要注意用一种平和的态度对待他们，不要表现出愤怒。当这些学生能够准时到达的时候，要及时表示赞赏。

6. 给习惯迟到的学生一项任务

教师可以让习惯迟到的学生负责向办公室呈递出勤人数表，或者负责向同学收取家庭作业。这种教育方式，学生不但愿意接受，还能达到很好的教育目的。

7. 根据迟到的不同原因，有区别地施教

（1）因不爱起床而迟到的学生。

教师要对这类学生进行"吃苦"教育，并和学生商量好，早上起床是要家长帮忙，还是自己上好闹钟，还是教师每天打电话叫，三者选一。

（2）因晚上睡得晚而迟到的学生。

教师可了解这类学生睡得晚的原因，适当的时候可以跟学生家长联系，让家长督促孩子早睡早起。

（3）因做事磨蹭而迟到的学生。

这类学生动作慢，做什么事都爱磨磨蹭蹭、拖拖拉拉。教师要对学生进行爱惜时间的教育，并伴之有效的训练，如时常让他们在规定时间内完成某件事。

（4）因家长原因而迟到的学生。

因家长原因而迟到的，大多数是低年级的学生。家长可能是掐着点送孩子上学，也可能是早饭做晚了。对此，教师要对家长提出要求，给家长讲明孩子迟到造成的不良影响。

（5）因不良环境影响而迟到的学生。

有的学生家里常常有很多人，或打牌，或聊天，或看电视，学生缺乏良好的学习和休息环境，以致上学常常迟到。这需要教师多做家访，跟家长多沟通，共同为学生营造安静的生活、学习环境。

（6）因教师原因而迟到的学生。

这类学生大多有很强的叛逆心理，教师对他们的迟到进行过批评或体罚，他们就干脆和教师对着干：你越批评我，我越迟到。这时，教师需要从自身找原因，考虑改变不合理的教育方式。

（7）因堵车等客观原因而迟到的学生。

这类学生一般都不是习惯性的迟到，只是偶尔迟到。教师在问明原因后，不应批评他们，而要理解他们。毕竟学生也无法掌控路上的堵车时间，即使他起得再早，也有可能因路上的意外情况而迟到。

迟到并不可怕，关键在于教师如何正确对待迟到的学生。教师一定要做到具体问题具体分析，问清原因再做处理。教师要在尊重学生人格的前提下，给予他们一定的关爱，以情感渗透学生的心灵，情通理达，努力不让迟到成为学生的主观意识，让学生在思想上重视这一问题，并努力加以改正。

爱浪费的学生的成长拐点
——以身作则,让学生在体验中加深认识

(一)走进内心,深度把脉

目前,学生浪费的现象比较普遍,对此,很多学校每年都会举行各种宣传活动,希望能提高学生的节约意识,但效果总是不尽如人意。

经调查发现,学生容易在以下三个方面造成浪费。

1. 文具纸张的浪费

新学期开学的时候,很多学生都会更换全套的新文具,从书包到铅笔盒全是新的,造成的浪费是巨大的。至于草稿纸只写正面,练习本没写几页就撕成碎片,橡皮和铅笔头到处乱扔等现象就更多了。

2. 水资源浪费

在一些学校的教学楼和宿舍楼常常出现"长流水"现象,一些学生洗漱后会忘记关水龙头,而有些顽皮的学生甚至在水龙头下打水仗,导致水资源的浪费。

3. 食品浪费

每次就餐时,学校食堂的泔水桶前总会挤满学生,有的将吃了几口的馒头丢弃,有的将吃了一口觉得不好吃的菜扒拉到桶里,有的甚至将整盘饭菜都倒掉。

学生浪费的一个重要原因就是,如今家庭条件好了,他们意识不到节约的重要性,加之家长都会尽可能地满足孩子的物质要求,对孩子的浪费并不在意。具体原因还有以下几点:

不犯错误的学生不是好学生
——把错误变为成功教育的拐点

1. 成人高档次消费热的不良影响

现在人们的生活水平日益提高，一些不切实际、不合时宜的超前消费风，给价值观、人生观尚未定型的青少年学生造成负面影响。学生都富于幻想、不满现状，这时如果缺乏正确的、有力的思想引导，便会在社会风气的误导下，片面地比吃、比喝、比穿、比玩、比派头，养成不良的消费习惯。

2. 学校德育工作存在弊端

一些学校德育课程说教太多，脱离社会实际，不切合学生年龄特征，特别是在道德规范方面，缺乏生动形象的具体指导，缺乏勤俭节约品德教育的实际行动。这也是学生奢侈浪费成风的原因之一。

3. 家庭教育的失误

现在的学生大多是独生子女，是家庭中的"小太阳""小皇帝"。祖父母希望孩子再也不要吃他们小时候吃的那样的苦，父母则把所有的希望都寄托在孩子身上，希望孩子各方面都能出类拔萃。因此，他们花在孩子身上的吃、穿、玩的费用越来越多，几乎是孩子有求必应。特别是有些经商的父母，还怂恿孩子花钱，崇尚"今日能花钱，将来才能挣大钱"。而一些普通家庭的学生，也在这种风气的驱使下，花父母的钱一点也不觉得心疼。

4. 学生自控力差、虚荣心强

看到周围的同学吃零食或买了漂亮的玩具，有些学生就会忍不住也想拥有，于是经常向父母提要求，虚荣心逐渐增强。

学生就像一张白纸，成人的任何言行都能在那里留下痕迹，日积月累，那些言行就会成为他们的言行。学生一旦养成奢侈浪费的习惯，就会导致很多不良后果，如精力分散，影响学习；加重家庭的经济负担；使消费观念和消费行为走进误区，发展下去将容易导致出现违法犯罪行为等。

作为教师，对学生的奢侈浪费行为不能掉以轻心、任其自然，更不能盲目迁就、助其发展，而应加强对学生的道德教育，正确引导，帮助他们克服不良消费习惯，形成正确的消费观念，让节俭之风在学生身上大放光芒。

（二）言传身教，半个弃饼动人心

案例展示

一天早晨，同学们正在上自习，班主任张老师像往常一样走进教室进行例行检查。在教室门口的垃圾桶里，张老师发现了用塑料袋包着的半个烧饼，他立即将烧饼捡起来问道："这是谁扔的？你们没经历过困难日子，不知道粮食的可贵。"

见问话没人回答，张老师做出了一个让全班学生震惊的举动，他说："你们没人承认那我就吃了。"然后，张老师就要将烧饼放进口中。就在这时，那位扔烧饼的学生站出来冲上讲台阻止了老师，并对张老师说了对不起，还表示以后不会再浪费粮食了。最后，张老师和那位学生当着全班同学的面将这半个烧饼分着吃了。

这一事件在学校引起了很大反响，一位深受感动的学生用"很负责、很认真、很敬业"来描述张老师。她说："张老师快60岁了，曾担任过学校的教导主任，做事很仔细；但张老师也很幽默，经常和同学们开玩笑，像爷爷一样和蔼可亲。"

随后全班80多位学生都将自己对这件事的感受写了出来，一些学生在写感受时还低声哭泣，他们大多以"震撼""沉重""影响一生"来形容自己对这件事的感受。学校的其他老师谈起张老师时也赞不绝口，他们说："张老师是一个平易近人、以身作则的好老师。他班里的学生集体感强，高考成绩经常名列学校前茅。"

张老师为什么会做出这样一个惊人的举动？被问及此事时，张老师连连摇头说："这不是什么大事，没什么，我只想通过自己的做法教育学生学会节俭。"他说自己是1960年参加工作的，当时正是全国困难时期，所以知道粮食的可贵。自己做这件事的初衷是通过言传身教让学生学会节俭，告诉学生要懂得七个字"做人、求知、上大学"。一个人要先懂得做人，其次才是求知。

不犯错误的学生不是好学生
——把错误变为成功教育的拐点

后来，学校各个班级借此举行了以"校园节约金点子"为题的主题班会，很多学生都表示张老师能够以身作则教育学生，让他们感到惭愧，所以他们要从现在开始做起，节约每一粒粮食、每一张纸、每一滴水。

如今在该学校问及学生在平日里如何节约时，学生都会抢着说："早上10点后关闭教室照明灯，以节约用电！""我们把用完的作业本收集起来卖废纸。"有的班还将他们收集的塑料瓶拿出来展示。

反思拓展

张老师走到垃圾桶前捡饼吃的举动，如同朱自清《背影》中那位蹒跚走到铁路边，爬过栅栏为儿子买橘子的老父亲一样，以强烈的感召力震撼了每一个在座学生，其教育意义是任何说教都无法替代的。这样身体力行的节俭教育怎能不撼动人心。

教育学生勤俭节约、避免浪费，用怎样的方式方法更为有效，这是近年来教育界热衷探讨的话题，但所提出的各种方式都没有收到很好的教育效果。为什么？其主要原因还是在于这些方式或者手段仅仅是口头上空洞的说教，教育者没有身体力行，学生怎么能够心服口服地被感化呢？

如今的学生，特别是城市里的学生，大都没有经历过劳动的艰辛和生计的艰难，要求他们自觉或本能地遵守勤俭节约的美德，做到不浪费，的确不太容易。而案例中的张老师，正是在这种社会大环境下进行言传身教，怎能不让学生感受到传统美德的感召力量？事实证明，这一做法的教育效果是立竿见影的，当张老师捡起饼来要吃时，那位扔饼的学生马上被老师的行为深深感动，当场向老师承认了自己的错误。其实，张老师的教育过程，也是体现教师仁者情怀的过程。

孔子说："道之以政，齐之以刑，民免而无耻；道之以德，齐之以礼，有耻且格。"意思是说，仅仅用政令来禁止，用刑法来惩治，百姓会因害怕受罚而遵守法规，却没有廉耻之心；但以德来引导，以礼来规范，百姓会因知廉耻而遵守法规。对于学生的浪费行为也是一样，如果教师单纯用禁止、惩治的方式来解决问题，并不能取得很好的效果，而用身体力行的道德教化来感召，就会使学生从内心深处真正体会到浪费的可耻，从而改变自己的不良行为。道德教化的感召力量作用于学生的内心世界，是"随风潜入夜，润物细无声"的。张老师的行为在提倡建设节约型社会的今

爱浪费的学生的成长拐点
——以身作则，让学生在体验中加深认识

天，显得格外珍贵。

年近六旬的张老师当众与学生分吃被学生扔掉的半个烧饼的举动，对很多学生来说显得不可思议。捡起它与丢弃它，折射的是两代人迥然不同的价值观，体现的是传统美德与超前消费观念的交锋。

虽然不能认定一个学生丢弃了半个烧饼，就代表所有的学生都不知稼穑之苦，但目前的中小学生，特别是城市里的中小学生，不像上一辈人那样节俭则是不争的事实，其中部分学生还有以浪费为时尚的错误观念，这种倾向是值得深思的。

如今，物资日渐丰富，经历了物资匮乏时代的成年人，在为人父母的时候，不愿意让自己的孩子再次体味上一代人所承受的艰辛生活，当自己经济条件稍好的时候，便尽可能地满足孩子的物质要求，从而助长了一些孩子的大手大脚行为。虽然，教师没有必要要求如今的学生像他们的父辈那样将已经短小的衣衫修整后继续穿，但有必要让他们学习父辈的节俭美德，杜绝日益严重的浪费行为。如果教师能让学生将节俭的美德渗透到自己的日常行为之中，必将使他们终生受益。

（三）在当家做主中体会节俭的重要性

案例展示

在四川省成都市锦官新城小学，提起春游、秋游活动，学生就会兴奋不已。因为他们不仅在春游、秋游中亲近了大自然的阳光雨露，放松了心情，而且春游、秋游前的"10元购物课"，更让他们学会了合作，懂得了节俭，体验了当家做主的乐趣。

2001年学校组织春游时，学生的午餐由学校食堂做好送去，结果学生并不满意，一个个偷偷从家里带了很多零食，将学校食堂的午餐都浪费了。于是，当年秋游时学校决定，让学生自己去买东西利用秋游的机会，给学生上一堂"浪费可耻，节俭光荣"的购物课。

学校按每名学生10元的午餐经费发给各班，每8人1组，小组先讨论要买的东西，意见不统一时就举手表决，少数服从多数，定下购物清单，再集体到超市购买。活动结束后，各班还要进行总结，评出"最有合作意

不犯错误的学生不是好学生
——把错误变为成功教育的拐点

识""最有计划性""最会安排生活""最有社会公德"等的优秀活动小组。

进入超市,学生都是边买东西,边翻购物清单,还不时拿出纸笔或计算器写写算算,看哪个牌子更划算,或比较大包和小包哪个更合适,那货比三家、精打细算的认真劲儿,让一同购物的大人都钦佩不已。"不能超支,清单上没有的东西绝不买。"一名四年级的学生兴奋地说,"本来我们想买筷子,但后来我们决定从家里带,可以避免浪费,节约经费。"

成都市锦官新城小学每年两次的"10元购物课"收到了潜移默化的效果。校长说:"现在的孩子家庭条件都比较好,大都以自我为中心,很少替别人着想。开展'10元购物课'的初衷就是想让学生在实践中学会合作,培养学生的团队意识,懂得'节俭'的含义。"

刚开始讨论购物清单时,学生都抢着说自己喜欢吃的东西,常常争执不下。学校就有针对性地开展"认识自己""包容别人"等相关主题班会,引导学生多替别人考虑,关心同学。现在,讨论购物清单时,学生常常提醒别忘了谁爱吃鸡腿、谁爱吃雪饼。

起初,学生们一进商场就蒙了,不知道买多少合适,不是买多了就是买少了,还不会搭配,买回的几乎全是膨化食品或口香糖。经过几年购物课的磨炼,学生的生活能力得到了很大提高,高年级的同学应用数学知识,列清单时按食品、饮料、用品分类,然后每类再按人数均分,保证够吃又不浪费。

学校还因势利导进行数学生活化教学实验,将学生在超市中碰到的问题拿到课堂上一一解答,学用结合。学生身上的变化,家长体会很深。一名学生家长说:"刚开始时,我还担心10元钱不够花,结果孩子不仅吃得饱、吃得高兴,还变得能干懂事了;节假日跟孩子出去玩也不再像以前那样想玩什么就要玩个够了。不久前,我想给孩子买身衣服,她却拉着不让,说两套校服够穿了,爸爸妈妈挣钱不容易,不要太浪费了。"一名五年级的学生还学会了理财,一次,她拉着妈妈走遍了学校周围的银行,最后选了一家不收年费的银行,将几十元零花钱存了进去。她说:"我的钱是准备给妈妈生日买花、给学校结对的贫困生捐款的,存在银行就可以管住自己不乱花钱。"

反思拓展

有人说,节约是生产力低下的自然经济时代的产物,在物质丰富的市

爱浪费的学生的成长拐点
——以身作则，让学生在体验中加深认识

场经济条件下，已经不合时宜了，所以社会、家庭以及学校对学生节约方面的教育少了，甚至不提了。但案例中成都市锦官新城小学的做法却给了人们很多启示，那就是，虽然现在经济发展了，人们收入增加了、日子好过了，但杜绝浪费、提倡节俭不仅没有过时，反而随着时代的发展有了更加丰富的意义。

我国是世界上人均水资源贫乏的国家之一，600多个城市中有400多个供水不足；我国要用不到世界耕地面积十分之一的土地养活世界四分之一的人口，而且目前耕地还在逐年减少；几十年后我国除了煤炭外，几乎所有矿产资源都将面临枯竭……发生在身边的浪费正在撼动人们赖以生存的根基，子孙后代不得不为今天的挥霍付出沉重的代价。因此，教师要从对子孙后代负责、从经济可持续发展这个高度来认识节约的重要性，向学生传达节约理念，提高学生对节约的认识，让学生自觉养成节俭的美德。

现在的家长明知浪费是不对的，但是对于孩子的浪费却不知该怎样应对，也很难让孩子认同自己的节俭观点。孩子对于随意倒掉食物、对文具不断喜新厌旧之类的事，觉得理所当然，无所谓。他们往往把班里那些家里富有且零花钱多的同学当做比较对象，向家长提出种种消费的要求。这可苦了那些经济并不宽裕的家长，如果满足孩子的要求，自己就要省吃俭用，生活压力会变得很大；不满足孩子的要求，孩子又会觉得委屈，甚至自卑。因此，在引导学生正确消费、减少浪费的问题上，教师应多做工作，可以学习锦官新城小学的做法，也可以组织学生参加一定的社会劳动，让他们体会劳动的艰辛和挣钱的辛苦。如教师可以组织学生到农业示范基地体验生活，甚至可以让学生到郊区参加一些力所能及的劳动。另外，城里一些学生的父母也来自农村，还有不少亲戚在农村，教师可以请家长利用节假日送学生到农村去，让他们与农村的小朋友一起参加农业劳动。通过劳动，学生可以亲身体验盘中餐来之不易，从而提高珍惜粮食的自觉性。这些活动远比课堂上的说教更吸引学生，效果当然也更好。

教师除了向学生宣传节俭的美德外，还有必要向学生家长宣传，可在开家长会的时候建议家境富裕者有限度地给学生零花钱，让家长明白，过多的零花钱对孩子的成长未必有利。同时，教师要适当引导学生的穿着打扮，减少学生间的攀比现象，尽量营造不攀比的氛围，这对于学生养成正确的消费观，减少随意浪费大有裨益。

(四)转化爱浪费的学生的策略

勤俭节约是中华民族的传统美德,建设节约型社会已是全体国民的共识。作为教书育人的校园,理应成为节约的典范之地。但不可否认的是,校园里铺张浪费的现象仍然很多,尤其是餐厅里的浪费尤甚。作为教师,有必要采取相应策略,遏制校园浪费现象,以下一些成功的经验可以借鉴。

1. 抓准教育时机

教师一旦发现学生有浪费行为就要抓住时机,及时进行教育,必要时可发动全校开展教育。

某校学期初,一天早饭后,三位学校附近的居民一人背着一个鼓鼓囊囊的大袋子从学校餐厅里出来,几名教师一看,原来里面装的是学生吃剩的馒头,有许多还是整个的馒头!于是,他们决定抓住这个时机,在全校开展一场反浪费教育,以遏制这种浪费现象。

他们决定利用升旗仪式的时机开展活动。事前,几名教师先布置专人将学生吃剩的饭菜全部收集起来。一天下来,吃剩的馒头装了满满4个大袋子,到磅秤过了一下共144.6斤,吃剩的菜装了足足4个大水桶。升旗仪式上,教师们把它们抬到国旗下时,学生感到很纳闷。当学生得知这仅仅是学校一日三餐浪费的饭菜时都震惊了。看到袋子里雪白的馒头和水桶里满满的剩菜,全场哗然。

校长在讲话中算了一笔账:1200名学生每天浪费144.6斤馒头,大体相当于浪费100斤面粉,照这样下去,每年就要浪费掉3万6千斤面粉。初中三年就要浪费掉3个3万6千斤,也就是10万8千斤。如果按每人每年消费500斤面粉计算,可供一个四口之家吃54年。按同一个标准计算,全国13亿人如果每顿饭都没有剩饭的话,每天会节约约1亿斤面粉,那么一年就可节约约360亿斤,折合人民币360亿元。360亿足够我们学校建学生公寓18000幢……

通过这次主题升旗仪式活动,学生们的思想受到了很大的触动,浪费现象大大减少。

对于学生浪费粮食的现象，除进行全校思想动员外，还应做出相应的保障，如改善伙食管理，提高饭菜质量，让学生吃得好、吃得香、剩不下，从而减少浪费现象。另外，学校还可以把杜绝浪费纳入制度管理，安排专门的生活管理教师值班，监督学生的就餐行为，对于浪费现象予以制止，并通报批评，对班级实施量化扣分。

以此为契机，教师还可以开展一系列的节约教育活动，如节约用水、节约用纸、节约使用粉笔等。

2. 开展主题班会

班级可以不定时开展"浪费可耻，节俭光荣"主题班会。主题班会前，教师可以布置学生利用星期天的时间，采访自己的父母或爷爷奶奶，听他们讲过去的生活，并要求每位学生以"听前辈讲过去的事情"为话题写出采访的主要内容和感受。在主题班会上，教师可以让学生就自己的采访以组为单位进行交流，并安排部分学生做典型发言。同时，让每位学生都写"告别浪费，厉行节约"的誓言和保证书。

3. 教师应做出示范

身教大于言传，榜样的力量是无穷的。学校可以把教师的用餐区设在学校餐厅的门口，让全体学生都能看到教师是如何吃饭、如何珍惜粮食的。每一位教师都按照自己的需求来盛饭菜，有些饭量大一点的教师总是把自己碗里的饭菜吃完后再添，以保证教师的用餐区从来不会有剩余的饭菜。在这样一种氛围的熏陶下，学生也就能很好地根据自己的需要来决定自己所买饭菜的多少了。教师的榜样作用，比一千次、一万次的说教都更有效果。

4. 举办有益活动，引导正确消费

在学生中开展一些有意义的活动，引导他们勤俭节约，杜绝浪费行为发生。教师可以在班级设立"红领巾小银行"，有意识地引导学生将零花钱和压岁钱存到"银行"里；还可以开展献爱心义卖活动，帮助身边生活贫困的学生。

在美国不少中小学甚至幼儿园里，吃"忆苦饭"非常流行。其宗旨据说主要是让学生懂得珍惜粮食，学会同情生活贫困的人，并直接或间接地获取知识。

旧金山某中学组织了"体验饥饿"活动，吸引了该校75名11～14岁学生参与。中午放学后，参加活动的每名学生可抽取一张就餐券——要是餐券上写着"15"这个数字，那就意味着他属于占世界人口15％的"富人"，也就是说他可以享受一顿丰盛的午餐，而且可以享受到贴心的服务；要是餐券上写着"25"，那就意味着他属于占世界人口25％的"温饱型"，即可以吃到分量尚足的米饭、少量的鱼和豆子；要是抽到的餐券上写有"60"，那么他就代表了占世界人口60％的"穷人"，所以午餐就只能吃少许没有放油的土豆，还得耐心地排队等候领取属于自己的那一份。

这些学生通过抽签分成了三组，其中，"富人""穷人"和"温饱型人口"的比例恰恰与世界人口的现实状况大致相同。结果是，参加"饥饿活动"的学生再也不浪费粮食了，还向学校的"粮食银行"捐赠自己节约下来的多余粮食或零用钱——这些学生捐赠的食品和金钱有的送到国内慈善机构，有的还远送到贫困的非洲大陆。

在教育学生的各种方法中，这样的教育活动值得教师们借鉴。

5．挖掘学生优点，启发自我教育

在提倡素质教育的今天，教师应善于认真、细心地捕捉学生的闪光点，进行启发教育。教师可以利用班队会课、思品课，紧密结合教材中节约思想教育的内容，帮助学生懂得浪费可耻的道理，使他们能够辨别是非。这样，结合学生中的典型事例，通过"从学生中来、再回到学生中去"的自我教育过程，让学生自己教育自己，提高自己的认识。

6．利用课外活动，开拓学生视野

教师可以组织学生走出课堂，到工厂、农村去走访、参观；通过春游、秋游等活动，激发学生热爱祖国、热爱家乡、热爱劳动人民的情感，把他们从狭隘的追求消费的圈子里引向广阔天地，陶冶高尚的情操。同时，教师在日常教学中要使学生懂得我们国家虽地大物博，但人口众多，科技、教育、文化、经济相对落后，还需要发扬自力更生、艰苦奋斗、勤俭节约的优良传统，以开创祖国美好的未来。

7. 健全规章制度，制约不当行为

《小学生守则》及《小学生日常行为规范》对学生的各个方面都提出了具体要求，教师应当重视这方面的规定，在班级中强化学生的养成教育，对于个别乱花钱、乱消费、用钱不节制、屡教不改的学生，要求在一定范围内做检查，用集体的力量来制约他们的浪费行为。同时大力宣传和表彰艰苦朴素、勤俭节约的人和事，使那些偏离"轨道"的学生自觉接受校规的约束。

8. 密切三方联系，健全教育网络

教师要通过各种渠道、方法，呼吁全社会关心下一代。学校要注重办好家长学校，家长学校的课程与内容要有针对性和实效性；要建立家校互访制度，定期召开家长会，定期进行家访，保持家校联系。教师要与家长定期交流思想品德教育的经验，取得家长和社会的支持，形成学校、家庭、社会的立体教育网络，营造良好的社会氛围。

学生浪费既影响其文明习惯的养成，也增加了学校办学和家庭教育的成本，应引起家庭和学校的足够重视。学校除了要采取措施避免浪费，如更换节水设备、提高饭菜质量等外，还要强化教育和引导。学校应将勤俭节约教育作为德育的重要内容，通过主题班会、专题讲座、"节约能手"评比等活动，让学生认识到资源是宝贵的、稀缺的，任何人都没有理由浪费，在校园中形成"节俭光荣、浪费可耻"的良好氛围，让节约资源、建设节约型校园成为每个学生的职责。

参考文献

1. 郑宏明,孙延军.暴力电子游戏对攻击行为及相关变量的影响[J].心理科学进展,2006,14(2).

2. 丁新胜.儿童暴力行为及其矫正[J].南阳师范学院学报,2004,3(11).

3. 罗大华.犯罪心理学方法论(上)[J].政法论坛:中国政法大学学报,1992(01).

4. 徐久生.校园暴力研究[M].北京:中国方正出版社,2004.

5. 朱士鸣.学生心理引导技巧[M].上海:上海辞书出版社,2001.

6. 尚小丽.对青少年离家出走现象中家庭因素的个案分析[J].青少年犯罪问题,2004(1).

7. 丛立新.关于青春期教育的几点思考[J].人民教育,1995(06).

8. 闵乐夫.青春期性教育:教师实用手册[M].重庆:西南师范大学出版社,2010.

9. 黄大福.青少年"早恋"的产生原因及青春期性教育问题[J].中学政治教学参考,2002(07).

10. 陈紫天,郑欣.当代西方青少年性教育的经验与启示[J].理论界,2005(04).

11. 陈启新.戒"网瘾"从找原因入手[J].湖北教育,2005(06).

12. 翁优君.中学生"网络成瘾综合征"成因与调适[J].教育探索,2005(8).

13. 郭正,李文玉清.心理辅导个案示例与启迪[M].上海:上海社会科学院出版社,2007.

14. 董奇.心理与教育研究方法[M].北京:北京师范大学出版社,2004.

15. 乔志峰. 如果孩子偷拿别人的钱[J]. 晚霞, 2011 (01).

16. 陈新颖, 花蓉. 中学生厌学心理的研究与展望[J]. 内蒙古师范大学学报 (教育科学版), 2008, 21 (6).

17. 王少华. 初中生学习分化成因及对策研究报告[J]. 教育探索, 2001 (5).

18. 傅根跃, 王丽. 儿童说谎行为的研究述评[J]. 浙江师范大学学报 (社会科学版), 2007, 32 (4).

19. 徐世鼎, 李万兵. 当代青少年说谎成因和教育[J]. 西南民族大学学报 (人文社科版), 2002 (S1).

20. 戴刚. "校园脏话小品"催生班级语言文明公约[N]. 哈尔滨日报, 2008—08—24.

21. 杨志强. 和"脏话"说拜拜[J]. 家庭教育 (幼儿家长), 2007 (Z1).

22. 乔爽. 浅析小学生说脏话的原因[J]. 班主任, 2009 (09).

23. 王逢贤. 优教与忧思[M]. 北京: 人民教育出版社, 2004.

24. 吴德刚. 攀比心理的表现及危害[J]. 心理世界, 1997 (1).

25. 李成兄, 王鹤坤. 中学女生攀比心理透视[J]. 普教研究, 1996 (02).

26. 隋雪. 如何矫正小学生马虎的不良习惯[J]. 辽宁教育, 1996 (04).

27. 刘冬. 从心理上纠正计算马虎[J]. 小学教学参考, 1998 (03).

28. 祁成章. 遭遇学生顶撞[J]. 学校党建与思想教育, 2006 (7).

29. 王会光. 迟到的学生最需要爱[J]. 河南教育 (基教版), 2006 (Z1).

30. 王卓, 任晓婕, 吴洋. 小学生浪费纸张情况的调查[J]. 发明与创新: 学生版, 2009 (7).

31. 尹爱国. 小学生浪费现象不可忽视, 学校应强化教育和引导[N]. 中国教育报, 2011—5—13.

江苏凤凰教育出版社
《行知工程》系列丛书目录

系列	序号	书　　　名	作者	定价
教育艺术提升系列	1	《不犯错误的学生不是好学生 ——把错误变为成功教育的拐点》	程莉霞	35.00
	2	《藏在师生体态语言里的教学智慧》	张　宇　廖生波	30.00
	3	《教师最应该规避的教育误区》	杨坤道	30.00
名师成长系列	4	《音乐名师成长启示录 ——20位音乐名师的心路历程》	陈　璞	35.00
	5	《情怀·智慧·境界——教育名家演讲录（1）》	钟惠河　李韫琬	30.00
精彩课堂系列	6	《让孩子零起点爱上阅读 ——上好阅读指导课的实施策略》	彭小山	25.00
	7	《主题整合阅读教学（小学语文）》	成孟武	35.00
	8	《基于核心素养的数学教学》	赵红婷	35.00
	9	《中学生核心写作能力培养》	陶　波	36.00
	10	《给孩子更好的数学课堂》	易增加	30.00
	11	《小学生阅读素养的提升策略》	邵巧治	35.00
	12	《从语文素养走向生命成长 ——小学语文读写课堂教学密码》	曾海玲	30.00
	13	《真实的品德课》	朱淑秀	30.00
	14	《英语课堂学习共同体——新型的师生交互学习场》	杨延从	30.00
	15	《指导自主学习——初中数学学与教的研究与实践》	刘其武	30.00
	16	《玩出精彩的课堂 ——小学低年级教与学方式转变研究》	陶红松	30.00
	17	《让生命之花自主绽放——语文个性化教学建构策略》	商德远	30.00
	18	《让学生亲历知识——主体参与下体验式学习的实施策略》	何世祥	30.00
教育求索系列	19	《做有智慧的班主任——班主任讲述自己的反思与智慧》	李　楠　李志远	35.00
	20	《成语育人——成语文化课程的开发与实践》	张红梅	35.00
	21	《做有思想的教师》	张玉彬	45.00
	22	《区域规范性教研共同体建设及其实践》	陈宗成	40.00
	23	《让诗意润泽心灵——德育校本课程的开发与实施》	陈亚兰	40.00
	24	《联想形象识字教学——让学生感悟汉字神韵》	侯忠彦	50.00
	25	《思维导图教学法：一位历史老师的教学探索》	罗培生	35.00
	26	《让经典滋养人生——名著导读教学策略（中学）》	郑建忠	35.00
	27	《关注每一位儿童的发展——语文小班化教学的探索和实践》	何慧玲	40.00
	28	《让生命诗意地栖居——诗意教育的理念建构与实践探索》	钱丽美	40.00
	29	《怎样上好语文课——时鹏寿解析精彩课例》	时鹏寿	45.00

系列	序号	书名	作者	定价
教育求索系列	30	《让书香浸润生命——时鹏寿伴你品读经典》	时鹏寿	35.00
	31	《开在手心里的花——一位优秀教师的教育情怀》	詹雪莲	40.00
	32	《学科建设与教师发展——中学数学》	杨志文	30.00
	33	《欣说教育那"一亩三分地"——一位一线教师的教育微思考》	王庆欣	30.00
	34	《爱的守望——一位一线教师对教育的坚守》	林卫红	30.00
	35	《思政教学的人文力量》	戴晓华	30.00
	36	《师道新说——给教育者的30条箴言》	徐 卫	30.00
	37	《快乐数学——初中数学教学方式探索》	孙国芹	36.00
教育思想者系列	38	《治校之道——中学名校长的办学智慧(2)》	陶继新	35.00
	39	《名校之道——陶继新对话名校长（1）》	陶继新	30.00
	40	《名校之道——陶继新对话名校长（2）》	陶继新	35.00
	41	《名校之道——陶继新对话名校长（3）》	陶继新	42.00
	42	《名校之道——陶继新对话名校长（4）》	陶继新	40.00
	43	《名校之道——陶继新对话名校长（5）》	陶继新	42.00
	44	《父母要成为子女的精神导师——五个孩子走向卓越的奥秘》	陶继新	43.00
	45	《治校之道——小学名校长的办学智慧(1)》	陶继新	35.00
	46	《治校之道——中学名校长的办学智慧(1)》	陶继新	40.00
	47	《品鉴教育文化盛宴——陶继新序跋屯集》	陶继新	45.00
	48	《为什么而出发——一位研究者对教育本质的沉思》	齐 健	35.00
	49	《高效教学的道与术——陶继新教育讲演录》	陶继新	30.00
	50	《铸造一流教育品质——陶继新区域教育巡礼》	陶继新	35.00
	51	《教育，一切从孩子出发》	黄 俭	30.00
教育探索者系列	52	《教育，静待花开——陪伴孩子一起成长》	武际金 王玉英	40.00
	53	《悦读立人——校园阅读文化体系构建策略》	杨世臣	30.00
	54	《教育智慧何处来——一位特级教师的思考手记》	付立金	30.00
	55	《和雅文化——校本课程的创新构建》	汤善香	30.00
	56	《让个性绽放精彩——学校课程体系整合与创生》	谢建伟 徐淑萍	30.00
	57	《让每个学生都幸福——最能润泽生命的学校文化建设》	谢建伟 张新喜	30.00
创新教学探索系列	58	《让阅读滋养学生语文素养——语文阅读教学策略与实施》	李洪芹	38.00
	59	《学校体育密码》	连仁都	36.00
	60	《我家住在〈诗经〉里》	李日芳	40.00
	61	《〈红楼梦〉里的语文课》	李日芳	30.00
	62	《品世界名画，学精彩作文——特级教师的"名画"作文教学法》	李日芳	36.00
	63	《学生数学整体思维培养——小学数学结构化教学的探索与实施》	颜春红	45.00

系列	序号	书　　名	作者	定价
创新教学探索系列	64	《基于核心素养的体育与健康校本课程建设》	赵卫新	35.00
	65	《把古文教活——激活文言文课堂的教学策略》	刘小华	35.00
	66	《做童年面前最合适的人——我和孩子们的"童化语文"》	曹丽秋	30.00
	67	《玩出精彩作文——张化万活动作文教学经典策略》	张化万	35.00
	68	《让学生把母语用精彩——"语用课堂"的探索与实践》	佘小红	30.00
	69	《"备"出课堂精彩——备学式教学的课堂实践与思考》	张旭兰	30.00
	70	《神奇的阅读教室——带学生踏上美妙的阅读之旅》	李祖文	30.00
	71	《打造有生命力的课堂——"两步八环节"教学模式探索与实践》	查联智	30.00
	72	《最能培养学生探究能力的课堂——小学科学与信息技术单元整体课程实施与评价》	李怀源	30.00
	73	《最能激发学生运动天赋的课堂——小学体育单元整体课程实施与评价》	李怀源	30.00
	74	《最能提升学生艺术素养的课堂——小学艺术单元整体课程实施与评价》	李怀源	30.00
	75	《"生命语文"探索——焕发语文生命力的思考与实践》	王自成	30.00
	76	《粘连作文教学：让习作成为有个性的自我建构》	黄瑞夷	30.00
	77	《备学式教学——在体验中建构数学思维》	单广红　范雪梅	30.00
	78	《向着自主进发——自主教育的创新实施智慧》	朱亚红	30.00
	79	《写中学——让学习更有效的学科写作教学》	钟传祎	30.00
	80	《小学科学实验总动员——大科学课堂有效提升学生创新力》	江美华	30.00
	81	《小学语文单元整体课程实施与评价》	李怀源	30.00
	82	《小学英语单元整体课程实施与评价》	李怀源	30.00
	83	《小学数学单元整体课程实施与评价》	李怀源	30.00
	84	《让教学更能激发智慧——"思维碰撞"课堂的建构与实施》	程和方	30.00
	85	《构建语文综合课新模式——家庭、社区、学校协同教学》	黄瑞夷	40.00
	86	《自主创新让教学成为有效引领》	蔡隽	30.00
新父母教程	87	《一年级的孩子》	陈文芳	28.00
	88	《二年级的孩子》	陈文芳	28.00
	89	《三年级的孩子》	钱静霞	28.00
	90	《四年级的孩子》	谢云	28.00
	91	《五年级的孩子》	陈春	28.00
	92	《六年级的孩子》	袁卫星	28.00

系列	序号	书　　　名	作者	定价
新父母教程	93	《七年级的孩子》	焦晓骏	28.00
	94	《八年级的孩子》	钟杰	28.00
	95	《九年级的孩子》	凌宗伟	28.00
国际教育系列	96	《美国教育面面观——一位特级教师眼中的美国教育》	邵淑红	35.00
教师软实力系列	97	《教师人际沟通力》	黄爱华　夏丽娟	38.00
	98	《班主任教导力》	黄爱华　戴诗银	38.00
	99	《教师执业道德力》	黄爱华　夏丽娟	38.00
名校系列	100	《从校本课程走向学校课程——锡山高中课程探索之路》	唐江澎等	35.00
	101	《让每个孩子都成志——清华附小主题阅读课程的实施探索》	窦桂梅	30.00
	102	《让每个孩子都成志——清华附小主题实践课程的实施探索》	窦桂梅	35.00
	103	《向着朝阳走去——清华附小合作办学实践探索》	窦桂梅	30.00
校长领导力系列	104	《学校细节管理的执行力》	林文明　王林发	30.00
	105	《校长智慧统筹的领导力》	谢耀丰　蔡丽姗　王林发	30.00
	106	《学校持续发展的研究力》	林文智　宋佳敏　王林发	30.00
	107	《学校和谐融洽的协作力》	陈一平　郭雪莹　王林发	30.00
	108	《学校教育提升的引领力》	谢文东　关敏华　王林发	30.00
	109	《学校团队成长的学习力》	黄纪　蔡美静　王林发	30.00
	110	《学校高效管理的创新力》	张旭	30.00
	111	《学校成功管理的决策力》	邱黎明	30.00
	112	《高品质学校生长要素》	王益民	30.00
	113	《校长高效教学领导力提升策略》	徐世贵　郭文鸽	30.00
新思维系列	114	《让后进生学习有后劲之36计》	严育洪	30.00
	115	《教育中的"不一定"——打破教育的19种思维惯式》	严育洪	30.00
教师修炼系列	116	《如何炼就课堂好声音——教师美嗓保健实用宝典》	薛建洲	30.00
	117	《与学生一起成长——90后教师的心路反思》	王晗	30.00
	118	《教育，爱与宽容——教师心灵礼仪修炼》	许力争	30.00

系列	序号	书　　　名	作者	定价
教育家核心思想系列	119	《叶圣陶论写作》	叶圣陶 著 李怀源 选编	30.00
	120	《叶圣陶谈阅读》	叶圣陶 著 李怀源 选编	30.00
	121	《多元智能理论的本土化应用》	刘治富	30.00
	122	《大教育家最具施教力的教学思想》	白刚勋	30.00
解码学生心理系列	123	《在人生的春天播种——十四岁，写给青春的一封信》	白宏宽	30.00
	124	《孩子问题行为一点通——只有好老师才知道的学生心理谜底》	严育洪	30.00
校本研修系列	125	《徜徉语文教研》	肖俊宇	35.00
	126	《校本研修资源的开发与利用》	陈朝林	30.00
	127	《校本研修与教师专业成长》	吴积军	30.00
	128	《卓越教师经典研修成长策略》	刘天宝等	30.00
	129	《特色校本课程开发范例解读》	刘永平 李秀伟 张雪梅	30.00
	130	《高效校本研修模型构建艺术》	刘素雁	30.00
	131	《走向实践的教研——中小学教育科研引领与应用》	江　敏	30.00
教育管理力系列	132	《缔造唯美教育——延奎小学素质教育实施策略》	易增加	30.00
	133	《让普通学校崛起的20个细节——"生命为本"教育团队成长密码》	李其玉	30.00
	134	《"走"出教育的精彩：走动式学校管理文化构建》	罗　军	30.00
	135	《校长兵法：学校管理四十六计》	皮大鹏	30.00
班级文化系列	136	《活力班级的文化建设》	胡　珏	30.00
	137	《做幸福的班主任》	吕　丽	26.00
高效能教学系列	138	《高效能教师的10个好习惯（中学卷）》	张　瑾	30.00
	139	《让作文落地生根——提高写作实效的教学策略》	黄桂林	30.00
	140	《高效能作文教学5项修炼》	陈步华	30.00
高效能教学系列	141	《高效能校长的10个好习惯》	张　勤	30.00
	142	《高效能教师的10个好习惯（小学卷）》	谢　英	30.00
	143	《高效能语文教学5项修炼》	王其华	30.00
探索新课程系列	144	《语文新课程的批判与重建》	葛桂斌	30.00

系列	序号	书　　名	作者	定价
美国名师教学译丛	145	《美国名师游戏教学本土化应用：幼儿园》	（美）玛西娅 L. 泰特 著 胡珍　瞿菁　编译	30.00
	146	《美国名师游戏教学本土化应用：小学英语》	（美）玛西娅 L. 泰特 著 杨永华　张心影　编译	30.00
	147	《美国名师游戏教学本土化应用：小学数学》	（美）玛西娅 L. 泰特 著 谢艳红　编译	30.00
	148	《美国名师游戏教学本土化应用：小学科学》	（美）玛西娅 L. 泰特 著 刘丽萍　编译	30.00
	149	《美国名师游戏教学本土化应用：小学社会》	（美）玛西娅 L. 泰特 著 姜梅芳　编译	30.00
	150	《美国名师游戏教学本土化应用：小学音体美》	（美）玛西娅 L. 泰特 著 尹立志　编译	30.00
校园生态化系列	151	《文化管理——构建生态和谐校园的必由之路》	付全新	30.00
	152	《点燃学习的激情——构建校园生态化学习型组织》	杨树岳	30.00
	153	《课改突围——构建学校生态化教学体系》	杨树岳	30.00
教育新思考系列	154	《语文教育向何处去》	王丛	26.00
	155	《教育，就是做好普通的事》	孙志毅	27.00
	156	《走出语文的偏见——让学生体悟文本的原义》	丛智芳	30.00
	157	《让语文教学更高效——批注式阅读教学探索》	韩中凌	30.00
	158	《读写互促——探寻学以致用的语文教学》	曹龙	30.00
	159	《跳出数学教数学——用文化融通数学教学》	马建秀	27.00
名师感悟系列	160	《让心灵伴着歌声成长——22位音乐名师的教育智慧》	陈璞	30.00
	161	《超越自我的教师——32位名师的成长感悟》	李卫东　李秀伟	35.00
	162	《心灵的守护者——19位名班主任的教育智慧》	王晓松　曲文弘	30.00
	163	《名师感悟班主任有效工作艺术90例》	符礼科	30.00
	164	《名师感悟有效教学90例》	林高明　徐玉烟	30.00
教学信息化系列	165	《巧用白板教语文——信息技术与语文教学操作指南》	蒋丽清	30.00
	166	《跨越式实现高效课堂 　　——信息技术与课程整合高效教学方案评析》	陈玲　刘禹	30.00
教师必读系列	167	《教师必学的16堂修养课》	武宏伟	30.00
	168	《教师不可不知的教学心理效应》	叶勇军	30.00
	169	《班主任不可不知的管理效应》	奚一琴	30.00
	170	《教师不可不知的教育心理效应》	孙媛	30.00
	171	《校长不可不知的管理效应》	谢申刚　张金豹	30.00
	172	《成为好教师的7项修炼》	王福强　李维华	30.00
	173	《如何让学生会学习》	龙冰	30.00
	174	《如何让学生爱学习》	周震宇　许小燕	30.00
核心教学主张系列	175	《新生代语文名师核心教学主张》	许友兰	30.00

系列	序号	书名	作者	定价
行思讲坛系列	176	《灵动而朴素地教语文——潘文彬的微格教育生活》	潘文彬	30.00
	177	《师爱无疆——润泽学生心灵的教育故事》	侯忠彦	30.00
	178	《怎样反思更有效——促进教师专业发展的反思策略》	诸贝贝	30.00
	179	《成为高度自觉的教育者——写给后课标时代的数学教师》	许卫兵	30.00
	180	《哲思数学课》	刘全祥	30.00
	181	《智慧数学课——黄爱华教学思维的实践策略》	黄爱华	30.00
	182	《童趣数学课》	徐芳	30.00
	183	《把学生教聪明》	严育洪	30.00
	184	《用语文的方式教语文——潘文彬教学主张与实践智慧》	潘文彬	30.00
	185	《怎样让阅读教学更有效——提升教学能力的十种读诵模式》	汪秀梅	28.00
行思讲坛系列	186	《让生命在润泽中起舞——当代小学生最需要的主题班会》	吴联星 罗琳 冯卫东	30.00
	187	《让生命欢快拔节——当代中学生最需要的主题班会》	冯卫东 吴联星	30.00
	188	《课堂因生成而精彩——高效教学的生成智慧》	张文质	30.00
	189	《回到每一个人的生命化教育——张文质二甲中学教育行动录》	张文质	30.00
	190	《中小学生如何学会合作》	张玉彬 刘昕昱	40.00
变革之路丛书中国教育	191	《百年树人师何为——教师队伍建设困顿与出路》	将丽珠 李玉向	30.00
	192	《入园何时不再难——学前教育困惑与抉择》	曾晓东 范昕 周慧	30.00
	193	《三尺书桌何处寻——流动人口子女教育困难与破解》	范先佐	30.00
	194	《苦旅何以得纾解——高考改革困境与突破》	郑若玲	30.00
	195	《择校纠结何时了——择校问题困局与治理》	曾晓东 周文海 曾娅琴	30.00
创新教学思想系列	196	《"大问题"教学的形与神》	黄爱华 张文质	30.00
教育漫笔系列	197	《课堂，诗意地栖居》	吴书华	30.00
教学提升系列	198	《有思想地教阅读——让学生学会品读文字真意》	王学东	30.00

系列	序号	书　　名	作者	定价
教学全手册系列	199	《小学习作教学全手册》	郭家海	30.00
	200	《中学写作教学全手册》	郭家海	30.00
	201	《情境教学操作全手册》	冯卫东	35.00
	202	《合作教学操作全手册》	李春华	35.00
	203	《探究教学操作全手册》	周新桂	35.00
	204	《自主教学操作全手册》	诸葛彪	35.00
	205	《创新教学操作全手册》	王　玮	35.00
	206	《班主任工作全手册》	刘沛华	35.00
	207	《新教师工作全手册》	周震宇	35.00
	208	《学生心理健康教育全手册》	刘海莉　刘春杰	35.00
	209	《高效教学操作全手册》	马友平	35.00
创新人才培养系列	210	《创新人才培养校园科普精品课程开发与指导——人大附中创新人才培养》	罗　滨	30.00
	211	《创新人才培养特色校本课程开发与创新人才培养——清华附中"国际安全下的科学技术"课程构建与实施》	王殿军　方　研　赵宏雁	30.00
	212	《创新人才培养：学校实验室建设与管理》	刘克文　杨发丽　杨　平	30.00
	213	《创新人才培养：数学探究活动开发与指导》	马云朋　韩继伟	30.00
	214	《创新人才培养：化学研究活动开发与指导》	王　磊	30.00
	215	《创新人才培养：物理探究活动开发与指导》	廖伯琴	30.00
	216	《创新人才培养：地理探究活动开发与指导》	张建珍　陈　澄	30.00
	217	《创新人才培养：生物探究活动开发与指导》	张迎春	30.00
	218	《创新人才培养：理念探索与思维突破》	王晶莹	30.00
新生代通派名师系列	219	《简约数学教学》	许卫兵	30.00
	220	《语文教学的本真——情意课堂展现母语之美》	吴建英	30.00
	221	《语文课堂的理想追求——欢快达成三维目标》	董一红	30.00
	222	《阅读教学的真髓——意象构建读出文学的真美》	祝　禧	30.00
	223	《美术教育的真谛——审美人生教育让生命绚丽成长》	陈铁梅	30.00
新生代通派名师系列	224	《语文教学的理想境界——无痕教学润泽生命》	李　凤	30.00
	225	《儿童作文的本义——嬉乐作文让儿童乐并成长着》	王笑梅	30.00
	226	《名师是怎样炼成的》	王建明　王笑君	35.00
幼师成长系列	227	《幼儿行为背后——教师如何读懂幼儿的心思》	吴亚英	30.00
	228	《最具教育力的22种幼儿教育思想》	杨　达	30.00
	229	《幼儿教师必知的安全应急措施》	杨　达	30.00
	230	《幼儿教师必备的教育技能》	李　玲	30.00
	231	《卓越园长21条幼儿园管理策略》	周　丹　江东秋	30.00